엄마는 직업이 엄마예요?

MOM's Job

아이의 뜬금 없는 물음에 웃음이 터졌고
마음 속 질문이 시작되었다!

엄마는 직업이 엄마예요?

MOM's Job

아이의 뜬금 없는 물음에 웃음이 터졌고
마음 속 질문이 시작되었다!

프롤로그

　　　　　　　　　　이 이야기는 15세기 영국에서 최초로 시작되어 일 년에 한 바퀴를 돌면서 받는 사람에게 행운을 주었다는 그런 이야기가 아니다.

이 책을 읽게 된 것이 행운까지는 아니겠지만 적어도 이 책을 읽는 동안 여러분에게 작은 행복, 옅은 미소라도 선물하고 싶다.

이 이야기는 지금으로부터 39년 전, 대한민국 서울의 한 가정에서 태어나 아주 평범하디 평범한 삶을 살아온 한 여성, 나의 이야기다. 이 책에는 여느 에세이처럼 목숨이 위태로운 절체절명의 사건도, 길거리에 나앉을 만큼 생활고를 딛고 성공한 이야기도 없다. 대부분 단조롭고, 평탄하며 때로는 적당한 우울과 희열이 교차했던 나의 일상이 전부다. 다만, 그래서 나의 이야기는 당신의 삶과 더 닮은 구석이 있을지도 모르겠다.

마흔을 앞둔 지금, 나는 내 마음에 잠시 쉼표를 그리고 있다.

"과연 나는 누구였고, 앞으로 나는 누구로 살아갈 것인가?"라고 나 자신에게 되묻는 중이다. 그리고 이제는 가족을 위한 삶을 넘어서 자신을 위한 새로운 발걸음을 내딛고자 여러 가지 도전을 해보기로 했다. 먼저 시작한 것은 바로 글쓰기. 나를 되돌아보고, 나를 찾으며, 나를 사랑하는 방법을 고민하며 나는 글을 쓰기 시작했다. 출산 전까지 방송작가로 일하며 쓰던 글과는 차원이 다른 글이었다. 성우가 더빙할 영상에 맞추어 글을 쓰는 것이 아니라 나의 이야기를 글로 옮기는 것은 생각보다 쉽지 않았다. 하지만 하나둘 나의 지난날을 추억하면서 나는 지금까지의 나를 나로 만들었던 것을 발견하고, 지금의 산물로 앞으로의 미래를 꿈꾸게 됐다.

이 책에는 나의 어린 시절부터 학창 시절, 그리고 나의 인생을 송두리째 뒤바꾼 출산기와 육아하면서 얻은 사색까지 세월의 단편들이 골고루 담겼다. 무엇보다 세상에서 가장 사랑 넘치는 남편과 그런 남편을 닮아 사랑스러운 생명체 10살 아들을 키우는 전업주부의 이야기가 주를 이룬다. 전업주부로 사는 삶이 화려한 것은 아니지만 그 속에는 수많은 작은 기적들이 가득했다. 초보 엄마가 겪는 좌충우돌과 함께 육아가 지칠 때쯤 나를 일으켜 세우는 아이의 한마디, 언제나 편안한 쉼을 제공하는 남편의 존재감까지…. 오늘의 나를 만들어 준 소중한 조각들이다. 덕분에 나의 하루는 그 어떤 날도 평범하지 않았다. 이 모든 순간은 내 안에 차곡차곡 쌓여 내 마음을 더 따뜻하게 데우고, 풍요롭게 만들기에 충분했다.

브런치 스토리를 통해 하나둘 연재하던 나의 이야기가 세상에 책으로 출간된다니 아직도 믿기지 않는다. 부족한 글솜씨에 스스로 위축되기도 하지만, 이 책은 나의 인생에 가장 아름다운 전환점이자 새로운 장을 여는 기회가 될 것을 확신한다. 가족을 위한 사랑과 헌신을 넘어서 나 자신도 사랑하는 삶을 살아가기로 한 결심은 이로써 나의 또 다른 삶의 목표가 되었다. 진정한 나를 되찾는 이 여정을 통해 읽는 이의 마음에도 새로운 열망이 피어오르길 소망한다.

작가 양희민

추천사

모든 부모는 알고 있습니다.

아이를 키우면서 비로소 내가 진짜 어른이 되어가고 있다는 사실을...

젊은 시절 유독 열정적이고 꼼꼼하게 방송작가 생활을 했던 양희민 작가는 어느 날 전업주부로서 제2의 인생을 살기 위해 그동안의 커리어를 내려놓고 방송국을 떠났습니다.

그리고 10년의 세월이 흘러 40대를 앞둔 그녀가 지난 세월의 삶과 지혜가 고스란히 담긴 책을 세상에 내놓으며 제3의 인생 출발점에 섰습니다.

이제는 10년 차, 울보 엄마였지만 단단해지고 성숙해진 양 작가의 글을 읽으며 독자들, 특히 비슷한 고민을 안고 있는 초보 부모들은 아이 중심적인 생활보다 우선해야 할 게 무엇인지 생각해 볼 시간을 갖게 될 것입니다. 이 책을 읽으며 양 작가의 열정과 지혜가 느껴지기를 바랍니다.

KBS 보도국 박찬형

추천사

글쓰기 수업에서 처음 만난 그녀는 평범한 엄마였다. 방송작가를 했지만, 글쓰기를 오랜만에 접한 그녀는 수업 첫날 울음을 터뜨리고 말았다. 엄마라는 이름으로 지내오는 동안, 그녀의 이름 세 글자는 잠시 가려져 있었을 뿐이다. 엄마로 최선을 다해 아이를 돌보았고, 그런 그녀의 정성과 사랑으로 어느덧 아이는 10살이 되었다. '엄마는 직업이 엄마예요?'라는 아이의 질문에 근본적인 '나라는 사람'에 대한 탐구와 글쓰기가 시작되었다. 보통의 엄마이기에 누구나 겪을 수 있는 공감 어린 이야기가 차츰 우리의 마음에 와닿고 어떨 땐 눈시울을 적시기도 한다. 이제 그녀의 이야기 속으로 들어가보자. 롸잇 나우!

〈그림책으로 시작하는 성교육〉 저자 정희정

목차

프롤로그 / 5
추천사 / 8

1장 엄마는 직업이 엄마예요?
01. 나의 직업은 엄마였나보다 / 15
02. 전업주부, 다시 쓰기 시작하다 / 23
03. 엄마의 두 번째 도전, 뮤직 스타트 / 31
04. 울보가 눈물을 극복하는 방법 / 40
05. 커피처럼 살고 싶다 / 48
06. 라디오 그리고 올드팝 / 56
07. 둘째는 안 낳아? / 64

2장 우리는 달디단 붕어빵 가족
01. 나를 닮은 아이와 산다는 것 / 75
02. 엄마, 이제 미안해하지 말아요 / 83
03. 아이 따라 꿈 따라 1 고래를 찾아서 / 91
04. 아이 따라 꿈 따라 2 공룡을 찾아서 / 100
05. 아들이랑 수원까지 야구 응원하러 가 보셨어요? / 108
06. 김장 속에 엄마의 사랑이 꽃핀다 / 116
07. 여전히 볶음밥은 싫지만 용서할게요 / 124
08. 엄마에게 안부 묻는 날이란 따로 없다 / 132

3장 이렇게 엄마 짬밥이 늘어갑니다

01. 내가 아는 우리 아이 내가 모르는 우리 아이 / 143

02. 축구선수와 축구공 사이 / 150

03. 학원과의 이별 공식 / 158

04. 오늘도 가족회의가 열립니다 / 166

05. 틀림 말고 다름을 인정하기 / 174

06. 문화센터는 아기만의 전유물이 아니다 / 182

07. 새로운 배움은 가까이에 있다 / 190

08. 부모가 읽어야 아이도 읽습니다 / 198

4장 오늘도 행복한 엄마로 살려면

01. 당신은 내게 행운인 사람 / 209

02. '붕세권'에 사는 사람의 다이어트 / 219

03. 나는 인스타그램을 하지 않는다 / 227

04. 가끔은 행복해도 괜찮아요 / 235

05. 케케묵은 새해 목표 '돈 모으기' 성공하려면? / 243

06. 아들이 불러온 엄마의 도전! / 251

07. 10년 차 엄마의 육아 신념 10가지 / 260

5장 아이의 독립 이전에 엄마의 독립이 먼저다!

01. 엄마 님이 오전 퀘스트를 완료했습니다! / 275

02. 엄마 님이 오후 퀘스트를 완료했습니다 / 283

03. 단단한 멘탈을 가진 엄마가 될 테야! / 290

04. 아이 독립 이전에 엄마 독립이 먼저다! / 298

05. 혼자만의 시간도 연습이 필요해! / 304

06. 마흔이 되기 전에 글쓰기를 잘했다! / 311

07. 나이 듦 / 318

에필로그 / 327

1장

엄마는 직업이 엄마예요?

"엄마, 엄마는 직업이 엄마예요?"
아들의 뜬금없는 물음에 나는 웃음이 빵 터졌고, 이내 마음속에서 스스로 질문을 되뇌었다.
나란 사람의 직업은 뭘까, 과연 엄마도 직업일까....

01.
나의 직업은
엄마였나보다

　　　　　　　　　요란하던 새벽 비가 그쳤다.
덕분에 맑은 하늘이 반겨주는 아침이다. 글쓰기를 앞두고
긴장과 설렘으로 번잡했던 내 마음도 새로워진 기분이다.
아주 오래간만에 글을 쓴다. 출산 전까지 지겹고도 고되게
일했던 방송작가 일에 학을 떼고, 내가 다시 글을 쓰게 되리
라고는 생각지도 못했는데… 이런 나를 움직인 건 역시나 아
들이다. 아들이 유치원을 다닐 때였다.

"엄마, 엄마는 직업이 엄마예요?"

아들의 뜬금없는 물음에 나는 웃음이 빵 터졌고, 이내 마음속에서 스스로 질문을 되뇌었다. 나란 사람의 직업은 뭘까, 과연 엄마도 직업일까…. 출산 직후, 양가는 물론 주변에서 육아와 관련해 어떠한 도움을 받기 어려운 상황. 자연스럽게 나는 전업주부가 됐다. 그렇게 쭉 나의 직업은 '엄마'였나 보다. 노트북에서 떨어질 일이 없었던 내 손은 이제 아기 젖병과 공갈 젖꼭지가 차지했다. 더 이상 시간에 쫓겨 방송 대본을 쓰지 않아도 되고, 전화 한 통에 벌벌 떨며 섭외 전화를 걸 일도 없었다. 그 대신 24시간을 비상 대기조처럼 매일매일 아기를 돌보는 엄마의 삶이 시작됐다.

자그마한 신혼집에 어느새 하얗고, 아기자기한 살림은 온데간데없다. 가구마다 모서리 보호 쿠션이 덕지덕지 붙었고, 생전 알지 못했던 아기용품이 가득 채워졌다. 남편이 출근하고 나면 덩그러니 남겨진 아기와 나. 나는 아기가 잠들어 있는 안방으로 출근했다. 하지만 매일 아침 출근길마다 내 영혼을 깨워주던 아이스 아메리카노도 모유 수유를 위해선 꾹 참아야 한다. 매 끼니 먹으래도 마다하지 않을 최애 메뉴인 매운 떡볶이도 마지막으로 언제 먹었나 싶을 만큼 뇌리에서 지워야 한다. 이렇게 하나, 둘 내 생활 방식의 모든 것을 아기에게 맞춘다. 하지만 내 의욕과 달리, 내 노력과 상관없이 엄마가 된 나는 내 삶이 너무나 힘들었다. 출산 전에 익히 들어온 산후우울증을 피할 길이 없었다. 아기가 낮잠을 자는 단 20분, 주말에 미리 끓여둔 미역국에 밥 한 덩어리를 말아 후루룩 들이마시다시피 하면서 내 눈에선 앞이 보이지 않을 정도의 눈물이 주룩주룩 흘러내렸다.

'이게 맞는 걸까, 잘하고 있는 걸까?' 엄마로서 내 자질을 끝없이 고민하고, 나중엔 내 모성애의 유무까지 따지고 든다. 결국 하루의 마무리는 곤히 잠든 아기에게 '엄마가 미안, 나도 엄마가 처음이라서 그래...' 사과하는 것으로 끝나기를 수개월, 끝나지 않을 것만 같았던 이 굴레도 아기의 옹알이 한 마디, 사랑스러운 눈 맞춤이 반복되며 점차 나아졌다. 어둡고, 외롭고, 고달프기 그지없던 늪에 따스한 볕이 들기 시작했다. 얼마 전, 내 아이의 탄생 3,000일을 기념하며 집에서 소소한 파티를 열었다. 매일 새로운 육아 고민이 쌓여가고 있지만 그래도 엄마 경력 10년 차가 아닌가. 회사 직급이었으면 과장 짬밥인지라 나도 나름의 여유를 찾았다.

어느덧 아이는 혼자서 샤워도 하고 시간에 맞춰 학교와 학원을 오갈 수 있는 초등학생이 되었다. 미리 사야 하는 준비물 정도만 챙겨주면 더 이상 내 도움이 필요하지 않을 정도로 성장했다. 내 아이가 언제 이렇게 커버린 걸까 대견스러움과 동시에 현저히 줄어든 나의 역할로 인해 나는 방황

하는 시간이 늘었다. 혼자서 집에 우두커니 있을 때면 나는 지금 무엇을 하고 있나 문득 생각에 잠길 때가 있다. 아이와 남편이 없는 집에서 짜릿한 해방감을 느끼며 잠깐 휴식을 취하려던 건데, 간혹 정신 차려보면 시간이 훌쩍 지나기도 한다. 넷플릭스에 한 번 로그인하면 내가 좋아하는 배우, 어디선가 들어본 신작들이 날 기다리고 있다. 노래를 틀어 놓으려고 유튜브를 켰다간 내 영혼까지 저격에 성공한 알고리즘에 꼼짝없이 당하고 만다. 나 혼자만의 시간이 이렇게 시작된다면 그날 하루는 제대로 '자유부인'이다. 이런 하루를 마무리할 때면 여지없이 자괴감과 함께 나의 낭비된 시간을 되짚어 본다.

물론 내가 집 안에 틀어박혀 아무것도 하지 않는 것은 아니다. 나도 여느 전업주부와 마찬가지로 주부가 해야 할 대부분의 역할을 하고 있다. 어떻게 보면 전업주부의 생활도 직장인처럼 무한 반복의 굴레를 벗어나지 않는 속성이 있다. 익숙해지면 점차 간단해지지만 그렇다고 생략할 수 없는 작업의 연속이라는 것.

'돌밥'이라는 말이 있다. '돌아서면 밥 차리고, 돌아서면 밥 차린다'라는 요즘 엄마들의 용어다(들을 때마다 참 웃프다). 엄마라고 해서 부엌에 들어서자마자 요리가 뚝딱 완성되고, 청소기를 들자마자 집이 반짝반짝하게 깨끗해지겠는가. 우리 가족 먹일 생각에 재료부터 꼼꼼하게 준비하고, 많은 시간 동안 땀과 정성을 요구하는 게 바로 엄마다. 게다가 아이의 식단표를 참고해서 겹치지 않는 식단을 차려내는 세심함과 미술이나 체육활동을 고려한 의상을 골라 입히는 센스도 필수다.

하지만 나는 어느새 10년 차 엄마가 아니던가. 안타깝지만 이 정도의 살림은 이미 익숙해지고도 남은 세월이다. 그럼에도 내 삶의 질은 스스로 불만족스러운 상태다. 특별한 일 없이, 작은 계획 하나도 제대로 성취하지 못했다는 자책과 함께 나의 하루가 질적으로 궁핍해짐을 느낀다. 온전한 나의 시간이 늘어남에도 무엇을 어떻게 해야 할지 몰라서 허투루 소비한 나의 잉여 시간이 너무 아까운 것이다. 지금껏 이렇게 지내왔는데 왜 지금의 나는 왜 이 시간들이 이렇게 아까운 걸까? 왜 스스로 자책하게 되는 걸까? 답답한 고민을 이어갔다. 그 결과, 그 원인 또한 나에게 있었음을 알게 됐다.

**"당신의 시간은 제한되어 있습니다.
그러니 다른 사람의 삶을 사느라 낭비하지 마세요."**

애플의 창업자 스티브 잡스가 스탠퍼드 대학에서 한 연설이다. 나는 엄마로서 내 가족 챙기는데 살았을 뿐, 나 자신을 위한 시간이 없었다는 것을 깨달았다. 그저 내가 오늘 해내야 하는 집안일에만 몰입했다. 내가 나의 자투리 시간을 나를 위해 충분히 잘 활용할 수 있었더라면 내가 이렇게 자책하고 후회하진 않았을 테니까. MBTI 중 계획형인 J 성향이 강한 나는 엄마로서 할애하는 시간 이외에 남는 시간마저 가족 걱정, 살림 준비에 치여 살았던 나다. 자고로 집안일이란 평생 끝나지 않는 과제가 아니던가. 정말 피곤할 때도 이것까지만 하고 쉬어야지 하다가 금세 식사를 준비할 시간이 되곤 한다. 끝내 나의 여유는 오갈 데 없이 잡념도 지속할 수가 없었다. 잠깐의 틈마저도 넷플릭스나 유튜브를 틀었다간 제대로 된 휴식도 아닌 이도 저도 아닌 킬링타임이 돼버린다. 하지만 이제야 아이가 자립하면서 더 많이 허락된 시간적 여유 덕분에 나는 이제부터 나를 찾아보려 한다. 더 이상 엄마 역할에만 국한된 '나'가 아니라 한 남자의 아내이기 전, 한 아이의 엄마이기 이전에 '나'가 궁금해졌다. 그래서 30대 후반, 결코 적지 않지만 그렇다고 절대 늦지 않은 나이의 나는 내 삶을 더욱 풍요롭게 만들 새로운 도전을 시작하기로 했다. 새로운 도전을 시작하기로 한 나에게 한줄기 깨달음으로 다가온 책이 있었다.

"객관적으로 나를 평가할 수 있어야 한다. 내 한계를 빨리 알아내고 인정해야 한다. 그 순간부터 얼마든지 발전할 수 있다. 내 한계를 알아내는 방법은 도전하는 것이다. 도전이 성공하면 더 큰 목표를 향해 도전할 수 있게 된다. 그렇게 나아가다 보면 실패하는 순간이 온다. 그 지점이 나의 한계점이다. 거기서 머무르지 말고 나의 한계치를 키우면 된다. 모든 성공한 사람이 이 과정을 거친다."
- 고명환 《이 책은 돈 버는 법에 관한 이야기》

맞는 말이다. 나도 지금 시점에서 객관적인 자기 평가를 통해 나의 한계와 도전 과제를 설정할 필요가 있다. 나는 어떤 사람이고 무엇을 좋아하는지 곰곰이 생각해 보자. 나는 시나몬 가루가 뿌려진 부드럽고 따뜻한 카푸치노를 좋아하고, 우리 가족 입맛과 달리 육류보다 해산물을 더 좋아하는 사람이다. 또 나는 세상이 돌아가는 이야기에 관심이 많고, 다른 사람들의 삶에 대한 궁금증이 많은 사람이다. 나는 사회, 경제, 문화, 스포츠까지 전반에 걸쳐 뉴스를 자주 찾아보고, 관련 콘텐츠를 찾아보는 것에 즐거움을 느낀다. 예전에 방송작가로 일하게 된 계기 역시 내가 알지 못했던 세상을 알게 해주고, 뜨거운 감성을 자극하는 사람 냄새가 폴폴 풍기는 다큐멘터리가 좋아서였다는 사실도 새삼 기억이 난다.

잊고 지냈다. 나는 글을 써왔던 사람이라는 것을. 쓰는 순간 울컥 눈물이 났다. 10년이라는 시간 동안 사랑하는 아들 바보로 아들 수발에 공들였지만, 이제는 나를 사랑하는 일에도 나의 시간을 아낌없이 투자하고 도전하는 엄마가 되어보려 한다. 행여 가정을 돌보는 나의 모습이 누군가 보기에 부족해 보일지라도 나는 오늘을 살아낸 나를 칭찬하고 아껴주련다. 이렇게 오랜만에 글을 쓰는 것으로 나를 찾아가는 여정의 첫걸음을 시작한다. 나는 도전하는 엄마다.

02.
전업주부,
다시 쓰기 시작하다

"너, 빨리 안 나와? 치질 걸려!"

엄마의 불호령이 떨어진다. 어린 나는 엄마에게 혼날까 봐 잔뜩 긴장한 채로 빼꼼히 화장실 밖을 살펴본다. 행여나 바지춤에 숨긴 책이 떨어질까 쭈뼛쭈뼛 슬금슬금 내 방으로 들어간다. 어느새 엄마는 내 방에 쫓아 들어오셨다.

"너, 또 책 숨겨서 들어갔지?"

'앗, 어떻게 아셨지? 이번 책이 너무 커서 티 났나?'

그날도 어김없이 나는 책을 숨기고 화장실에 오랜 시간 앉아 있다가 크게 혼쭐이 났다. 나는 어려서부터 책을 사랑하는 아이였다. 화장실에 씻으러 갈 때도, 잠들기 직전에도 내 손에는 항상 책이 들려있었다. 이렇게 내가 책을 가까이하게 된 것은 순전히 엄마 덕분이었다. 우리 가족은 할머니, 할아버지와 부모님 그리고 오빠와 나까지 모두 합해 여섯 식구. 대가족인 터라 부모님 모두 쉼 없이 일하셨지만, 살림살이는 그다지 여유롭지 않았다. 그래도 책은 부족하지 않아야 한다는 엄마의 지론을 따라 내 방에는 벽면 가득 책장이 차지했고, 다양한 책들이 즐비했다. 비록 또래 여자아이들이 가지고 노는 장난감이 하나도 없었지만 나는 그저 책만으로도 좋았다. 나에게는 책이 가장 좋은 친구이자 장난감이었다. 책장 왼편부터 차례로 쭉 읽었다가 다음엔 오른편부터 쭉 반복해서 읽었다. 그림을 그리고 싶을 때면 얇은 종이를 책 위에 덧대어 삽화를 따라 그려보기도 하고, 글씨도 따라 쓰면서 나는 그렇게 자랐다. 중고등학교 때는 대학 입시를 목표로 치열한 시절을 보내면서 초등학생 때보다는 확실히 독서의 양이 줄어들기도 했다. 하지만 해리포터 신간을 대여하려고 학교 도서관 앞으로 새벽 등교하는 수고를 마다하지 않았던 즐거운 추억이 남아 있다.

그렇게 책을 사랑하던 아이는 커서 방송작가가 됐다. 정확히는 시사교양 프로그램 구성작가. 부모님의 권유로 진학한 나의 복수전공은 점차 내 적성과 맞지 않음을 느꼈고, 부모님을 설득해 사회복지 국가자격증 취득을 끝으로 관련 공부를 마무리했다. 그리고 대학 시절부터 나는 새로운 마음으로 내가 좋아하는 일을 하면서 돈을 벌 수 있는 직업이 어떤 게 있을까 고민했다. 그 고민 끝에 문예 창작이나 국문학 관련 전공자가 아니지만 그래도 방송 일을 도전해보리라 결심했다. 어릴 적부터 아빠와 즐겨보던 다큐멘터리에 많이 매료된 터라 나의 새로운 진로를 정하는 데 있어 큰 어려움이 없었다. 내가 직접 대본을 쓰는 데다가 내가 쓴 글을 성우가 그대로 읽고 방송에 나간다니 생각만으로도 짜릿했다. 졸업 후, 방송아카데미를 수료하며 나는 곧바로 방송작가로 취업했고, 그렇게 방송작가로서의 삶이 시작됐다.

"불 들어옵니다. 3, 2, 1 큐!"

이어폰으로 들려오는 PD의 큐 사인에 나는 방청석을 향해 소리 없는 몸짓으로 박수를 유도한다. MC의 오프닝 멘트로 프로그램 녹화가 본격적으로 시작됐다. 나는 중앙 카메라 옆에 앉아 MC와 출연자, 방청객들을 살핀다. 시간에 맞춰 대본대로 잘 흘러가는지는 물론 출연자의 얼굴 각

도와 시선 방향, 졸고 있는 방청객은 없는지 꼼꼼하게 챙긴다. 수정할 일이 생기면 커다란 글씨로 스케치북에 적어 번쩍 들어 올린다. 몇 시간을 훌쩍 넘긴 녹화를 마치고, 시원한 아메리카노를 한 모금 마시면 '죽어도 여한이 없다'라는 말이 이럴 때 쓰는 표현이구나 싶다.

나는 방송작가로 일하는 동안 참 행복했다. 프로그램 출연자를 섭외하며 다양한 사람들을 만나게 되고, 그분의 삶을 들여다보며 인생을 배웠다. 때로는 생각지도 않은 도움을 받을 때도 있었고, 내가 도움이 되기도 하면서 인연의 소중함도 알게 됐다. 그렇게 세상을 살아가는 시야가 확장되는 기분이었다. 또 프로그램 끝날 때쯤 자막에 내 이름이 지나가는 것을 보고 부모님의 지인들이 알은체하시면 부모님의 어깨가 태평양처럼 넓어지는 것도 내심 뿌듯했다.

하지만 매일 녹초가 되기 일쑤였고, 하루가 어떻게 지나갔는지 모를 정도로 매우 바빴다. 시간당 일정을 넘어서 분당 계획을 세우고 빽빽하게 줄지은 'To do list'를 지워나갔다. 녹화가 없는 날에는 몇 시간이고 자리에 앉아 노트북만 들여다보는 탓에 목부터 허리, 손목까지 성한 곳이 없었다. 쉬는 날에는 물리치료를 받으러 가는 것이 일상이었다. 하지만 무엇보다 방송작가 생활에서 내가 제일 힘들었던 것은 바로 압박감. 완벽한 대본을 위한 부담감은 기본이고, 시간에 대한 강박, 실수에 대한 압박이 상당했다.

한 번은 특강 프로그램을 진행할 때의 일이다. PD와 작가를 비롯해 카메라, 음향, 자막, CG 그 외 제작진에다가 출연자 아나운서 1명, 강연자 1명 그리고 방청객 80명까지. 특강 프로그램 녹화에는 어마어마한 인력이 동원됐다. 겨우 시간을 쪼개어 출연하시는 강연자를 모시고 매주 1편씩 녹화하는 것이 어렵다 보니, 하루에 방송 2회분씩 녹화를 진행했다. 때마침 우리 팀에는 나와 동갑내기 막내 PD가 새로 입사하여 함께 녹화하게 됐는데….

"으악! 큰일 났다!"

모든 녹화를 마치고 촬영 파일을 편집용 컴퓨터로 옮기던 막내 PD가 소리를 질렀다. 알고 보니, 2회 차 녹화분이 1회 차 녹화 분량 위에 덮여서 녹화된 것이었다. 메모리카드의 이름을 제때 써놓지 않아서 생긴 문제였다. 메인작가, 메인 PD는 오늘 촬영을 성공적으로 잘 마쳤다며 강연한 교수님을 모시고 회식 장소로 가던 길에 이 소식을 전해 들었다. 그날 저녁 나는 세상에서 제일 불편한 저녁 식사를 했다. 뭐가 입으로 들어가는지, 무슨 맛인지 기억에도 없다. 그리고 다음 주 주말, 우리는 또다시 첫 번째 분량의 녹화를 진행했다. 마치 아무 일도 없었던 것처럼, 출연자 모두 똑같은 의상과 헤어스타일로, 80명의 방청객과 전체 제작진이 모여서 똑같은 내용을 몇 시간에 걸쳐 다시 녹화했다. 그날 이후로 막내 PD는 두 번 다시 회사에서 볼 수 없었다. 자책감에 스스로 회사를 그만두었단다. 나는 이 일을 계기로 더 큰 압박감에 시달렸다.

그렇게 방송작가로 일한 지 7년 차, 나는 출산을 앞두고 방송국을 그만뒀다. 이제 7년 차 방송작가로 경력 단절된 채 나는 9년 차 엄마로 살아가고 있다. 방송작가를 그만둔 후, 나는 글을 쓰지 않았다. 글을 쓸 여유도 없었지만, 글을 써야 할 목표도 없었기에 글을 써봐야겠다는 생각도 하지 못했다. 글이라고는 육아 정보를 얻으려 들락날락한 맘카페, 아이 일상을 간간이 올리던 SNS 외엔 없었다. 독서도 시간적 여유가 없다는 핑계로 육아 도서만 간신히 읽을 뿐, 내가 좋아하던 에세이, 시, 소설 모두 제대로 읽은 지 꽤 오래됐다. 하지만 이런 내가 다시 글을 쓰게 된 것은 순전히 아들 때문이다. '엄마는 직업이 엄마예요?'라는 뜬금없는 아들의 질문에 나는 스스로 질문의 늪에 빠졌다.

'그동안 나는 무엇을 하며 살았을까?
지금 나는 무엇을 하는 사람일까?

앞으로 나는 무엇을 할 수 있을까?'

결국 내게 남는 건 글이었다. 지금은 아들 챙기느라 바쁜 엄마로 살아가는 중이지만 과거의 나는 책을 좋아했고, 글을 써왔고, 앞으로도 글을 쓸 수 있는 사람이라는 것. 그래서 일단 글을 쓰기로 했다. 아들은 내가 동화책을 써줬으면 좋겠단다. 내게 그럴 능력이 있는지 잘 모르겠지만 우선 아들의 소원을 접수하고, 꾸준하게 글을 쓰기로 했다. 하지만 오랜만에 글쓰기란 생각보다 매우 어려운 일이었다. 방송작가 일에 학을 떼고, 두 번 다시 글을 쓸 일이 없을 줄 알았는데…. '작가 트라우마'일까. 방송작가로 일할 당시 힘들었던 기억이 내 마음속에 아직도 생생한가 보다. 커피를 홀짝홀짝 마시면서 다시 한글 프로그램을 켜고 화면을 응시하고 있다니 여전히 얼떨떨하기만 하다. 게다가 7년 차 방송작가에서 경력 단절된 지 9년 차인 '엄마'라는 직업을 가진 사람이 글을 잘 쓸 수 있을지 자신감도 떨어졌다. 그러던 중 나는 글쓰기의 부담감을 떨쳐낼 소중한 글귀를 발견했다.

> "배산임수한 전원주택에 사는 사람이 쓸 수 있는 글이 있고, 한 평 고시원에 사는 사람에게 나오는 글이 있다. 같은 여자라도 아이 둘 키우며 일하는 주부인 내가 감각하는 세상과 연구실에서 종일 보내는 교수가 접속하는 세

상은 다를 것이다. 그렇다면 쓸 수 있는 글도 다르다. 남을 부러워하지 말고 자기가 발 디딘 삶에 근거해서 한 줄씩 쓰면 된다. 지금까지 살아왔다는 것은 누구나 글감이 있다는 것, 톨스토이와 도스토옙스키뿐이랴. 글쓰기는 만인에게 공평하다."

- 은유 《쓰기의 말들》

위의 문구처럼 글은 사람에게서 나온다. 나의 글은 나에게서 나온다. 글감도 새로운 것을 창조해야 하는 것이 아니라 이미 내가 가지고 있는 재료 중에, 나의 삶 속에 존재하는 것이다. 나는 '경력단절녀'이고, 외부 사회활동이 없는 '전업주부'라고 해서 글을 쓸 수 없는 것이 아니다. 나는 저자 소개에 쓸 그럴듯한 직함은 없지만 글쓰기는 만인에게 공평하므로 어떤 것도 핑곗거리가 될 수 없다. 내가 살아온 인생은 오로지 나만의 것이기에 나만이 쓸 수 있는 나의 글이 있다. 새삼 글쓰기에 대한 마음을 다잡자, 가슴 깊은 곳에서 무언가 벅차오르는 기분이다. 거창하게 생각하지 말고, 담백하게 나 자신을 써보리라… 이제 나의 세상을 가득 담은 글로 다시 시작하자 다짐하는 밤이다.

03.
엄마의 두 번째 도전, 뮤직 스타트

"원, 투, 쓰리, 포! 투, 투, 쓰리 포!"

      이곳은 헬스장 한쪽에 마련된 GX 프로그램 클래스. '다이어트 댄스' 수업이 한창이다. 반짝이는 거울 앞에 선 사람들이 강사의 구령에 맞춰 일사불란하게 움직인다. 탱크톱에 레깅스를 입은 사람, 허벅지까지 내려오는 헐렁한 티셔츠에 힙합 바지를 입은 사람, 아이돌 무대의상처럼 차려입은 사람도 보인다. 가지각색의 차림에도 모두 하나같이 열정 가득한 눈망울이다. 어린 아기를 겨우 어린이집에 맡기고 나와서 운동하는 젊은 엄마, 은퇴 후 취미 삼아 운동하는 아주머니까지 모두 나이도, 직업도, 사는 곳도 다양하다. 하지만 우리는 한 팀의 일원이 되어 박자 하나, 동작 하나 놓치지 않으려 다들 열심이다.

"첫 만남은 너무 어려워~ 계획대로 되는 게 없어서!"

노래를 따라 하며 각기 움직이는 사람들. 한 시간 동안 최신 유행하는 아이돌 음악은 물론 트로트, 팝, 힙합 등 다양한 장르의 음악에 맞춰 춤을 춘다. 한 곡, 두 곡 연이어 춤을 추다 보면 어느새 내 얼굴을 빨갛게 달아오르고 운동복은 이내 땀으로 흠뻑 젖어 든다. 처음 들어보는 노래라도 상관없다. 앞서 안무를 외운 이들을 보며 함께 움직이다 보면 어느새 내 리듬으로 승화시키고 신나게 춤추는 나를 발견하곤 한다. 비록 춤선이 제대로 안 살면 어떠한가. 때론 마음처럼 움직이지 않는 몸의 한계를 느끼고 웃음이 터지기도 한다. 하지만 그저 음악에 몸을 맡긴 채 포기하지 않고 끝까지 움직인다면 외운 안무를 틀리지 않고 춤출 때의 그 성취감이란 말로 다 표현할 수가 없다.

내가 다이어트 댄스를 시작하게 된 것은 작년 3월. 아이가 새 학기를 맞아 학교와 학원을 혼자서 오가며 내게 시간적 여유가 생긴 덕분이다. 아이가 집에 머무는 시간이 줄어 들면서 한동안 나는 방황했었다. 이 시간을 어떻게 보내야 할지, 무엇을 해야 할지 계획 없이 시간 허비하기를 몇 주. 나는 움직이기로 했다. 오로지 나를 위한 시간을 보냄과 동시에 내 몸과 마음을 가꾸기 위해서다. 사실 나는 일평생을 마른 몸 한번 가져본 적이 없는 '모태 통통족'으로 살아왔다. 임신하게 되면서 20kg 가까이 몸무게가 늘었고, 출산 후에도 몸무게는 크게 감량되지 않았다. 아마도 혼자 육아하면서 영양가 있는 음식을 챙기기가 어려워, 라면, 컵밥과 같은 인스턴트 식품을 자주 먹은 탓이 크다. 또 밤늦게 들어온 남편의 식사를 따로 요리해 줄 시간이 없으니 함께 배달 음식을 종종 시켜 먹은 결과다. 게다가 산후우울증으로 꽤 힘든 일과시간을 보낸 터라 먹는 것에 있어서 너무 스트레스를 받지 말자는 생각이 지금의 내 덩치로 불어나게 했다. '맛있는 건 0kcal!'라는 말로 자기합리화하면서 나는 어마어마한 칼로리를 섭취한 것이 분명하다.

문제는 내 마음의 상태였다. 살찐 내 몸이 내 마음마저 병들게 하고 있었다. 가뜩이나 산후우울증을 거치면서 낮아진 자존감은 이내 바닥을 드러냈다. 거울 보기도 싫고, 사진 찍는 것은 더 싫었다. 자주 만나는 가족, 동네 지인 외에 경조사 자리에서 오랜만에 사람들을 만나는 것 자체도 꺼려졌다. 나를 보자마자 뚱뚱한 내 몸에 대해서 언급할 것만 같고, 걱정을 가장한 농담을 주고받는 오지랖도 받고 싶지 않았기 때문이다. 나는 거울, 렌즈, 타인의 눈동자까지, 내 모습을 비추는 모든 피사체를 피하고 싶었나 보다. 당시 유행하던 페이스북에도 한창 예쁜 내 아이 사진을 올리며 꽤 내 행복을 과시했지만, 몇 년 뒤 자연스레 그만두었다. 타인을 의식하는 일에서 자유롭고 싶었기 때문이다. 그 후 나는 낮은 자존감, 사라진 자신감의 회복을 위해 나 스스로 노력해야 할 필요성을 여실히 느꼈다. 꼭 날씬해야 예쁘다고는 생각하지 않지만, 외면의 모습이 내 마음 건강에 지대한 영향을 준다는 사실은 명백했다. 그리고 내린 첫 번째 결단은 바로 다이어트다.

여자의 평생 숙제가 다이어트라고 하지 않던가. 내가 살면서 다이어트에 관심이 없는 것은 아니었다. 생각해 보면 어릴 때부터 유행하던 연예인 다이어트들을 많이 따라 해 봤다. 고구마, 바나나, 방울토마토 등 각종 '원 푸드 다이어트'를 시도하다 결국 억눌린 식욕을 못 이겨 과자, 떡볶이 등 밥을 대신할 간식을 더 많이 먹게 된 적도 많았다. 작년 초에는 아이의 초등학교 입학을 앞두고 나도 새 마음, 새 몸을 가져보겠노라 야심 차게 '덴마크 다이어트'에 도전했다. 다이어트 관련 책에도 자주 등장하고, 다른 다이어트보다 성공 후기가 많이 보였던 터라 나름 기대감에 부푼 도전이었다. 아침, 점심, 저녁 모두 짜놓은 식단만을 먹으면서 2주 동안 총 6kg이라는 최대 감량 치를 얻었다. 하지만 내가 간과한 중대한 사실이 있었다. '덴마크 다이어트'가 끝나는 날은 바로 설날이었다. 해방감에 휩싸인 나는 굶주린 하이에나처럼 명절 음식을 흡입했다. 그렇게 오랜만에 본 최저 몸무게는 단꿈처럼 사라졌다.

이렇게 나는 온갖 다이어트 방법을 시도해 봤으나, 번번이 실패했다. 아마 나에게 맞지 않는 무리한 다이어트를 잘못 실천한 탓이었을까. 내 몸은 다이어트와 요요를 반복하며 점점 망가져갔다. 조금만 먹어도 배로 살찌는 체질이 됐고, 기초대사량은 더 떨어져 갔다. 조금만 다이어트해도 몸 안에서 면역력이 떨어지고 있다는 각종 경고등이 켜진다. 잇몸 안쪽으로 동그랗게 입병이 생기고, 찌릿찌릿한 방광염이 시작된다. 예민해진 탓에 숙면하기도 어렵다. 부족한 수면 시간을 시작으로 아침부터 식욕과의 전쟁으로 스트레스가 이만저만이 아니다. 이렇게 망가져 간 내 몸의 변화를 되짚어보면서 과연 나는 어떻게 살을 뺄 수 있을까 고민이 생겼다. 그러던 중 우연히 TV 프로그램을 보다가 고개를 끄덕였다.

"사람들이 보통 내가 한번 운동을 좀 해봐야겠다, 다이어트를 해야겠다, 건강해져야겠다고 하잖아. 오늘부터 운동한다고 생각하지 말고 새로운 삶을 산다고 생각해야 돼. 너의 삶에 운동이 추가된 게 아니고 삶이 변하는 거야."

SBS 방송프로그램 〈미운우리새끼〉에서 김종국 씨가 다이어트가 시급한 매니저에게 진심으로 전한 말이다. 이 말이 마치 나에게 하는 조언처럼 와닿았다. 살을 빼려면 이전보다 덜 먹고, 대신 더 많이 움직이는 것이 진리. 하지만 지금까지 나는 이 간단한 명제를 한 번도 성공해 본 적이 없었다. 그래서 다이어트를 앞두고 매일 크게 결심하고, 혹독하게 채찍질하면서 다이어트란 내게 너무 어렵고도 해결할 수 없는 숙제가 됐다. 하지만 다이어트는 김종국 씨의 말처럼 '오늘부터 운동해야지, 운동이라는 할 일이 추가됐어.'가 아니다. 너무 거창할 것 없이 다이어트를 과도하게 의식하지 않은 채 그냥 한 번만 더 움직이고, 한입씩 덜 먹다 보면 내 삶이 변하지 않겠는가. 그러다 보면 자연스럽게 내 생활 습관이 변하고, 내 몸도 변할 것이다. 극단적인 단식이 아니라 서서히 더 움직이고 점차 소식하는 습관으로써 살이 알아서 빠져나가도록 하는 것을 목표로 삼았다. 이를 위해 어떻게 하면 내가 스트레스를 덜 받으면서 더 움직일 수 있을까 고민하다가 문득 뇌리를 스친 것이 있었으니, 바로 댄스다.

"단지 널 사랑해 이렇게 말했지!"

내 인생의 첫 아이돌 H.O.T를 보면서 나는 내 안에 그간 알지 못했던 재능이 있음을 깨달았다. 나는 어릴 적부터 춤을 꽤 빨리 익혔다. 한번 보면 비슷한 느낌으로 바로 출 수 있었다. 친구들과 함께 음악방송을 보면서 각자 좋아하는 멤버의 춤을 보고 같이 연습했다. 학급 내 장기 자랑은 물론 수학여행 장기 자랑에도 출전했다. 마냥 수줍고, 쉽게 긴장하는 성격임에도 불구하고 무대 위에서 나는 제일 흥이 넘치는 댄서였다. 중학교 때는 학교 축제에서 장기 자랑 결승에 진출하면 체육 실기 점수 대신 댄스로 가산점을 받을 수 있다는 선생님의 제안에 친구들과 한 달가량 춤 연습에 매진했다. 엄마에게는 체육 실기 때문에 학교에 오래 남아야 한다고 했지만, 사실은 뜀틀 실기시험을 피하기 위한 장기 자랑을 준비한 것. 그야말로 세상에서 제일 즐거운 방패가 아닐 수 없었다. 그 결과 나는 학년별 장기 자랑 오디션에 통과하고, 중학교 축제 무대에서 춤을 췄다. 우리를 동그랗게 에워싼 전교생 무리 곳곳에서 내 이름을 연호하던 그 짜릿했던 순간을 잊을 수가 없다.

하지만 그 후로 나는 춤을 춰 본 지 꽤 오래됐다. 고등학교에 진학하고 댄스 동아리가 있었지만, 학업 이외 시간을 할애하는 것이 조심스러웠다. 그렇게 자연스럽게 나는 내가 춤을 좋아하는 사람이라는 걸 잊었나 보다. 하지만 강렬한 몸의 기억은 머리의 기억보다 오래가지 않는가. 그렇게 나는 본격적인 다이어트의 한 방법으로 '다이어트 댄스'를 선택했다.

> "어떤 사람도 육체적 훈련의 문제에 있어서 아마추어가 될 권리는 없다. 사람들이 자신의 몸이 가질 수 있는 아름다움과 강함을 알지 못하고 늙어버리는 것은 부끄러운 일이다."
>
> - 《초역 소크라테스의 말》

소크라테스의 말처럼 내가 이 모습 이대로 늙어버린다면 그것만큼 부끄럽고, 안타까운 일이 또 있을까. 다행히 다이어트 댄스를 시작하며 나의 체중은 서서히 줄어들고 있다. 안 쓰던 근육들을 사용하면서 몸이 개운해지고, 빠른 음악에 맞춰 몸을 움직이면서 머릿속에 잡다한 생각은 어느새 사라진다. 또 아이의 인간관계와 상관없이, '누구 엄마'가 아닌 인간관계가 새로이 형성됐다. 몇 년 만의 일이었다. 그저 댄스팀의 일원으로서 오롯이 내가 맺는 인간관계다. 새로운 인간관계도, 땀 흘려 내 몸을 움직인 덕에 얻는 자긍심도 지금의 내 삶을 가치 있게 만들고 있다. 거울 앞에서 춤추는 내 모습에 바닥으로 곤두박질하던 자존감도 꿈틀꿈틀 이내 서서히 피어오른다. 나는 내가 좋아하는 방법으로, 나를 사랑하는 다이어트에 도전하고 있다. 다이어트가 실패해도 어떠한가. 나는 지금의 나 자체로 아주 행복하다. 그런 의미에서 다 같이 뮤직, 스타트!

04.
울보가 눈물을
극복하는 방법

"아들아, 이런 장난은 앞으로 하지 않도록 하자!"
"알겠어요. 그런데요. 엄마, 울어요?"
"엄마가 널 엄청나게 사랑하니까, 흐엉엉엉….'
"혼나는 건 난데, 엄마가 왜 울어요?"

이런. 또 울고 말았다.

나는 엄청나게 눈물이 많은 편이다. 어린 아들을 훈육하면서 가장 어려운 일은 바로 내 눈물 참기다. 아이의 눈망울에 눈물이 슬슬 차오르는 모습만 봐도 내 눈에서는 더 빠른 속도로 눈물이 차오른다. 내가 혼내는 입장이 맞는데, 내가 먼저 서럽게 울고 있다. 다른 이가 이 장면을 봤다면 명명백백하게 엄마의 잘못으로 상황이 종결된 느낌이다. 아이를 훈육하기 싫은데 억지로 훈육하는 것도 아니다. 물론 내 아이를 훈육하는 일은 언제나 속상하고, 가슴 아픈 일이다. 하지만 안전과 직결되는 장난이나 예의 없는 행동에 대해서는 분명하고, 단호하게 곧바로 훈육한다. 다만 이런 내 원칙에 가장 큰 걸림돌이 나의 눈물샘일 뿐. 내가 먼저 울지 않겠노라 심호흡하며 마음을 다잡아 보지만 내 눈물의 속도는 아이의 눈물보다 훨씬 빠르다. '눈물샘에 문제가 있나? 병원 진료를 받아봐야 할까?' 혼자서 가끔 고민해 볼 정도다. 하지만 요즘 이런 정도의 눈물은 많이 나아진 형국이다. 한때 나는 스스로 감당하지 못할 정도로 눈물에 파묻혀 지낸 적이 있었다.

지금으로부터 10년 전의 일이다. 나는 출산 후에 양가 부모님이나 주변의 도움을 받지 못했다. 산후조리원을 나온 직후, 정부 지원 산후 도우미를 신청하여 2주 동안 우리 집을 출퇴근하며 살림을 도와주셨다. 하지만 안타깝게도 내가 만난 산후 도우미는 경력이 그리 많지 않으셨다. 나도 아기 돌보는 일이 처음이었지만, 그런 나를 도와주는 손길도 어렵긴 마찬가지. 이것저것 챙겨주려고 노력하셨으나 결국 내 손을 거쳐야 정리가 되는 행태였다. 밤낮으로 모유 수유하며 피로가 고스란히 쌓인 데다가 내가 아기도 돌보고, 어르신 도우미까지 모시는 느낌이었다. 나는 육체적으로나 정신적으로나 점점 지쳐갔다. 그래도 내 끼니를 차려주고, 치워주는 걸 호강으로 여기자 싶어 꾸역꾸역 산후 도우미 이용 기간인 2주일을 잘 버텼다. 해방감도 잠시, 나에겐 이제 끝나지 않을 고난의 시간이 기다리고 있었다는 걸 뒤늦게 깨달았다. 결코 만나고 싶지 않았던 산후우울증이 찾아온 것이다.

남편이 출근하면 집 안에는 나와 아기 둘뿐. 남편이 집에 다시 돌아오기까지 14시간을 버텨야 한다. 그때까지 온전히 나와 아기 둘이 함께 시간을 잘 보내야 하는데…. 이미 낮아진 자존감에 체력도 한계에 다다르고, 갈피를 모르는 초보 엄마로서는 숨 막히고, 살 떨리는 시간이 되어버렸다. 나는 아기 두 돌 때까지 미디어 노출은 절대 하지 않겠다는 다짐으로 일찍이 TV를 가려두었다. 그 때문에 우리 집은 아기의 울음소리와 아기를 달래는 소리 이외에는 정적이 흘렀다. 아기를 예민하게 만들지 않으려고 클래식을 틀어놓으려고 했으나, 음악을 재생시킬 여유도 없었다.

집은 고요했고, 나는 고독했다. 아기를 책임져야 한다는 부담감, 아기를 잘 파악하지 못한다는 막막함, 엄마 역할을 잘 해내지 못할 것 같다는 두려움이 나를 덮쳤다. 아기가 왜 우는지, 내가 잘 보살피고 있는지, 이렇게 하는 게 맞는지 어느 것 하나 확신이 없는 나에 대해 하나둘 의구심이 생긴다. 엄마로서 갖추어야 할 모성애와 육아 지식도 모자란 것 같아 자괴감마저 든다. 이런 생각이 꼬리에 꼬리를 물고 어느새 눈물이 쏟아져 내린다. 홀로 일어나 새벽 수유하고 아기를 재우면서도, 아기가 낮잠 자는 사이 부엌 구석에 서서 밥을 뜨면서도 눈물은 쉼 없이 흐른다. 그립고 반가운 친정 엄마와의 통화도 차마 길게 할 수가 없다. 목소리만 들어도 눈 앞을 가리는 눈물에 자꾸 목이 메는 것을 들킬까 봐 나의 대답은 점점 짧아진다. 일상 중에 눈물 흘리는 빈도가 점점 많아졌고, 나중엔 반복되는 눈물을 자각하기도 어려웠다. 기나긴 어두운 터널에 나만 바라보는 아기를 둘러메고 혼자 걸어가는 기분. 걸어갈수록 더 어두컴컴하고 끝이 안 보여서 무서웠다. 하지만 이렇게 눈물로 뒤범벅된 나의 삶에 어느 날 갑자기 변화가 찾아왔다.

"이 냄새 뭐지? 커피야?"

비몽사몽 찰나에 눈이 번쩍 뜨였다. 따뜻한 햇살이 비추던 봄날, 평소처럼 환기하려고 창문을 활짝 열었는데 어디선가 고소한 커피 냄새가 났다. 얼마 만에 맡는 커피 냄새였을까. 나는 커피 향에 홀린 듯 무작정 아기를 안고 슬리퍼를 끌며 현관을 나섰다. 마지막 외출 날짜도 기억이 안 날 정도로 오랜만의 외출이었다. 무작정 커피 향에 이끌려 내려가 보니, 그곳엔 새로 생긴 카페가 있었다. 다음 주에 정식으로 카페를 오픈하기에 앞서 테스트 삼아 커피를 내리고 있다는 사장님의 인사가 가슴에 사무치게 반가웠다. 마침 냉동실에 얼려둔 모유도 있겠다, 나는 모유 수유 걱정을 내려놓고, 오랜만에 커피를 마셨다. 임신 전에는 하루 2~3잔을 기본으로 마시던, 내가 그토록 좋아하던 커피였다. 먹구름이 낀 듯 우울한 내 마음이 고소한 커피 한 모금에 금세 향기로워졌다. 불현듯 나는 깨달았다. '그래. 나는 원래 이렇게 커피를 좋아하던 사람이었지. 나도 예전처럼 커피 한 잔 마실 여유는 있구나!'

그렇다. 나는 엄마가 되기 이전에도 충분히 잘 살아왔고, 세상에는 여전히 내가 좋아하는 것들이 가득하다. 이런 나의 세계에 귀여운 '나의 미니미'가 선물로 찾아왔을 뿐이라는 걸 나는 새로이 깨달았다. 그리고 내가 좋아하는 것들을 찾고 나서야 내 기분을 더욱 객관적으로 파악할 수 있게 됐다. '내가 잠시 우울했구나, 지금은 아까보다 좋아졌네.' 자신을 스스로 돌아보며 나의 상태는 점차 나아졌다.

나는 이날을 계기로 매일 부지런히 외출 계획을 세우기 시작했다. 집 앞에 있는 카페, 슈퍼, 빵집 등 유모차를 밀고 다닐 수 있는 동네 가게들을 빠르게 섭렵해 나갔다. 외출에 있어서 거창한 목표는 필요 없었다. 그저 내 삶의 질을 높여 줄 수 있는 맛있는 커피 한 잔, 귤 한 바구니, 옥수수 스콘 한 조각이 하루하루 내 행복의 소재가 됐다.

**"오늘 하늘 색깔은 엄청 파랗구나. 저기 구름 봐~
정말 하얀 양처럼 생겼네."**

아기와 나누는 대화의 양도 더 많아지고, 아기를 바라보는 나의 표정도 더 밝아졌다. 아기가 잠시 칭얼대도 무슨 문제일까, 내가 뭘 잘못했나 허둥지둥하지 않았다. 아기와 눈 맞추는 시간이 점점 늘어나고, 보다 여유 있게 아기를 달랠 수 있게 됐다. 수유 텀이 점차 길어지면서 대중교통을 타고 근교에 있는 시장, 백화점 문화센터 등 점점 나의 생활 반경이 넓어졌다. 기저귀, 젖병, 텀블러, 손수건 등 아기 용품을 바리바리 챙겨 들어도 나는 기꺼이 행복한 마음으로 외출했다. 이전 같으면 내가 집 안에서 나의 온 신경을 아기에게 곤두세우고 있었을 시간이었다. 나는 '집 밖'이라는 전혀 새로울 것 없지만, 내게 다시금 특별해진 세상에 다시 발을 내디뎠다. 아기를 보려고 다가오는 어르신들과 넉살 좋게 인사를 나누고, 나와 비슷한 처지의 또래 초보 엄마들과 자연스레 소통하게 됐다. 그리고 나는 점차 웃음을 되찾았다. 이제 아기의 뒤집기나 '음마, 마마'하고 나를 부르는 소리에 감격의 눈물이 맺힐 뿐, 나는 더 이상 깊은 슬픔에 잠겨있지 않았다.

> "여러분, 지금 분노가 치밀어 올라와도 괜찮고
> 지금 내가 누군지 당장 몰라도 괜찮습니다.
> 혼란스러울 때는 내면을 들여다볼 기회입니다.
> 그 안에 답이 있습니다.
> 일단 지금 감정 그대로 받아주고 인정해 주세요.
> 그것이 자존감의 시작이니까요."
>
> ─ 이요셉, 김채송화 《나만 나처럼 살 수 있다》

나는 지금도 눈물이 많다. 그것도 아주 많이. 그렇다고 내가 여전히 우울한 상태는 아니다. 기쁠 때, 슬플 때, 감격스러울 때, 놀랄 때, 화가 날 때, 황당할 때… 나의 눈물은 모든 감정과 맞닿아있다. 눈물이 내 감정의 밑바탕을 차지하고 있는 것이다. 세상을 살다 보면 주위에 유독 잘 웃는 사람이 있고, 잘 놀라는 사람도 있지 않나. 나는 그저 잘 우는 사람인 것이다. 대부분의 사람이 느끼는 비슷한 감정 수준에 눈물 한 방울이 더해진 것일 뿐. 그렇다고 감정이 엄청나게 격해지거나 과한 감정이입을 하는 건 아니다. 위의 책 구절처럼 나는 '울보인 나'도 있는 그대로 받아주고, 인정하기로 했다. 이 눈물을 인정하지 않으면 나는 계속해서 자존감이 낮은 사람으로 고여 있게 될지도 모른다. 게다가 눈물을 부정하기만 한다면 언제든 찾아올 수 있는 우울감에 더 쉽게 노출될 수도 있으니까.

울보면 어떠랴?

결국 울보가 눈물을 극복하는 방법이란 따로 없다. 애초에 눈물이란 내가 아무리 울보이건 아니건 애당초 이겨내야 하는 상대가 아닌 것이다. 눈물 좀 흘리면 어떠한가. 눈물만큼 솔직한 감정 표현이 어디 있다고. 주위에서 울보로 불리는 이들에게 응원의 말을 남기고 싶다. 당신의 눈물 한 방울이 당신의 솔직한 기분을 알아주어 다행이라고, 그 눈물 덕분에 당신에게 더욱 개운한 내일이 찾아올 거라고 말이다.

05.
커피처럼
살고 싶다

"두잉그뤠잇 고객님,
  주문하신 아이스 아메리카노 한 잔 나왔습니다."

언제 들어도 반가운 소리다. 나는 커피를 정말 좋아한다. 커피를 물처럼 자주 많이 마시는 탓에 내 몸엔 피 대신 커피가 흐를지도 모르겠다. 카페 앞을 지나가다 우연히 커피가 추출되면서 풍기는 커피 향기를 맡을 때면 정신을 차릴 수가 없다. 문제는 우리나라에 카페가 많아도 너무 많다는 것. 여기저기 가는 곳곳마다 카페가 있어서 커피의 유혹은 하루 종일 계속된다. 나는 커피 브랜드나 종류를 특별히 가리지 않는 편이다. 커피에 있어서는 늘 도전 정신이 살아있어서 새로 생긴 카페의 시그니처 메뉴를 먹어보기도 하고, '여기는 역시 이거지!' 하는 단골 메뉴도 있다.

보통 오전 시간에 그날의 첫 카페인으로는 아메리카노를 마신다. 요즘같이 더운 날에는 아이스 아메리카노로 마시지만 따뜻한 아메리카노를 한 모금 마실 때면 내 몸 구석구석이 카페인으로 충전되는 짜릿함을 더 잘 느낄 수 있다. 그래서 아이스 아메리카노를 마실 때면 얼음 때문에 커피의 맛이 연해지는 것이 싫어서 얼음이 녹기 전에 커피를 먼저 충분히 들이켜기도 한다. 자작자작해진 커피와 함께 남은 얼음을 녹여가며 커피의 여운을 즐기면 되니까 말이다. 오후에는 시나몬 가루가 솔솔 뿌려진 따뜻한 카푸치노를 즐겨 마신다. 커피 향 대신 시나몬 향이 먼저 내 코를 간질인다. 머그잔 가장자리에 입술을 살짝 대고, 조심스레 컵을 기울여본다. 따뜻한 우유 거품 아래 숨겨져 있던 커피가 부드럽게 목을 타고 내려간다. 드라마 〈시크릿가든〉의 명장면처럼 입술에 거품이 살짝 묻는 게 대수일까. 입술에 묻은 우유 거품을 혀로 쓸어내릴 때면 어느새 내 입안은 시나몬 향으로 가득해진다. 이렇게 하루에 커피 두 잔은 기본. 카페인 없는 하루가 있었을까 싶을 정도로 커피를 못 마신다는 건 상상하기도 싫다. 나는 언제부터 이렇게 커피를 좋아하게 됐을까.

내가 고등학생일 때, 나는 처음으로 커피를 마셔봤다. 나의 인생 첫 커피는 바로 커피믹스. 노랗고 길쭉한 봉지에 흔들면 쌔액쌔액 소리가 나는 커피믹스다. 중간고사를 앞두고 시험공부를 해야 하는데, 잠이 미친 듯이 쏟아지던 어느 늦은 밤이었다. 나는 식탁 위에 놓여있던 커피믹스를 하나 집어 들었다. 그때까지 한 번도 마셔본 적 없는 커피였지만 나는 아주 익숙하게 커피를 만들었다. 식사를 마칠 때마다 내게 커피 심부름을 자주 시켰던 할아버지 덕분이다. 커피믹스는 종이컵에 마시는 게 제일 맛있다던 할아버지의 말씀대로 나는 종이컵에 커피믹스를 부었다. 뜨거운 물을 쪼르르 따르자마자 커피와 설탕, 프리마가 한데 어우러진다. 첫맛은 달짝지근하고, 끝맛은 처음 느껴보는 씁쓸함이었다. 하지만 기분 나쁘지 않은 쓴맛이랄까? 커피가 맛있게 느껴졌다. 뜨거운 커피를 홀짝홀짝 마시며 다시 공부에 집중해 본다. 그러면서 내 마음에 드는 생각 한 가지. '내일 공부할 때 또 마셔야지!'

그 뒤로 독서실을 갈 때마다 혹은 집에서 밤늦게 공부할 때마다 내 손엔 커피믹스 한 개가 들려있었다. 평소 엄마는 내게 커피는 어른이 되면 마시라고 만류하던 터라, 엄마가 몰래 하나둘 커피를 챙겨 먹게 됐다. 그렇게 커피믹스를 노리던 고망쥐도 결국 긴 꼬리가 밟히고 말았다. 어느새 커피믹스 박스가 동이 난 것을 눈치챈 가족들이 커피믹스를 주목하고 있을 줄은 꿈에도 몰랐다. '어렸을 때 커피 많이 마시면 머리 나빠진다'라는 말도 안 되는 잔소리를 실컷 들은 뒤로 나는 더 이상 집에서 커피믹스를 손댈 수 없었다.

'대학만 가봐라. 대학 가서 커피 실컷 마셔야지!'

커피믹스를 향한 열망이 나를 대학에 합격시켰나 보다. 대학생이 된 나는 카페를 들락날락하는 것이 일상이 됐다. 이젠 커피믹스 대신 아메리카노의 매력에 푹 빠졌다. 씁쓸하지만 깔끔한 그 오묘한 맛의 조화가 참 마음에 들었다. 그리고 아메리카노를 포장해 손에 들고 다닐 때면, 마치 내가 진짜 어른이 된 것만 같아서 '커리어우먼' 이미지를 스스로 덧입히며 콧날이 절로 높아지는 것을 경험하기도 했다. 친구들과 함께 카페를 즐기며 점점 더 다양한 커피에 입문하게 됐다. 부드러운 카페라테, 달콤한 카페모카, 시나몬 향 가득한 카푸치노 등. 커피 브랜드도 여럿 꿰차고, 원두 원산지마다 다른 맛이 난다는 것도 배웠다. 그렇게 커피에 더 익숙해지며 커피가 내 삶에서 지대한 영역을 차지하게 됐을 즈음, 나는 커피 맛의 새로운 차원을 경험했다. 유명 브랜드의 커피, 특별한 원두, 내공 깊은 바리스타의 커피보다도 커피 맛을 가장 크게 좌우하는 것은 내가 처한 상황과 공간과 사람이라는 사실을 깨달았다.

방송작가로 일하던 때였다. 대본 마감 기한은 코앞인데 아무것도 정리되지 않은 채 텅 빈 한글 프로그램을 쳐다보고 있노라면 커피 한잔이 그렇게 사약 같을 수가 없다. 마땅한 대안이 없는 아이템 회의에서도 나는 커피를 쪼르륵 쪼르륵 연신 마셔보지만, 결코 맛이 느껴지지도 않는다. 그냥 하릴없이 마실 뿐. 갈등이 깊어진 어느 미팅 자리에서도 내 마음을 편안하게 다독여줄 커피 향은 나지 않는다. 세상 불편하고, 스트레스가 쌓여가는 상황에서 나는 커피를 즐길 수가 없었다. 마주해도 즐겁지 않은 사람과의 커피 타임은 잽싸게 커피를 마시고 자리를 벗어나야 하는 미션과도 같았다. 언제나 커피를 맛있게 즐기기엔 나의 내공이 역부족이었나 보다. 나는 커피의 씁쓸함이 참 좋았는데…. 내 삶이 씁쓸할 때, 커피는 마냥 쓰기만 했다.

"나를 정신 차리게 만드는 것은 진한 커피,
아주 진한 커피다.
이는 내게 온기를 주고 특이한 힘과 기쁨, 쾌락이 동반된
고통을 불러일으킨다."

- 나폴레옹

나폴레옹의 말처럼 커피는 사람에게 힘을 주기도 하고, 사람을 각성시키기도 한다. 나폴레옹처럼 나도 나를 정신 차리게 할 방법은 커피밖에 없었던 듯하다. 극심한 스트레스 속에서 여전히 나는 커피를 찾았다. 커피가 없으면 허전하고, 내 삶이 더 힘들어질 것 같아 커피에 의존했던 시절이다. 하루에 커피 마시는 빈도가 차츰 늘어났다. 어느 자리에 가도 커피는 기본으로 물처럼 마시는 것이 습관이 됐다. 목이 마를 때도 물 대신 커피를 마셨으니 나는 늘 깨어있는 상태처럼 지냈다. 어쩌다 커피를 못 마신 날이면 어김없이 머리가 깨질 것처럼 아팠다. 많은 양의 카페인을 오랫동안 섭취한 탓에 카페인 금단 현상도 쉽게 일어났다. 그러던 내가 커피를 한 모금도 마실 수 없게 되는 일이 발생했다.

바로, 임신. 출근길에, 녹화를 마친 후, 나른한 오후를 깨워주던 커피를 하루아침에 금지당했다. 다행이었다. 그래도 커피를 마시지 않는 것이 내 아이를 위한 길이라고 여기니 생각보다 그리 힘들지 않았다. 양수를 맑게 해 주기 위해서 나는 커피 대신 카페인 없는 루이보스를 즐겨 마셨다. '세상에서 가장 작은 카페' 스틱 커피가 자리하던 회사 책상 위, 우리 집 식탁 위에는 이제 루이보스 티백이 차지했다. 임신 후기에는 하루에 한 잔 정도 커피를 마셔도 된다는 산부인과 선생님의 말씀을 따라 커피를 다시 마셔볼까 고민도 많았다. 하지만 어차피 출산 후에 모유 수유를 하려면 또다시 커피를 마실 수 없다는 생각에 이왕 커피를 참아온 거 더 참아보자 싶었다. 그리고 출산 후, 나는 극심한 산후우울증을 겪게 됐다. 남편이 출근하면 집에는 아기와 나만 덩그러니 남겨졌다. 내 도움이 절대적으로 필요한 아기를 책임져야 한다는 책임감과 그럼에도 잘 보살필 방법을 모른다는 자책감까지 더해지며 힘든 시절을 겪었다. 매일 눈물로 감정이 잠잠할 날이 없었다. 그러던 중 이유식을 먹일 시기가 되면서 자연스럽게 모유 수유를 줄여가던 때였다. 여느 때처럼 환기하려고 아침 일찍 창문을 열어젖혔는데, 반가운 향기가 났다. 커피였다. 세수도 안 한 얼굴로 아기 띠를 맬 겨를도 없이 아기를 안은 채 후다닥 뛰어 내려갔다. 내가 살던 빌라 1층 모서리에 작은 카페가 생긴 것을 발견했다. 그렇게 내가 바깥을 나간 것이 얼마 만이었을까. 오랜만에 보는 하늘과 내 들숨 한가득 채우는 커피 향기가 무척 따뜻했다. 그리고 나는 아주 오랜만에 맛있는 커피를 마셨다. 이날을 시작으로 나는 우리 집 1층 카페 단골이 됐다. 점차 외출 영역도 넓어졌다. 뒤돌아보니 커피가 그 시절의 우울을 치료해 줬다.

이쯤 되니 커피가 내 인생의 동반자 같은 느낌이다. 커피의 달콤함을 느낀 어린 시절부터 커피는 내 하루의 고단

함을 안락하게 채워주는 존재였다. 언제나 내 일과의 시작이 되어주고, 노동의 윤활유 역할을 도맡아 준다. 또 내가 힘을 낼 수 있게, 새로운 아이디어를 찾을 수 있게 톡톡히 도와준다. 문득 내가 이런 커피를 닮은 사람이 되어보면 어떨까 싶다. 우리 가족뿐만 아니라 내가 만나는 사람들에게 항상 힘이 되어주고, 영감을 줄 수 있는 동반자 말이다. 커피를 사랑하다가 이젠 내가 커피가 되고 싶어졌다. 내 인생이 커피의 크레마처럼 더 깊어지길, 내 일상이 커피 위의 크림처럼 더 달콤해지길 꿈꿔본다.

06.
라디오
그리고 올드팝

"아들, 오늘 하루도 힘내!"

어느덧 가을이다. 서늘한 아침 공기를 맞으며 아이의 등굣길을 배웅하고, 집에 혼자 남은 시간. 나는 가장 먼저 음악을 튼다. 내가 즐겨 듣는 음악은 올드팝이다. 올드팝을 틀어놓고, 음악과 함께 머금을 커피 한잔을 내린다. 부드러운 선율 사이로 커피머신의 소음이 들려올 때, 나는 가만히 눈을 감아본다. '카페가 따로 없네, 우리 집이 카페였어.'라는 생각에 피식 웃음이 난다. 텅 빈 거실을 바라보며 식탁 의자에 앉아 잠시 멍을 때린다. 잠잠히 앉아 있는 자체로 피로가 해소되는 느낌이다. 내 귓가에 들려오는 음악과 향기로운 커피가 있어 가만히 있어도 참 행복하다. 이렇게 소소한 행복을 느끼는 순간들이 모여 내 하루를 더 풍요롭게 채워주는 듯하다. 어느덧 올드팝은 내 삶에 없어서는 안 될 고마운 존재가 됐다. 듣기만 해도 기분이 좋아지고, 내 마음을 평온하게 만들어주는 치료제 그 자체다.

올드팝을 좋아하게 된 건 내가 중학생일 때, 오빠가 고등학교에서 밴드 동아리를 결성하면서부터였다. 한동안 오빠가 부모님과 크게 싸우기도 하고, 애걸복걸하며 무릎으로 집안 걸레질을 대신하더니 오빠 방에서 처음 보는 악기가 생겼다. 부모님이 사준 오빠의 첫 악기, 전자 기타였다. 내가 아는 악기라고는 초등학교 저학년 때까지 배웠던 피아노가 전부였는데, 갑자기 기타라니…. 그것도 앰프와 각종 스피커, 마이크까지. 방 한가득 록밴드 스피릿이 흘러넘쳤다. 나는 넉넉하지 않은 집안 살림에 느닷없이 악기 타령을 해댄 오빠가 참 미웠다. 그래서 속으로 '저거 얼마나 오래 하나 보자' 단단히 벼르며 오빠를 눈여겨봤다.

오빠는 어디선가 구해온 기타 교재와 악보를 펼쳐놓고, 밤낮없이 기타 독학에 매진했다. '대댕댕댕-' 앰프를 연결하지 않은 채 기타 줄을 튕기니 생전 처음 듣는 소리가 났다. 그러기를 몇 주가 지났을까. 오빠는 내게 영화 〈금지된 장난〉의 주제곡 〈Romance de Amor〉를 들려줬다. 애절한 멜로디가 매력적인 이 곡은 지금까지도 기타에 입문하는 사람들이 첫 기타 연주곡으로 뽑는 불문율과 같은 곡이다. 몇 년 전, 나를 밤마다 눈물짓게 했던 드라마 〈가을동화〉의 OST이기도 했던 터라, 나는 머릿속으로 송혜교 언니의 닭똥 같은 눈물을 떠올리며, 오빠의 연주가 내심 감동스럽기도 했다. 하지만 우리는 애정 표현 따위 절대 하지 않는 무뚝뚝한 남매 사이기에, 시끄럽다고 오빠에게 괜히 윽박질렀던 기억이 난다.

나는 〈Romance de Amor〉를 시작으로 우리나라 대중가요가 아닌 음악에 처음으로 관심이 생겼다. 어느새 광고에 잠깐잠깐 들려오는 노래들, 영화에 잔잔히 깔리던 음악들이 서서히 선명하게 들리고, 더 듣고 싶다는 생각을 했다. 그리고 영어 공부를 핑계로 팝송을 검색하기 시작했다. 당시 가장 유행하던 팝송은 어셔의 〈Yeah!〉였다. 주말 예능 프로그램에서 남성 출연자들이 파워풀한 춤을 출 때면 어김없이 등장하는 노래였다. 대충 흥얼거리다 우리말 가사를 찾아본 나는 경악을 금치 못했다. 여중생이 받아들이기엔 다소 음란하고 직설적인 표현들이 가득했다. '내가 원한 건 이런 게 아니었는데…. 멜로디가 흥겹다고 전부가 아니구나.' 가사의 중요성을 여실히 깨달은 나는 멜로디와 더불어 가사까지 내 마음에 쏙 드는 팝송을 찾으려 노력했다.

라디오를 듣다가 마음에 드는 곡이 나오면 그 노래의 가사 한 구절을 메모해 두었다가 꼬리에 꼬리를 무는 검색을 거쳐 팝송을 알아갔다. 또 그 시절 음반 가게를 비롯해 신촌역이나 영등포역 주변에서 쉽게 만나볼 수 있었던 카세트테이프 판매 리어카를 찾아다니기도 했다. 지금은 카세트테이프를 찾아볼 수 없지만 당시 카세트테이프 명곡 모음집은 다양한 가수들의 노래를 한데 모은 마성의 보물 상자였다. 그러다 우연히 라디오를 듣게 됐다. 라디오는 카세트테이프를 뛰어넘어 더 넓은 음악의 세계로 나를 인도했다.

"아침에 일어나면 좋은 일만 있을 거예요!"

- 이소라

가수 이소라 씨가 진행하던 라디오 〈FM음악도시〉 클로징 멘트다. 나는 매일 밤 이소라 씨의 매력적인 목소리로 내일의 나에게 행운을 빌어주는 마법 같은 주문을 들으며 하루를 마무리했다. 나는 그때 당시만 해도 이소라 씨가 방송에 출연하는 모습을 본 적이 없어서 이소라 씨가 TV에 나오지 않는 음악 전문 라디오 DJ인 줄로만 알았다. 이소라 씨의 얼굴은 모르지만 소라 언니는 매일 밤 10시에서 12시까지 만나는 친구였다. 매일 다양한 코너로 웃음과 눈물을 자아내고, 대중가요뿐 아니라 팝송, 인디음악까지 다양한 음악의 장을 열어준 것이 바로 라디오였다. 라디오 덕분에 야간자율학습을 마치고, 집에서 다시 책상 앞에 앉아 있는 그 시간이 외롭고 힘들지 않았다. 어떤 날은 나와 비슷한 처지의 학생들 사연을 들으며 위로를 얻기도 했다. 또 어떤 날은 우여곡절 끝에 취업에 성공하거나, 엇갈린 끝에 사랑을 시작한 이들의 사연을 들으며 대리 행복을 경험하기도 했다. 소라 언니가 들려주는 엽서 속의 이야기에 공감하다 보면 절로 마음이 따뜻해졌다. 거기에 음악까지 더해지니 행복이 마구 솟아나는 느낌을 받았다. 내게 라디오는 그 시절의 낭만이었다.

어른이 된 나는 고등학생만큼이나 치열한 대학 생활을 마치고, 더 전쟁 같은 방송작가로서의 시절을 보냈다. 여유롭고 평화로운 미래를 꿈꾸면서 오늘을 참아내자는 마음으로 매일 버텼지만, 점점 더 눈코 뜰 새 없이 바쁜 나날의 연속이었다. 그리고 결혼하고, 이어서 임신과 출산까지…. 학창 시절 내 삶의 위안이 되어주던 라디오를 떠올리지 못할 만큼 나의 삶에 여유란 찾아볼 수 없었다.

내가 다시 라디오를 듣기 시작한 것은 아이가 어린이집을 다니면서부터였다. 여느 때처럼 집에서 차로 15분 거리의 어린이집에 아이를 데려다주고 돌아오는 길이었다. 나는 불현듯 운전하다가 라디오를 틀었다. 라디오에서는 SBS 파워 FM 〈아름다운 이 아침 김창완입니다〉가 흘러나왔다. 유독 드라마에서는 자신의 성공을 위해 물불 안 가리는 냉혈한 악역을 자주 맡는 탓에 성질머리 고약한 아저씨 이미지로 각인됐던 김창완 아저씨였다. 하지만 라디오를 통해 들려오는 정감 있는 목소리와 특유의 너털웃음, 간단명료한 듯 연륜이 묻어나는 해학은 나를 매료시켰다. 그렇게 매일 오전 9시에서 11시까지 김창완 아저씨의 라디오는 내게 여유를 허락하는 시간이 됐다. 〈아(름다운 이 아)침(김)창(완입니다)〉, 줄여서 〈아.침.창〉을 통해 콘서트에 따로 가지 않아도 저명한 악기연주자, 떠오르는 신예 작곡가, 다양한 장르별 대가들의 라이브를 들을 수 있었다. 또 김창완 아저씨가 추천하는 주옥같은 팝송들을 접하는 기회가 됐다.

라디오를 통해 내 인생 최고의 팝 가수를 알게 됐다. 바로 1970년대 미국의 팝 음악계를 점령한 그룹 '카펜터스'다. 1969년에 결성된 그룹 카펜터스는 카렌 카펜터와 리처드 카펜터 남매 그룹으로 카렌은 보컬과 드럼을, 리처드는 피아노를 담당했다. 오늘날 우리나라의 대표적인 남매

듀오, '악동뮤지션'이 자연스럽게 떠오른다. 카펜터스는 10여 년 동안 활동하며 〈Close to You〉, 〈Yesterday once more〉, 〈Top of the world〉 등의 대표곡을 남겼다. 카펜터스의 곡은 달콤한 사랑 고백의 노래들이 많다. 기교를 많이 부리지 않고, 정직하게, 차분하게 노래 부르는 여성 보컬의 음색이 매력적이다. 들으면 들을수록 어느덧 분위기가 따뜻해지고, 마음이 편안해지는 것을 여실히 느낄 수 있다. 영혼까지 영롱해지는 느낌이랄까. 이렇게 글로써 이 명곡들을 설명하려니 안타까울 따름이다. 나의 부족한 필력으로는 카펜터스 곡의 아름다움을 제대로 전할 수가 없어 아쉽다. 나의 절절함이 느껴지신다면 한 번쯤 꼭 찾아서 들어보시길 추천한다. 특히 이 글을 써 내려가며 라디오를 추억하다 보니 유독 떠오르는 스펜터스의 곡이 하나 있다. 1973년에 발매된 〈Yesterday once more〉다.

> 어렸을 적 라디오를 즐겨 들었어요.
> 내가 제일 좋아하는 노래가 나오길 기다리면서 말이죠.
> 그 노래가 나오면 나는 따라 부르며 미소를 지었죠.
> 그땐 정말 행복한 시절이었어요.
> 생각보다 오래되지 않았는데 말이죠.
> 그 행복했던 시절은 대체 어디로 갔을까요.
> 그런데 그 노래들이 다시 떠올라요.

마치 오랫동안 잃어버렸던 친구처럼

내가 아주 사랑했던 모든 노래들이요.

모든 게 샤랄랄라- 모든 게 워우워우- 여전히 빛났어요.

모든 게 싱어링어링-

그들이 노래하기 시작했다는 게 참 좋네요.

- 카펜터스 〈Yesterday once more〉 번역 가사

"When I was young~" 첫 구절만 들어도 무릎을 '탁' 치게 하는 명곡이다. 어린 시절 라디오에서 들었던, 자신이 좋아하던 그 시절 그 노래를 추억하는 내용의 가사를 담고 있다. 어쩐지 지금의 내 마음과 똑 닮은 노랫말에 가슴이 뭉클해진다. 살면서 이렇게 나를 대변해 주는 노래를 만난다는 것, 그리고 나를 그 시절로 데려다주는 노래를 기억한다는 건 내 인생에 얼마나 큰 행운일까. 내 삶에 여유를 되찾아주고, 소소하게나마 웃음과 감동을 주는 라디오와 올드 팝이다. 지금, 이 글을 써 내려가는 중에도 내 노트북에서는 올드팝이 잔잔하게 흐르고 있다. 덕분에 내 마음의 파동을 잔잔하게 진정시켜 주고, 내 마음의 온도가 따뜻하게 잘 유지되고 있다. 이 글을 읽고 있는 당신의 경우는 어떠할까. '언제, 어디서, 어떻게, 누구와' 이런 제약 없이 당신의 마음을 따스하게 데워줄 무언가는 과연 무엇일지 궁금하다. 오늘 하루, 당신을 행복으로 채워줄 무언가가 있다면 참 좋겠다.

07.
둘째는 안 낳아?

"있잖아, 나 둘째 생겼어!"

어느 날 갑자기 걸려 온 아이 친구 엄마의 전화. 그녀는 희열과 묘한 떨림이 공존하는 목소리로 내게 임신 소식을 알렸다. 내 아들과 어린이집을 함께 다니던 시절부터 친하게 지내던 여자 친구가 이제 동생이 생긴다는 소식에 나까지 낯선 설렘이 느껴진다. 하지만 12월에 출산하면 가까스로 첫째와 여섯 살 터울이 된다는 말에 사실 나는 소리 없이 뜨악했다. 영상통화가 아니어서

망정이지, 하마터면 엄마들 우정에 금이 갈 뻔했다.

'도대체 언제 낳아서 언제 키우지?'

친한 주변 사람의 임신 소식에 부러운 마음이 든다면 조만간 둘째가 생긴다는데, 나는 정말 애당초 글렀나 보다. 대리 설렘도 잠시, 내 마음에는 걱정이 꼬리를 물었다. 그러면서 동시에 스치는 생각! '아, 나는 둘째 아이 생각을 확실하게 접었구나!' 확신이 생기는 순간이다.

아이와 단둘이 카페 데이트를 하고, 마트를 돌아다니거나 할 때 주변 어른들에게서 자주 듣는 말, '둘째는…. 없어?'라는 말이다. 또 새로이 알게 된 내 또래 엄마들과의 대화에서도 쉽게 듣는 질문이 바로 '둘째 안 낳으려고?'라는 말이다. 처음 보는 사람은 물론 내 나이를 비롯해 나에 대한 정보를 조금 가진 이도 둘째 아이에 관한 질문을 쉽게 던지는 경우가 의외로 많다.

나는 사실 이 질문이 대단히 무례하다고 생각한다. 매년 난임·불임률이 치솟는 이 시대에 상대방의 가정환경이나 건강 정도를 알지 못한 채 생명탄생에 관한 질문을 인사치레처럼 물을 수 있을까?

하긴 우리 사회를 되짚어보면 비단 둘째 아이 얘기뿐만

아니다. 우리는 어릴 때부터 관심을 가장한 세상 불편한 오지랖을 들으며 자라왔다. 중고등학생 때는 공부를 잘하는지, 어느 대학 갈 건지를 묻고, 대학생 때는 어디로 취업할 건지를 묻는다. 결혼하지 않은 청년에게는 결혼을 왜 안 하냐 하고, 신혼처럼 아이 없이 지내는 부부에게는 아이를 왜 낳지 않느냐고 쉽게 따져 묻는다. 게다가 출산을 경험한 젊은 엄마에게는 둘째 아이를 왜 안 낳느냐 묻고, 터울이 더 생기면 엄마만 힘들다고 잔소리 한 스푼을 더 얹는다.

도대체 왜 물어볼까? 진짜 관심일까? 할 말 없을 때 습관처럼 내뱉는 무의미한 질문이 아닐까? 만약 피치 못할 사정으로 둘째 아이를 갖고 싶어도 가질 수 없는 상태인데, 이런 질문을 받는다면 정말 무례한 것이 아닌가. 그리고 정말 중요한 사안. 내가 둘째 아이를 낳고 나면 셋째 관련 질문을 받지 않아도 될까? 이러한 질문의 끝은 과연 존재할까 싶다. 마치 일 년에 한 번, 명절에만 마주치는 고모할머니에게서 나올 법한 질문이 실생활에서 굉장히 빈번한 이 현상이 그리 달갑지가 않다. 하지만 이런 나라고 해서 둘째 아이에 대한 고민이 아예 없던 것은 아니었다. 나도 둘째 아이를 가져야 하나 심각하게 고민하던 때가 여러 번 있었다.

우리 부부는 결혼한 지 2년이 채 안 됐을 무렵, 새 생명이 찾아왔다. 적당히 둘만의 신혼 생활을 즐기고 딱 좋은 시기, 귀한 선물이었다. 문제는 자그마한 신혼집이었다. 아기를 키우다 보니, 점차 늘어나는 아기 살림에 치여 비좁다 못해 아기가 기어다닐 공간조차 부족했다.

이사가 불가피했다. 이사를 앞두고 나는 밤마다 남편과 가장 치열한 토론을 펼쳤다. 이사 지역을 선택하는 문제는 단순히 지역을 따지는 게 아니라 나의 재취업 문제를 비롯해 친정과 시댁에서의 도움 여부까지 걸린 중대한 사안이었다. 남편은 나에게 재취업할 마음이 있는지 물었다. 당시 내 아이가 첫돌을 앞둔 상황, 나는 집 밖을 벗어날 용기가 쉽사리 나지 않았다. 이런 상태로 재취업은 몇 년이 걸릴지 나조차도 알 수가 없었다. 설령 취업하더라도 애증의 방송작가는 다시 하지 않을 테니 방송국과 거리가 있어도 상관없다고 못 박았다.

그러자 남편은 만약 우리가 둘째 아이를 갖게 되면 우리가 먼 지역으로 이사를 하게 됐을 때 주변에서의 아무런 도움 없이 나 홀로 육아할 수 있는지부터 내게 물어왔다. 나는 쉽사리 대답할 수 없었다. 암울했던 산후우울증을 완전히 떨쳐내지 못한 상태인지라 나는 출산부터 젖먹이 신생아와 함께한 고독의 시간을 결코 반복할 수 없다고 고백했다. 게

다가 첫째 아이까지 돌보며 아기 돌보기란 상상도 하기 싫다고 말이다. 평소 아이를 좋아하는 남편이었지만 남편은 이런 내 생각을 그대로 존중해 주었다. 요즘도 길을 지나가다 아장아장 걸어가는 여자아이를 보면 눈을 못 떼는 남편이다. 하지만 남편은 나를 배려해 나의 선택을 존중해 주었고, 나는 또 이런 남편을 보며 둘째 아이를 두고 선택의 갈림길에 선 채 한동안 속앓이했었다. 점차 시간이 지나면서 우리는 자연스럽게 둘째 아이에 대한 계획은 깔끔하게 지운 채 우리가 이사 갈 지역을 빠르게 결정할 수 있었다. 온전히 남편의 배려였다.

지난 몇 년간, 코로나 팬데믹을 거치며 나의 아이는 사회성이 한창 발달해야 할 시기에 유치원 등원도 하지 못하고, 거의 집에서 나와 단둘만의 시간을 주로 보냈다. 매일 반복되는 생활 방식과 새로울 것 없는 소통, 특별할 것 없는 놀이방식에 지쳐갈 때쯤 겨우 유치원을 보내기 시작했다. 그래도 나름 코로나바이러스 전염을 막고자 바깥에서 외식은 일절 하지 않았고, 교회 예배도 유튜브 실시간 중계로 온라인으로 드렸다. 너무 과한 자가 격리 생활이었을까?

외동인 우리 아이는 또래 아이들과의 상호작용에 있어 어려움을 느꼈다. 늘 조심하고, 섬세한 탓에 다른 아이의 무의미한 말 한마디에 쉽게 상처받고, 점점 더 의기소침해졌다. 반복되는 피해 양상에 나도 점차 내 아이의 예민함을 인정하면서도 내 속은 문드러진다. '너무 착해서 그래요.'라는 유치원, 학교 선생님의 피드백이 결코 위로나 칭찬으로 들리지 않는다. 그저 본성이 그러하니 어쩔 수 없다는 것이 알면서도 야속하고, 서럽기 짝이 없다. 이런 모습을 보며 친정엄마는 '둘째가 있으면 덜 예민할 텐데….'라고 한 마디를 보탠다. 과연 그럴까? 정말 동생이 있었다면 첫째 아이가 예민하지 않았을까? 동생이 없어서 예민하다는 것은 상당한 비약이다.

우리는 살면서 쉽게 '예민하다'라는 말을 사용하곤 한다. 그런데 이 예민하다는 건 도대체 누구의 기준일까? 사람마다 얼굴 생김새, 성격, 성향이 모두 다르듯 예민도 역시 사람마다 다르다. 삶의 모든 현상이 그렇듯 예민함도 장단점을 가진다. 예민하고 섬세한 감수성은 예민하지 않은 사람이 아무리 노력한다고 해서 갖기 어려운 장점이자 매력이 되기도 한다. 동생이 생긴다면 우리 아이의 예민함이 덜 할까? 여태까지 부모의 사랑을 오롯이 받고 자라던 아이가 동생을 만나는 순간부터 느끼게 될 상실감과 낯선 경쟁심은 무엇으로 해결해 줄 수 있을까? 결혼과 이혼이 선택이듯 자녀계획도 존중받아야 할 부부간의 선택이다.

주변에 다자녀를 둔 엄마들에게 '둘째는 왜 낳으셨어

요?'라고 물어볼 때, 가장 많이 듣는 대답은 '나중에 아이가 혼자 남게 되면 외롭잖아.'라는 말이다. 나도 둘째 아이에 대해 고민할 때 가장 많이 고민이 되는 지점이었다. 우리 부부가 세상을 떠나고, 혹시 우리 아이가 혼자 살아가기에 괜찮을까, 너무 외롭지 않을까 걱정됐다. 부모가 없을 때 함께 할 가족이 있다면 어려운 상황이 닥쳐도 조금 더 쉽게 극복할 수 있지 않을까 싶었다.

하지만 우리가 가끔 잊어버리고 사는 한 가지 사실이 있다. 인간은 누구나 혼자라는 것, 외동이든 다둥이든 모든 자녀는 성인이 되면 부모의 곁을 떠나 독립한다는 것을. 성인이 되어 독립한 이후나 부모의 빈자리를 느끼는 시점이 도래했을 때, 그 시기를 잘 보내는 것은 형제와 상관없이 오지 개인의 몫이다.

> "형제가 있건 없건 고독한 사람은 고독하고
> 그렇지 않은 사람은 전혀 고독하지 않다. ...
> 형제가 있으면 안심이라고 생각하는 것은 착각이다.
> 중요한 것은 형제의 유무가 아니라 아이가 어른이 되었을 때 '중요한 순간에 의지할 수 있는 상태'를 가질 수 있는가 하는 것이다."
>
> – 모로토미 요시히코
> 《외동아이 키울 때 꼭 알아야 할 것들》

모로토미 요시히코의 책《외동아이 키울 때 꼭 알아야 할 것들》에는 외동아이에 대한 고정관념에 관해 다양한 연구를 바탕으로 위와 같은 결론을 내렸다. 나의 아이가 가진 예민함을 두고 걱정하기만 했던 내 마음에 희망이 드리우는 메시지다. 아들의 사회성이 마치 또래 상대가 없어서, 심심할 때가 많아서 그런 것 같아 미안함과 죄책감을 가졌던 나를 되돌아보게 됐다. 외동은 결핍이 아니다. 누구의 동정도, 안타까운 시선도 받을 이유가 없다. 게다가 우리 부부는 가정 형편이나 건강상의 이유 없이 '선택적 외동'을 택했기에, 나조차도 다른 사회적인 시선에 휩쓸려 우리 아이를 바라볼 필요가 없는 것이다.

　그렇다. 나의 아이에게 중요한 건 형제의 유무를 떠나 내 아이의 마음 밭이다. '외동'이라는 상태를 떠나서 삶에 있어 중대한 상황에 맞닥뜨렸을 때, 그것을 어떻게 극복해 나갈 수 있는지의 능력은 가족에게서 나오지 않는다. 아들의 외로움이든, 예민함이든 그저 내가 자초한 상황이라고 자책하기보다 아이가 단단하면서도 유연한 마음을 일궈갈 수 있도록 긍정적인 말과 태도로 아이를 양육해야 한다. 외동이어서 외로운 존재가 아니라 외동과 상관없이 사람들과 함께 살아가는 한 인간으로서의 가치를 알아갈 수 있도록 '심리적 토대'를 형성하는 것이 중요하겠다. 외동이라서 가진 장점들에 주목하고 행복한 마음으로 아이를 바라보자. 외동으로 키워도 충분히 괜찮다.

2장

우리는 달디단
붕어빵 가족

나는 아이가 나의 내면을 닮았다면, 강점 또한 닮았다는 사실을 잊지 않으려 노력한다. 나와 닮은 아이를 바라보며, 아이에게 더 깊은 공감과 삶의 지혜를 전해 줄 수 있는 건 그 모습을 물려준 나이기에 가능한 영역이 아닐까?

01.
나를 닮은 아이와
산다는 것

"엄마, 나 수술 안 하면 안 돼요?"

고층빌딩 숲 사이로 매서운 찬바람이 휘몰아치던 어느 겨울날, 우리 가족은 서울 강남구에 있는 한 성형외과를 찾았다. 아이의 점 제거 수술을 위해서였다. 아이는 엉덩이 하나를 크게 뒤덮은 몽고점을 가진 채 태어났다. 보통 아이들의 몽고점이 서서히 사라져 갈 즈음, 내 아이의 몽고점은 하나의 점이 됐다. 왼쪽 엉덩이와 오른쪽 엉덩이 사이, 작고 귀여웠던 그 점은 아이가 폭풍 성장을 하면서 함께 커버렸다. 볼록 튀어나온 검푸른 색의 점. 아이를 씻길 때마다, 아이 옷을 입혀줄 때마다 내 시선은 그 점에 꽂혔다. 나는 그 점이 너무 신경 쓰였다.

어느 순간부터 나는 생각날 때마다 아이의 점 사진을 찍어 소아청소년과나 피부과를 방문할 때마다 의사의 소견을 물었다. 아기일 때는 좀 더 커봐야 알 수 있다는 의사의 말이 어느 순간, '한번 큰 병원에 가보세요.'라는 부정적인 평으로 바뀌게 됐다. 내가 봐도 아이의 점은 아기일 때보다 또렷한 색깔과 더 큰 크기로 자라난 것이 확실했다.

나는 마음이 조급해졌다. 인터넷을 검색하면 할수록 흑색종, 피부암과 같은 무서운 질환이 나왔고, 나로서는 최악도 배제할 수가 없었다. 아예 초등학교 입학 전에 수술할까 싶었으나 입학을 앞두고 스트레스를 더해주기 싫은 마음에 1년 더 지켜보기로 했다. 결국 초등학교 2학년을 앞둔 겨울방학, 우리는 수술 날짜를 잡았다.

아이가 받은 모반 제거 수술은 수술 나이에 따라, 모반의 크기에 따라 마취 방법과 입원 여부가 달라진다. 또 수술 당일에는 물도 마실 수 없고, 금식을 유지해야 해서 보호자의 노력이 필요했다. 나는 예민하고, 긴장을 잘하는 아들의 성향을 고려해, 전화와 메신저로 병원과의 사전 상담을 마치고, 당일 진료 후에 바로 수술하는 일정으로 진행하게 됐다. 그렇게 찾아온 수술 당일, 아이는 병원을 가는 내내 바들바들 떨었다. 아들에게 내색할 수는 없었지만 내 마음도 심하게 요동쳤다.

**'괜한 걱정 때문에
내가 아들을 고생시키고 있는 것은 아닐까?'**

아이에게 미안함과 나에 대한 자책이 계속됐다. 하지만 그렇다고 수술을 포기할 수는 없었다. 앞으로 아이의 몸이 더 성장하면서 아이의 점도 얼마나 커질지 모르는 상황이었고, 훗날 성인이 되어 더 큰 수술을 감행하기 전에 조직 검사를 해보는 편이 낫겠다 싶었다. 병원에 도착하고 아이를 토닥이며 진료실에 들어갔다. 의사는 점의 위치와 크기, 단단함 등을 살펴보았다. 그리고 상담을 시작하며 의사가 내게 건넨 첫마디.

**"어머님, 자책하지 마세요.
점이 있는 건 어머님 잘못이 아닙니다."**

나는 눈물이 핑 돌았다. 의사 시험 과목에 독심술도 있나 보다. 영화 〈굿 윌 헌팅〉에서 '윌, 네 잘못이 아니야.'라고 위로하는 램보 교수가 겹쳐 보였다. 의사의 차분하고 친절한 상담 덕분에 나는 마음의 짐을 한결 내려놓을 수 있었다.

잠시 후, 의사가 기다란 마취 주사를 들고 입원실에 들어섰다. 아이의 모반을 중심으로 사방팔방 찔끔찔끔 마취약이 주입됐다. '흐아악' 아이의 짧은 비명을 뒤로하고, 금세 마취가 시작됐다. 아이의 수술 부위는 엉덩이 위쪽이라, 아이가 엎드린 상태로 엄마를 보고 있어도 된다는 의사의 배려 덕분에 나는 아이와 함께 수술실로 향했다. 아이 못지않게 나도 두렵고 긴장한 상태였지만 아이가 좋아하는 말장난을 하며 대수롭지 않은 듯 웃어 보였다. 아이의 허리 아래로 하얀 수술용 커튼을 가리고, 20 여분이 지났을까. 간호사가 내게 투명한 병 하나를 건넸다. 방금 제거한 아이의 점이 담겨있는 병이었다. 생각보다 두껍고, 긴 뿌리를 가진 점이었다. 보자마자 울컥한 마음이 들었지만 애써 참으며 아이에게 농담을 건넸다.

"와, 시원하겠다! 네 코딱지보다 훨씬 큰데?"

아니, 아이에겐 시원할 리 없다. 시원한 건 내 마음뿐일 테다. 얼떨떨한 표정의 아이는 병에 담긴 모반 덩어리에서 눈을 떼지 못했다. 부분 마취를 했지만 살을 도려냈으니, 다 아물 때까지 아이는 얼마나 아프고 불편하겠는가. 수술 부위에 염증이 생기지 않도록 매일 드레싱을 교체하고, 상처가 벌어지지 않게 운동도 중단해야 했으며, 목욕 전후로 조치해야 할 것들도 많았다. 그럼에도 아기 때부터 내 마음에 짐과도 같았던 모반을 뿌리까지 뽑아낸 것에 너무나 속 시원했다.

사실 나는 알고 있었다. 의사 선생님은 아이의 점은 엄마 잘못이 아니라고 위로해 주었지만, 내가 아이에게 모반을 물려줬다는 것을. 나는 어려서부터 점이 많았고, 성장하면서도 '내 몸엔 점이 참 많구나' 느낀 적이 많았다. 얼굴, 팔, 다리 등 햇빛에 노출되는 부분에 점이 많이도 생겨났다. 피딱지가 떨어지며 착색된 것도 있었지만 대부분 언제 생겼는지도 알 수 없는 점들이다. 그리고 결혼 후엔 남편으로부터 내 등에 '밀크커피 반점' 하나가 크게 있다는 새로운 사실을 알게 되기도 했다. 게다가 아이의 수술 부위와 비슷한 위치에 나도 점이 있다는 사실까지…. 이 사실을 알게 된 후로, 나는 아이에게 사무치게 미안했다. 나와 같은 위치에 생긴 아이의 점은 나의 점보다 크기도 크고, 볼록 튀어나온 모양인 데다가 아이가 성장할수록 같이 무럭무럭 자라나니, 그 점을 볼 때마다 나는 걱정되는 마음에 미치고 팔짝 뛸 지경이었던 거다. 아이는 이 점 외에도 손가락 사이에 있는 나의 점도 닮았다. 비단 점뿐일까. 아이는 나와 정말 많이 닮았다.

"소-름! 엄마가 말하는 줄 알았네!"

남편이 아이와 대화할 때 자주 내뱉는 감탄사다. 아이의 외형은 시아버지와 남편의 유전자를 그대로 이어받아 우스갯소리로 자기소개 안 해도 될 정도의 붕어빵 그 자체다. 얼굴 골격과 상체가 발달한 체형, 빵빵한 볼살과 앙증맞은 콧방울까지 다 똑같다. 하지만 그것뿐. 그 외엔 나를 더 닮은 듯하다. 성격도, 취향도 나와 닮은 부분이 많다.

아이는 사람이나 사물을 관찰하기 좋아하고, 기억력이 매우 좋다. 우리 집 식탁 위에는 아이의 사진이 무작위로 무한 재생되는 태블릿 PC가 있는데, 아이는 모든 사진을 기억하는 듯하다. '이게 어디야?'라고 물어본 아빠의 질문이 무색하게 '아빠도 옆에 있었잖아. 기억 안 나?' 하면서 사진마다 언제, 어디서, 무슨 상황일 때 찍은 사진인지 정확히 설명해 낸다.

또 아이는 예민한 감수성을 가졌다. 나를 닮아 눈물 또한 많다. 보통의 또래 남자아이들은 대개 무뚝뚝하거나 거친 언행을 일삼는 경우를 쉽게 볼 수 있는데, 내 아이는 한없이 조심스럽고, 섬세한 감정표현을 자주 한다. 친구와 헤어질 때, 새 학년을 앞두고 담임 선생님과 헤어질 때 아이는 눈물이 나오려는 걸 간신히 꾹꾹 참았다고 말하며 또다시 울먹인다. 또 함께 TV를 볼 때 환경단체의 후원 독려 영상이 나오면 아이는 속상한 마음에 끝까지 집중해서 보지 못한다. '엄마, 저 거북이 어떡해? 나 눈물 날 거 같아. 엄마는 벌써 울지?'이라면서 괜히 시선을 돌리기 일쑤다.

남편의 판박이인 외모에 나를 닮은 내면이라니… 둥글둥글 낙천적인 남편 성격을 닮길 임신 기간 내내 기도했건만 내 바람과 달리 정반대로 닮은 내 아이다. 뾰족뾰족 예민한 성격을 그대로 물려준 것 같아 죄책감마저 든다. 내가 아이의 외모에 큰 영향을 준 거라고는 나와 같은 위치에 생긴 검은 모반과 웃을 때 볼살 가운데가 세로로 갈라지는 '인디언 주름' 뿐이다. 더 예쁘고, 아름다운 것을 물려주었으면 좋았을 텐데, 어쩐지 아쉬움이 크게 남는 대목이다.

하지만 다행스럽게도 아이는 주변에서 '엄마 닮았구나'라는 말을 더 좋아한다. 아이 말에 따르면 아빠가 엄마보다 더 못생겨서 자기는 엄마 닮았다는 말이 더 마음에 든단다. 나는 객관적인 사실 여부와 상관없이 아이가 엄마를 닮음에 기뻐하는 그것만으로도 감사하고 기쁘다. 나의 단점을 쏙 빼닮은 모습에 자책하고, 부정하기엔 그 존재만으로도 너무나 사랑스러운 내 아이가 아니던가.

평소 쑥스러움이 많지만, 자신이 좋아하는 야구장에서

는 응원 율동을 곁들여 몇 시간이고 일어서서 응원하는 아이. 언제나 친구의 마음을 잘 헤아려주며 배려하지만 옳지 않은 행동은 단호하게 거절할 줄 아는 아이. 자신 없어 싫어하는 활동이라도 끝까지 노력하는 끈기 있는 아이가 내 아이다.

나는 아이가 나의 내면을 닮았다면, 강점 또한 닮은 점이 많다는 사실을 잊지 않으려 노력한다. 나와 닮은 아이를 바라보며 아이에게 더 깊은 공감과 삶의 지혜를 알려줄 수 있는 건, 그 모습을 물려준 사람이 나라서 가능한 것이 아닐까? 최대한 아이의 강점에 집중하고, 지난 삶에서 나의 아쉬운 점을 반면교사 삼아 아이의 강점을 더 발휘할 수 있는 분야, 환경을 만날 수 있도록 도와주고 싶다. 앞으로 하루가 다르게 반짝반짝 더 빛날 아이의 미래를 위해 오늘도 화이팅이다.

02.
엄마, 이제
미안해하지 말아요

"산다는 것은 결코 쉽지 않다. 어려운 문제이고, 답도 하나가 아니다. 그럼에도 지금은, 내게 주어진 '인생'이라는 수수께끼를 풀어 나가고 싶다. 그런 가족의 품에서 태어난 것, 좁은 집에서 어깨를 맞대며 살았던 시절, 그 모든 것들이 헛된 것이 아니라 분명히 의미가 있었고, 그것이 지금의 나를 형성하고 있다. 그리고 그 경험으로부터 배워야 할 과제도 분명 있을 것이다."

- 고바야시 에리코 《가족, 버려도 되나요?》

요양원에 입소한 친할머니를 생각하면 나는 자연스럽게 우리 엄마가 떠오른다. 여태까지 아파도 아프다고 제대로 표현하지 못하는 나의 엄마. 엄마는 지난 35년간 할머니를 모셨다. 그것도 육 남매 중 장남의 아내로 4명의 시누이와 1명의 동서를 둔 맏며느리의 삶을 살고 있다. 엄마 말에 의하면 분명히 결혼 후 2년이 되면 분가하겠다는 아빠의 약속이 있었다는데, 끝내 그 약속은 지켜지지 않았다.

고바야시 에리코 작가의 말처럼 산다는 것은 절대 쉽지 않은 문제다. 답이 하나가 아닐 뿐 아니라 애초에 답이 없다고 생각될 정도로 끝나지 않을 물음표의 연속이 아닐까. 그렇기에 우리가 '가족'으로 만나게 된 것, 함께 살아온 모든 시간은 각 존재에 상당히 유의미한 영향을 미친다. 엄마의 고된 시집살이를 생각하면 막연하고도 먹먹한 마음이 차오른다. 엄마는 엄마의 인생이 이렇게 흘러갈 줄 알았을까. 곁에서 보기에 서럽고 속상한 일만 연속인 매일의 삶에서 엄마에게 소소한 행복은 있었을까. 엄마의 힘겨운 삶을 반증하듯 엄마는 크고 작게 몸 여기저기, 참 많이도 아팠다.

**"엄마가 오늘 수술받으러 가서 내일 올 거야.
학교 잘 갔다 와!"**

내가 9살 때였다. 엄마는 아침에 학교에 가려는 나를 붙들고 수술을 하러 간다고 말했다. 등교 직전에 별안간 듣게 된 엄마의 수술 소식은 너무 갑작스러웠다. 무슨 수술을 받는 건지 물을 겨를도 없이 등 떠밀려 곧바로 학교를 향했고, 집에 돌아왔을 땐 엄마가 없었다. 엄마가 어디가 얼마나 아픈 건지, 정말 하루만 지나면 엄마를 다시 볼 수 있는 건지 아무것도 알 수가 없었다. 아직 휴대전화가 없던 시절이어서 나는 하염없이 엄마가 무사히 돌아오길 기다렸다.

다음날 나는 학교에서 돌아오자마자 '엄마!' 하면서 엄마 방에 뛰어 들어갔다. 엄마는 방에 누워있었다. 나는 그저 엄마가 반가워 미주알고주알 궁금했던 질문을 쏟아놓았다. 엄마는 자궁근종 때문에 자궁적출술을 하게 된 것이었다. 요즘에야 무조건 자궁적출이 아닌 복강경이나 로봇 수술 등의 근종 치료가 많이 이뤄지지만 30년 전엔 자궁근종만으로도 자궁을 제거하는 일이 흔했다고 한다. 수술을 받고 온 엄마는 아주 많이 아파 보였다. 그래도 '괜찮아, 이제 안 아파'라고 말하는 엄마의 말에 어린 나는 그냥 행복했다. 나는 허리도 제대로 못 편 채 어기적어기적 걸으며 다시 집안일 하는 엄마를 도왔다. 지금 생각해 보니 아무리 '엄마'라도 수술 하루 만에 괜찮을 리가 없지 않은가. 엄마가 수술 후에 여유롭게 휴식을 취해야 했는데, 그러지 않아서였을까. 엄마는 그로부터 10년 뒤, 또 수술대에 올랐다.

"여기 뭐가 있는 거 같지 않아?"

어느 날 엄마는 외출하려다 말고 목 주변을 이리저리 살폈다. 목 아래 부근에 동그란 무언가가 튀어나온 것이 확연하게 보였다. 엄마는 동네 종합병원에서 진료를 받았는데, 검사 결과 갑상샘 종양 중 하나로 보이며, 크기가 매우 크기 때문에 절제술을 하고, 조직 검사를 해보자고 했다. 차가운 수술방이 너무 무서웠다는 엄마는 그렇게 또다시 수술대에 올랐다. 수술실 앞 전광판에 수술 완료 문구가 뜨더니, 잠시 후 의사 한 분이 걸어 나왔다. 그의 손에는 아기 주먹보다 조금 더 큰 선홍색 덩어리가 담긴 병이 들려있었다. 엄마의 오른쪽 갑상샘이란다. 초음파로 검진했을 때보다 훨씬 큰 치수라 오른편 갑상샘 전체를 절개했다고 한다. 그래도 적절하게 전체 절개를 한 덕분에 평생 먹어야 할 수도 있었던 갑상샘 약을 먹지 않고, 이제는 정기 검진만 받아도 된다고 했다. 하지만 엄마 목에 저렇게 커다란 종양 덩어리가 있었다니…. 그동안 얼마나 불편하고 또 아프진 않았을까, 왜 표현하지 않았을까 괜히 야속한 마음만 들었다. 나는 출근해야 하는 아빠를 대신해 병간호에 나섰다. 엄마의 침대 아래 간이 침대에서 먹고 자며 엄마를 살폈다. 수술의 여파로 엄마는 고개를 숙이는 등 목을 사용할 수 없었다. 그래서 나는 엄마에게 밥을 떠 먹여주고, 처음으로 엄마의 몸을 씻겨

주었다. 어릴 적엔 같이 목욕탕에 다닐 때 엄마가 나를 씻겨주었지 내가 엄마의 몸을 닦을 일이 없었는데 반대가 되었다. 찬찬히 엄마를 목욕시키며 어쩐지 짠한 마음뿐이다. 이렇게 우리가 함께 나이 들어가는구나 싶었다.

내가 생방송 오전 프로그램 작가로 일하던 시절이었다. 그날 새벽도 생방송을 앞두고 정신없이 머리도 못 말린 채 집을 나서려는데, 엄마의 신음이 들려왔다. 허리인지, 배인지 어디가 문제인지 모를 통증에 밤새 한숨도 못 잘 정도로 아팠다고 했다. 엄마는 자리에서 일어날 수도 없으면서, 조금 있다가 동네 정형외과에 한번 가보겠으니 너는 걱정하지 말고 출근하란다. 대수롭지 않은 척 말하는 엄마가 안쓰럽기도 하고, 미련하게 보여 짜증이 확 밀려왔다. 마침, 쉬는 날이었던 오빠에게 엄마를 부탁하며 무거운 발걸음으로 방송국을 향했다. 방송 중 내 휴대전화에는 오빠의 문자가 쌓여갔다. 검사 결과, 엄마의 병명은 요로결석이었다. 결석의 크기가 큰 편이라 이튿날에 바로 수술한다고 했다. 방송을 마치고, 바로 휴가를 냈다. 그리고 엄마 병실의 간이침대에서 다시 병간호를 하게 됐다. 불과 몇 년 만에 또다시 진행된 엄마의 수술인지라, 익숙해지고 싶지는 않은 그러나 이미 몸이 기억하고 있는 병원 생활을 또 해야만 했다.

엄마의 병상일지는 점점 빠른 속도로 쌓여갔다. 할머니를 집에서 모실 적, 엄마는 할머니를 부축하다 그대로 뒤로 넘어져 무릎을 크게 다치셨다. 그때 엄마 무릎엔 물이 차고, 퇴행성 관절염은 더 악화하여 1년간 주사와 약물 치료를 받았다. 또 코로나 백신 주사를 맞고는 부작용에 다리 한쪽이 부어올라 하지혈전증이 의심되는 상황에도 놓인 적도 있었다. 얼마 전에는 집 앞 인도에서 다리에 힘이 풀려 넘어지는 바람에 오른쪽 엄지발가락이 골절돼 6주간 체외충격파 치료를 받으며 깁스도 해야 했다. 그 와중에 추석 연휴 첫날 새벽, 엄마는 또다시 요로결석으로 고통스러운 시간을 보냈다. 119구급차에 실린 채 응급실 뺑뺑이를 돌다 작은 종합병원 응급실에 갔지만 응급실에는 관련 전문의가 없어 진통제만 받고 돌아왔다. 또 최근엔 골다공증으로 인한 척추 골절상을 입었다. 엄마의 몸은 과연 성한 곳이 있을까 싶을 만큼 여기저기 꾸준히도 아팠다. 이 글을 쓰는 와중에도 계속해서 질환이 추가되는 지경이다.

나는 결혼과 동시에 내가 나고 자란 집을 떠나 옆 동네에 신혼집을 구했었다. 친정에서 차로 15분 거리, 비교적 가까운 곳에 마련한 새로운 보금자리였다. 하지만 엄마는 그보다 더 거리감이 느껴졌나 보다. 내가 결혼한 후로는 어디가 아프다, 이래서 힘들다는 엄마의 푸념이 점차 사라졌다. 시간이 흐른 뒤에야 영웅담 늘어놓듯 '너 걱정할 거 같아서 말 안 했는데, 사실 아팠다'라고 말하는 엄마. 한편으론 이런 엄마가 이해되면서도 야속한 건 어쩔 수가 없다. 엄마가 아픈 것은 내게 미안해할 일이 아닌데, 내게 미안해하는 엄마를 보며 나 또한 미안해진다.

시집을 오면서 맏며느리가 된 엄마. 엄마는 시부모님을 봉양함과 동시에 우리 남매를 돌보며 부족한 가정 형편에 조금이라도 더해보겠다며 밤늦게까지 다양한 부업을 했다. 또 내가 초등학교 2학년이 되는 해부터는 엄마가 집에서 베이비시터를 시작했다. 할머니, 할아버지를 모시는 탓에 밖으로 출근할 수 없어 택한 일이었다. 그때 아직 나도 엄마의 보살핌이 필요한 어린아이인데, 나보다 다른 집안 아기를 더 챙기는 것 같아 내심 서운했던 일이 한둘이 아니었다. 학교 숙제와 준비물은 내가 알아서 챙겨야 했고, 매주 학습지도 밀리지 않게 알아서 공부해야 했다. 엄마 처지에서도 돈 받고 보살피는 아기에게 신경을 쓰지 않을 수 없었을 것이다. 어쨌거나 엄마가 베이비시터로 버는 돈이 우리 가족의 나물값이 되고, 내 책값이 됐을 테니 서러워도 별수 없었다. 그렇게 우리 집을 거쳐 간 아이가 다섯 명. 남들은 아이 한 명 키우는 것도 어렵고 힘들다고 말하는데 엄마는 그 힘든 시절을 거듭 반복하며 시부모님 봉양까지 해냈다. 진정한 슈퍼우먼이 따로 없다.

　고바야시 에리코 작가의 말처럼 '모든 것들이 헛된 것이 아니라 분명히 의미'가 있었고, 그것이 지금의 엄마를, 그리고 나를 형성하게 한 것이다. 엄마는 자신에게 맡겨진 아이들에게 매 순간 최선을 다했고, 언제나 세심하게 돌봤다. 엄마의 사랑과 정성 덕에 아이들은 바른 인성과 지성을 갖춘 사람으로 잘 자랐다고 자부한다. 이제는 엄마가 자신을 돌보고, 엄마의 행복을 위한 시간을 보내면 어떨까. 지금껏 고생한 세월을 무엇으로도 보상받을 수 없겠지만 힘겨운 엄마의 삶 속에서 그래도 미소 지을 수 있었던 순간들을 더 마음 속 깊이 간직하면 좋겠다. 엄마가 좋아하는 책, 식물, 사람들과 함께하는 시간을 통해 엄마가 그동안 나누어주었던 사랑 그 이상을 받으며 엄마가 진정 사랑하는 시간을 보내길 바란다. 나는 여태 엄마에게 잘 표현하지 못했던 마음을 이번 기회를 빌려 전해보련다.

**"엄마, 나는 엄마가 나의 엄마여서 감사해.
　진심으로 존경하고, 사랑해."**

03.

아이따라 꿈따라 1
고래를 찾아서

하늘색 페인트를 들이붓고, 하얀 솜을 흩뿌린 듯 끝없이 펼쳐진 괌 하늘. 저 멀리 보이는 수평선부터 파도가 철썩, 처-얼썩 넘실댄다. 맑은 하늘과 대비되게 깊이를 가늠할 수 없을 정도로 검푸른 바다 위, 우리 가족은 작은 페리에 서 있다. 아직 두 돌이 채 되지 않은 아이는 아빠 품에 안겨 바다를 구경한다. 그러던 찰나, 원주민 페리 선장님이 소리쳤다.

"여깃써-ㄹ, 고래야! 고래!"

어눌한 한국어로 '고래'를 연신 외쳤다. 선장님이 가리킨 바다 위, 진짜 고래가 나타났다. 나는 아이가 눈에 고래를 가득 담을 수 있도록 아이의 눈에서부터 저 바다 위 점프하는 돌고래까지 손가락 끝으로 선을 그려서 시선을 옮겨줬다. 아이가 처음으로 고래를 직접 만난 순간이었다.

"웅, 고-대, 고대야"

아이는 고래를 발견하고, 아직 여물지 않은 발음으로 고래를 불러본다. 그러곤 이리 오라고 애타는 손짓을 계속한다. 첨벙첨벙 날렵한 몸으로 점프를 선보이던 돌고래 가족은 어느새 저만치 헤엄쳐갔다. 우리 가족은 고래와의 짧은 만남에도 매우 행복했다. 바다 위를 떠돌면서 돌고래를 찾는 '돌핀 투어'는 날씨의 영향을 많이 받는 탓에, 오늘은 돌고래를 만날 확률이 높지 않은 상황이었다. 낮은 확률이지만 그래도 돌고래를 볼 수 있어 얼마나 다행이었는지….

내가 산후우울증을 겪으며 마치 탈출구처럼 꿈꾸며 계획해 왔던 우리 가족의 첫 해외여행이 고래를 만남과 동시에 성공이라는 도장을 받은 느낌이었다. 한창 우울했던 시절, 알게 된 정보 중 가장 반갑고 유용한 정보가 바로 항공사마다 유아 요금이 존재한다는 것. 유아 요금은 24개월 미만의 아기가 국제선 항공기를 이용할 때 성인 요금의 10% 정도만 부담하는 것이다. '수수료 수준의 항공권을 준다고?' 나는 놓칠 수 없는 기회라 여기고, 틈틈이 우리 가족의 첫 해외여행을 계획하게 됐다. 그리고 우리 가족이 첫 해외 여행지로 괌을 결정한 데는 순전히 아들의 고래 사랑 때문이었다. 고래를 직접 만나게 해 줘야겠다는 생각으로 '돌핀 투어'가 있는 괌으로 떠난 것이다.

아들은 아주 어릴 적부터 유난히 고래를 좋아했다. 〈뽀롱뽀롱 뽀로로〉 애니메이션을 틀어도 고래가 등장하는 에피소드를 반복해서 보고, 가사에 '고래'가 나오는 삽입곡을 자주 들었다. 집에 있던 자연 관찰 전집 중에서도 고래 편은 하도 자주 봐서 너덜너덜해질 정도였다. 인형을 사도 고래 인형을, 옷을 사도 고래 그림이 있는 것을 골랐다. 아들과 함께 알라딘 서점을 자주 방문했었는데, 그때마다 아들은 항상 고래 책 한 권씩 가져왔다. 큼지막하게 고래가 그려진 그림책부터 글씨가 깨알같이 빽빽한 고래 백과사전까지 고래 책이라면 모두 재미있게 읽었다. 수많은 고래 종류 중에서 아들이 제일 좋아하는 고래는 바로 범고래였다. 까만 몸통에 등허리와 배만 하얀 무늬를 가진 범고래는 바다의 포식자로 알려졌다. 범고래는 등지느러미 길이만 1m 이상,

몸길이는 7m 이상으로 거대한 몸집을 가졌고, IQ 80 이상으로 먹이에 따라 전략적인 사냥 기술을 구사한다고 한다. 아이는 범고래를 보고 싶다는 말을 자주 했다. 하지만 차가운 바다에 분포돼 살아가는 범고래를 바다에서 만나기란 그리 쉬운 일이 아닐 터, 안타깝게도 아이와 함께 갈만한 범고래 탐사 투어는 찾을 수가 없었다.

그러던 어느 날, 아이는 유튜브를 통해 미국 올랜도 씨월드에서 하는 범고래 쇼를 보게 됐다. 《칭찬은 고래도 춤추게 한다》 책에 등장하는 조련사와 함께하는 그 범고래다. 아이는 범고래 쇼 중에서 커다란 범고래가 물 위로 점프하며 관람객들에게 물 폭탄을 선사하는 장면을 제일 재밌어했다. 그 뒤로 아이는 욕조에서 목욕할 때마다 범고래 쇼 음악을 틀어놓고, 온갖 범고래 피규어로 손수 범고래 쇼를 하며 놀았다. 아이는 범고래를 정말로 만나면 너무 무서울 것 같다고 하면서도 범고래를 만나면 어떨까 흥분과 설렘 섞인 모습을 보였다. '그래. 이것도 다 한때야.' 생각하면서 우리 부부는 범고래를 만날 수 있는 수족관을 찾아보았다. 그중 우리나라와 가장 가까운 곳은 일본 나고야에 있는 '나고야항 아쿠아리움'이었다. 그렇게 우리 가족의 두 번째 해외 여행지는 일본 나고야로 결정됐다.

그런데 여행 전날 문제가 생겼다. 여느 때처럼 어린이

집 일과를 마치고, 어린이집 앞 놀이터에서 놀던 아이가 발을 잘못 디뎌 그만 앞으로 넘어졌다. 넘어지면서 미끄럼틀 손잡이에 얼굴을 정면으로 부딪쳤다. 다친 부위는 코와 눈 사이, 3cm 정도 상처가 생겼고, 그 주위가 아이 주먹만 하게 부어올랐다. 나는 펑펑 우는 아이를 데리고 곧바로 병원을 찾았다. 진료실에 들어서자마자 아이는 터져 나오는 울음을 참으며 말했다.

"선생님, 저 내일 비행기 타도 돼요?"

아이도 스스로 걱정이 되긴 했나보다. 평소 낯을 많이 가리는 아들이 먼저 의사 선생님에게 말하는 일이 별로 없는 터라, 갑작스러운 아이의 첫 물음에 나는 놀라기도 하고, 황당해서 웃음이 새어 나왔다. 아이는 피가 나고, 얼굴이 아픈 것보다 범고래가 우선이었나 보다. 엑스레이를 찍고 다시 대기하는 사이, 아이는 여전히 걱정에 휩싸였다.

"나 범고래를 보러 가야 하는데! 흐아아앙."

잠시 후,

"엑스레이 확인했어요. 비행기 타도 괜찮아요."

의사 선생님의 한마디에 아이는 크게 손뼉 쳤다. 엑스레이 판독 결과, 다행히 얼굴 뼈에는 이상이 없었다. 상처도 봉합 수술할 정도는 아니란다. 진통제와 연고를 처방받고 약국을 나서며 아이 얼굴엔 어느새 웃음이 떠나지 않는다. 다음날 우리는 무사히 나고야로 떠났고, 나고야에서 아이가 그토록 바라던 범고래를 만났다. 가까이에서 볼 때는 한눈에 다 담기지 않을 정도로 압도적인 크기의 범고래였다. 범고래를 바라보며 아들의 눈은 반짝였고, 입에서는 탄성이 터졌다. 드디어 아들의 소원이 성취되는 순간이었다. 이 모습을 보고 우리 부부 역시 행복했다.

나고야를 다녀온 뒤로 아이는 한동안 만나는 사람마다 범고래를 만난 무용담을 늘어놓았다. 유튜브와 책으로만 보았던 범고래를 직접 마주한 장면이 아주 강렬했나 보다. 더 이상 범고래를 보러 가자는 말은 하지 않았지만, 우리 가족의 고래 탐사 여행은 계속됐다. 책을 통해 우리나라에 사는 고래에 대해 알게 된 아이는 이제 우리나라로 눈을 돌렸다.

우리나라에서 고래를 만날 수 있는 곳, 바로 울산이다. 우리는 과거 1960년대, 우리나라에서 고래잡이 사업으로 전성기를 누렸던 대표적인 도시 울산 장생포로 여행을 떠났다. 장생포에는 고래잡이가 한창이던 옛 모습을 구현해 놓은 고래문화마을이 조성돼 있다. 마을 전체를 둘러볼 수 있는 모노레일과 고래박물관, 고래생태체험관도 함께 있어 고래를 좋아하는 아이들에겐 더없이 좋은 여행지가 아닐 수 없다. 우리는 장생포를 둘러보고, 장생포항에서 출발해 울산 연안을 탐사하는 '고래바다여행선'에 올랐다. 괌에서 탔던 페리보다 훨씬 큰 여객선이어서 고래가 다 도망가는 것은 아닐지 걱정이 될 정도였는데, 날씨가 좋은 날엔 울산 앞바다에서 100여 마리의 참돌고래 떼를 쉽게 목격할 수 있다고 했다. 아쉽게도 우리가 방문한 날은 날씨가 좋지 않아 '고래바다여행선'에서는 돌고래 떼를 만날 수가 없었고, 고래생태체험관에서 지내고 있는 돌고래들을 만나고 돌아왔다.

　이듬해에는 우리나라에 돌고래 떼가 자주 출몰하는 제주도 서귀포시로 여행을 떠났다. 우리는 고래에 진심이었기에 숙소 객실에서도 고래를 관측할 수 있다고 알려진 펜션을 예약했다. 푸른 제주 바다가 한눈에 보이는 전면 통유리창의 펜션에 묵으며 아이는 돌고래를 보겠다고 숙소 창가를 떠나지 않았다. 돌고래 투어와 우도 잠수함, 아쿠아리움을 체험하며 아이는 고래와 좀 더 가까워지는 시간을 가졌다. 우리 가족은 고래를 찾아서 괌, 나고야, 울산, 제주도뿐 아니라 흰고래 벨루가가 있는 롯데 아쿠아리움, 고래의 뼈 화석을 볼 수 있는 강화자연사박물관, 서대문자연사박물관 등도 자주 방문했다. 아이에게 고래 관련 책들을 많이 읽어주기도 했는데, 그중에는 안도현 작가의 《남방큰돌고래》라는 동화책이 있다.

> "바다는 서로를 알아보았고
> 서로 뭉쳤고 서로 영향을 주고받았다.
> 바다는 자신의 의견을 피력하기도 했고
> 남의 하소연을 들어주기도 했다.
> 바다는 그렇게 서로 연결되어 있었다.
> 바다는 서로가 서로를 품고 있다고 믿었으며,
> 서로가 서로에게 필요하다는 것을 인정하였다."
> — 안도현 《남방큰돌고래》

동화 속 주인공 돌고래 체체가 살고 있는 바다에 대한 표현이 마치 나에겐 우리 가족을 비유하는 듯 가슴에 와닿았다. 우리는 하나로 뭉쳐 연결되었고, 서로에게 영향을 주며, 서로를 품어주는 바다와 같은 가족이다. 우리는 아이가 사랑하는 고래를 찾아서 기꺼이 함께 떠났다. 아이가 좋아하는 것을 우리도 더불어 찾아보고, 새로이 배워가는 수고를 마다하지 않는다. '사랑하면 닮아간다'라는 말이 우리에겐 취향과 관심사에도 일관되게 적용됐다. 아이와 공통된 주제를 두고 즐겁게 이야기를 나누고, 생각을 공유하면서 갖게 되는 공감과 유대감 그리고 함께하는 그 시간은 세상 어떤 것으로도 바꿀 수가 없다. 이를 통해 아이는 마음이 풍요로워지는 경험을 할 수 있고, 이 경험은 아이 인생 전반에 걸쳐 따뜻하게 빛날 것이다. 부모가 아이의 관심사를 함께한다는 것은 어쩌면 아이를 사랑하는 방법 중 가장 쉬운 방법일지도 모르겠다. 하루가 다르게 자라나는 존재가 아이라는 것을 잊지 말자. 내가 아이와 놀아준다고 생각해도 어느 순간 아이가 나와 놀아주길 바라는 날이 곧, 기어이 오고야 말테다.

04.

아이따라꿈따라2
공룡을 찾아서

"엄마, 우리나라에 스테고사우루스 발자국이 발견됐대!"
"뭐라고? 스테고사우루스 발자국?"
"여기 가보자!"

아뿔싸. 대답과 동시에 내 머릿속을 빠르게 스쳐 지나가는 슬픈 예감이 그대로 적중했다. 어느 날 아이는 매달 구독하고 있던 어린이 잡지 〈독서평설〉 12월호를 펼쳐 나에게 보여주었다. 우리나라에서 최초로 스테고사우루스의 발자국이 발견됐다는 내용의 기사였다. 해당 지역은 바로 경상남도 거제시. 우리 집과의 거리는 무려 365km다. 장거리 여행이지만 아들의 공룡 사랑을 응원하는 마음으로 올겨울 우리 가족의 여행지는 거제도로 결정했다.

하지만 우리의 의욕과 다르게 공룡 발자국을 찾으러 나서는 여정은 험난했다. 최근에 발견된 터라, 아직 유적지로 개발되지 않은 상황. 우리는 안내소나 표지판 하나 없이 '거제시 홍보 블로그'에 나온 바닷가 주소 하나만 의지한 채 거제도로 떠났다. 한껏 들뜬 아이와 반대로 우리 부부는 주소만 달랑 가지고 바닷가에 가서 과연 공룡 발자국을 찾을 수 있을지 갖은 염려와 막연함에 눈앞이 컴컴했다. 게다가 해당 지역은 갯벌이 드러날 때만 접근이 가능한 곳. 바닷물이 차 있을 때는 공룡 발자국을 찾을 수가 없었기에 우리는 썰물 시간에 맞춰 탐사를 시작하기로 했다. 탐사 전날 밤, 우리 가족은 관련 신문 기사를 꼼꼼하게 읽어보고, 현장 사진을 눈에 익을 정도로 들여다봤다. 이 부근에 이런 화석이 있겠구나! 짐작을 넘어 확신하고, 썰물 시간 내에 공룡 발자국을 꼭 발견하겠다는 의지를 다지며 탐사의 날을 맞이했다.

"바닷물 빠졌다. 얼른 가보자!"

거제시 사등면 청곡리 마을회관 근처에 주차하고, 바닷

가에 내려가 보니 정말 바닷물이 모두 빠져 드넓은 갯벌이 드러나 있었다. 우리 가족은 바닷물이 다시 차오르기 전에 얼른 공룡 발자국을 찾아보자며 갯벌에 뛰어 들어갔다. 지금 와 생각하니, 겁도 없이 너무나 위험하고도 무모하기 짝이 없는 행동이었다. 공룡 발자국 하나 보겠다고 나섰다가 우리 가족은 정말 큰일 날 뻔했다.

"엄마! 나 빠졌어요!"

나는 앞장서서 갯벌 한가운데로 저벅저벅 걸어가다가 재빨리 뒤를 돌아 아이를 찾았다. 이번 겨울을 맞으며 큰맘 먹고 장만한 아이의 겨울 부츠는 이미 갯벌 속에 깊이 파묻혔고, 아이는 한 발도 떼지 못한 채 갯벌에 점점 빨려 들어가고 있었다. 오 마이갓. 앞장서던 나는 아이에게 다가가 아이의 손을 잡아끌었다. 그와 동시에… 철퍼덕! 나는 갯벌 위로 보기 좋게 엉덩방아를 찧으며 발라당 넘어지고 말았다. 우리 가족 모두 갯벌 위에 주저앉아 황당함 속에 너털웃음을 지었다.

"으악! 이게 뭐야!"
"엄마, 우리 옷이랑 신발 어떡해요?"

순식간에 우리 가족은 패딩점퍼부터 바지, 양말, 신발 모두 갯벌에 점령당하고 말았다. 남편의 값비싼 뉴발란스 운동화는 갯벌 흙을 가득 머금어 너덜너덜해지고, 우리 가족의 패딩점퍼에는 여기저기 튄 갯벌로 얼룩무늬가 생겼다. 나는 엉덩방아를 찧은 탓에 '여기 엉덩이 있어요!' 알려주듯 패딩점퍼의 엉덩이 부위만 동그랗게 갯벌이 묻었다. 어릴 적부터 모래의 촉감도 거부하던 '도시 남자' 아들은 처음으로 갯벌에 파묻히자 금세 눈에는 눈물이 차오르고 얼굴은 붉으락푸르락했다.

하지만 아이의 울상도 잠시였다. 더 이상 갯벌에 빠지지 않으려 허우적허우적하며 서로 질세라 몸 개그를 선보이는 엄마, 아빠의 모습을 보며 아이 얼굴에 웃음이 번졌다. 여태까지 제대로 된 갯벌 체험 한번 하지 못한 우리 가족이 드디어 제대로 된 갯벌 체험을 했다며 우리 가족은 까르르까르르 쉴 새 없이 웃어가며 공룡 발자국 찾기에 박차를 더했다.

갯벌 위에서 헤매기를 십여 분이 지났을까. 우리 가족은 다행히 공룡 발자국을 찾는 데 성공했다! 지난 10월에 개최된 '거제 청곡리 공룡·새 발자국 화석산지' 현장 공개회에서 연구진들이 바위에 표시해 둔 발자국을 찾은 것이다.

우리 가족은 공룡 발자국에서 느껴지는 압도적인 공룡의 크기를 상상해 보기도 하고, 공룡이 이곳에 실제 했다는 사실에 묘한 흥분과 신비감을 느끼기도 했다. 비록 갯벌에서 나오자마자 몇 시간 동안 갯벌에 흠뻑 젖은 옷과 신발을 빨아야 했지만, 이날의 여정은 행복한 추억으로 우리 가족에게 기억될 것이다.

사실 우리 가족이 공룡 발자국을 찾아 나선 것은 이번이 처음이 아니었다. 아이는 다섯살 무렵부터 공룡을 좋아하기 시작했다. 한창 고래에 빠져 살던 아이는 자연 전집 책을 읽으며 고래를 공격하는 '메갈로돈'의 존재를 알게 되었고, 메갈로돈이 상어의 조상으로 공룡시대에 살았던 상어의 아주 오래된 할아버지라는 책의 내용을 보며 아이는 공룡에 대한 인식을 갖게 됐다.

나는 아이를 데리고 시간이 날 때마다 중고서적매장에 놀러 가곤 했는데, 매장을 나설 때마다 아이 손에는 공룡 책이 한 권씩 들려있었다.

"크아앙~ 곤뇽~ 이거 곤뇽책이야!"

그러던 어느 날 아이는 〈우리나라 공룡 지도책〉을 골라왔다. 집에 돌아와 단숨에 책을 뚝딱 읽더니, 그 책에 나온 공룡 관광명소 중에 아직 우리 가족이 유일하게 가지 못한 곳 하나를 발견해냈다. 바로 경상남도 고성에 위치한 고성공룡박물관이었다. 고성공룡박물관은 세계 최대 공룡 발자국 화석지 중 하나인 상족암군립공원 내에 국내 최초로 개관한 곳으로 상족암 근처 바닷가에서 다양한 공룡 발자국 화석을 발견할 수 있다.

당시 코로나 팬데믹의 영향으로 숙박업소 이용도 제한되던 시절이었지만 우리 부부는 아이의 공룡 사랑을 응원하고자 경남 고성으로 여행을 떠났다. 방문객이 드물어 고요한 공룡 박물관을 우리 가족이 전세 낸 듯 몇 시간 동안 누비며 자세하게 관람할 수 있어 좋았다. 게다가 상족암의 주상절리는 내가 여태껏 보았던 우리나라 경관 중 손꼽을 정도로 대단히 멋있었다. 무엇보다 바위에 선명하게 남은 공룡 발자국을 보며 우리 가족은 감탄을 금치 못했다. 목이 긴 용각류 가족이 건너간 듯 뭉툭한 발가락과 무게가 느껴지는 두툼한 발뒤꿈치까지 그대로 새겨진 발자국 화석이 바다를 향해 줄지었다. 공룡 가족이 건너간 길 위에서 우리 가족도 함께 발을 모아 그날의 기억을 사진으로 남겼다.

우리 가족은 경기도 화성에도 방문했다. '코리아케라톱스 화성엔시스'의 흔적을 보기 위해 천연기념물 제414호 화성고정리 공룡알 화석산지를 찾은 것이다. '코리아케라톱스 화성엔시스'는 우리나라에서 처음으로 발견된 뿔공룡으로 약 1억 1,000만 년 전 중생대 전기 백악기 시대에 한반도에서 거주한 것으로 추정되는 초식 공룡이다. 이 공룡의 뼈 화석과 알 화석을 관찰하며 우리 가족은 흥미진진한 탐사 시간을 보냈다.

아이의 공룡 사랑은 장난감으로 이어져 쥬라기월드 시리즈에 등장하는 다양한 공룡 장난감을 모으기도 했다. 또 아이는 그림색칠책을 살 때도 무조건 공룡, 침구를 살 때도 공룡, 뭐든지 공룡이면 반겼다. 아이의 공룡에 관한 관심은 지금도 지속 중이다. 쥬라기월드 영화가 개봉하면 극장에서 N차 관람을 하기 일쑤고, 현재도 올해 개봉 예정인 쥬라기월드 영화를 오매불망 기다리고 있다. 보통 또래의 남자아이들 관심사는 로봇이나 게임 캐릭터인 데 반해 나의 아이는 고래와 공룡이다.

대단히 순수한 아이다. 그리고 난 아이의 이런 점이 참 좋다. 아이는 주변 아이들에 휩쓸려 특정 캐릭터나 게임, 로봇 등에 마음을 쉽게 빼앗기지도 않는다. 아이는 순수하게 자신이 좋아하는 대상을 더 알아보고자 노력한다. 스스로 다양한 책을 찾아보며 탐구하고, 인터넷 검색으로 직접 가서 볼 수 있는 곳도 찾아본다. 자신의 흥미에 대해 깊이 있게 접근하고 집중하는 자세가 어른보다 낫다.

내가 이 아이의 부모로서 해 줄 수 있는 건 아이가 조금 더 자신의 관심사에 몰입할 수 있도록 도와주는 것이다. 집에서 365km가 떨어져 있다 한들, 아이가 좋아하는 대상의

실체를 체험하고 배울 수 있다면 그 기회를 제공하는 것이다. 각종 박물관, 과학관을 견학하는 것도 좋고, 유적지를 찾아 직접 보고 만지는 것도 좋다. 어릴 때 여행 다녀봤자 커서 기억도 못 한다는 주변의 시샘 어린 핀잔에 귀 기울일 필요 없다. 그저 부모로서 내 아이의 관심사를 공유하고, 함께 탐구하는 자세로 시간을 보내는 것만큼 아이에게 도움이 되는 일은 없다. 탐사 여행을 떠나며 나누는 가족 간의 대화, 함께하는 시간이 쌓이면 쌓일수록 아이의 어린 시절은 행복한 추억으로 가득 찰 것이다. 이 시절을 거치고 아이가 성장했을 때 아이는 호기심을 해결할 수 있는 어른으로, 더 행복이 충만한 사람으로 자랄 것이라 믿는다. 그렇기에 우리 가족은 오늘도 함께 떠난다.

05.
아들이랑 수원까지
야구 응원하러 가 보셨어요?

"최! 강! 한! 화!"

여기는 수원 KT wiz 파크. 우리 가족은 한화 이글스의 원정 응원을 위해 이곳을 찾았다. 어느덧 경기는 8회 초. 우리는 모두 일어서서 뒷짐을 진 채 상체를 젖히며 목청이 터지라 소리친다. 마이크 없이 오로지 육성으로만 응원하는 소리가 야구장 전역에 울려 퍼진다. 3루에서 응원한 우리의 목소리가 메아리쳐 그 미세한 파동이 다시 나에게로 전달될 때 닭살이 절로 돋는다. 우리의 응원 소리가 저 멀리 외야수까지 들리기를, 이 응원 소리를 들은 선수들이 다시 힘내기를... 간절히 바라며 외치고 또 외친다. 내 옆에는 귀여운 나의 생명체, 아들이 사뭇 진지한 얼굴로 일어서서 똑같이 배를 내밀며 응원하고 있다. 이 모습을 볼 때마다 한없이 귀엽지만, 동시에 이제 야구를 이해할 만큼 커버린 아들의 모습에 아쉬움이 교차한다.

하늘 높이 뜬 상대 팀의 타구를 내야수가 가볍게 잡아내면서 경기가 끝났다. 우리가 응원하는 팀이 무려 18대 7이라는 큰 점수 차를 내며 승리했다. 아들과 우리 부부는 서로 부둥켜안은 채 함성을 지르며 방방 뛰었다.

더할 나위 없는 행복이었다. 이날 경기는 거의 이닝마다 안타와 홈런이 쏟아지며 볼거리가 풍성했다. 덕분에 경기 시간이 늘어났고, 수원에서 우리 집에 도착하니 자정에 가까운 시간이었다. 아들이 이렇게 늦은 시간까지 잠들지 않은 적은 처음이었다. 격한 응원과 흥분으로 행여나 몸살에 걸리지 않을까 노심초사한 내가 무색하게 아들의 컨디션은 두말할 것 없이 최상이었다. 아들은 집으로 돌아오는 내내 율동을 곁들여 한화 이글스의 응원가 메들리를 선보였다. 이날이 바로 아들이 응원하는 야구팀의 경기를 직접 야구장에서 처음으로 관람한 기념적인 날이었기에 더 강철 같은 체력이 솟아났나 보다. 우리는 야구 시즌이 끝나기 전까지 야구장을 더 방문할 것을 약속하며, 아들의 여름 방학을 기념하는 첫 일정을 성공적으로 마무리했다.

사실 작년까지는 손흥민 선수를 좋아해 토트넘 경기의 하이라이트를 매일 아침 챙겨보던 아들이었다. 카타르 월드컵, 아시안컵을 보며 그간 축구에 대한 열정을 불태웠는데, 아들의 취향이 순식간에 야구로 바뀌었다. 지난 5월, 아들이 우연히 유튜브 채널 '채널 십오야'에서 제작한 〈찐팬구역〉이라는 야구 응원 프로그램을 보게 된 것이 시작이었다. 〈찐팬구역〉은 프로야구팀 중의 하나인 한화이글스를 응원하는 연예인 4명이 상대 팀을 응원하는 출연자들과 함께 실시간으로 야구를 보며 응원하는 모습을 담은 프로그램이다. 한화 이글스는 대전을 연고지로 하는 팀이다. '빙그레 이글스'에서 '한화 이글스'로 이름을 변경한 후, 1999년 한국시리즈에서 처음으로 우승했고, 이후로는 아직 우승 기록이 없다. 오랜 기간, 프로야구 10개 구단 중 주로 하위권에 머무는 성적에 그치고 있다. 때문에 '한화 이글스 팬은 인성이 좋다, 보살이다'라는 우스갯소리가 나올 정도라고. 나는 승부욕 강한 아들이 한화 이글스를 응원하게 된 것이 의아하기도 하지만 그래도 '한화 이글스 정신'을 배울 수 있다는 점에서 곁에서 많이 지지해 주고 있다.

나는 어릴 적부터 스포츠를 좋아하는 아빠와 함께 다양한 종목의 스포츠를 즐겨 보면서 자랐다. 게다가 나는 2002 한일월드컵의 신화를 직접 보고자란 월드컵 세대가 아닌가. 4년마다 치르는 월드컵뿐 아니라 하계올림픽, 동계올림픽 등 다양한 종목의 스포츠 중계를 재미있게 봤다. 경기장에서 직접 관람한 적은 없고, 특별히 좋아하는 선수나 팀이 있는 것도 아니었다. 하지만 아무도 한 치의 결과를 알 수 없는 스포츠 그 자체가 흥미로웠다. 시속 150km/s로 날아가는 빠른 공을 타이밍에 맞춰 타격하는 장면, 숨이 차도록 달리고 몸을 던져 슬라이딩하는 선수들, 담장에 부딪히더라도 끝까지 공을 놓치지 않는 모습들이 참 인상적이었다. 이런 나의 흥미를 아들이 고스란히 닮았나 보다. 아들도 나처럼 스포츠를 좋아한다.

"오늘 한화 야구 채널 몇 번이에요?"

야구가 우리 집 분위기를 변화시켰다. 야구 경기가 없는 월요일에는 야구 예능을 찾아보고, 야구 경기가 있는 날 저녁은 무조건 야구 중계를 본다. 전에는 내 취향대로 올드팝이 잔잔히 깔리던 우리 집에는 이제 한화 이글스의 응원가가 쉴 새 없이 울려 퍼진다. 아들은 받고 싶은 선물을 모두 한화 이글스 관련 상품으로 바꾸었다. 그리고는 몇 년에 걸쳐 모은 소중한 용돈으로 한화 이글스의 유니폼과 응원 도구를 하나둘 사기 시작했다. 평소 아들이 자기의 용돈을 대단히 아까워한 탓에 평생 그 돈은 쓸 일 없을 거라 생각했는데, 아들의 지갑을 열게 하다니…. 아들의 야구 사랑이 대단하다는 것을 새삼 엿볼 수 있는 대목이다.

야구는 스포츠에 전혀 관심이 없던 남편마저 변화시켰다. 남편은 '군대에서 축구로 휴가증 받았다'라는 그 흔한 영웅담도 없다. 학창 시절에도, 군대에서도 남편은 늘 응원만 담당하는 사람이었다. 한 번은 우리가 신혼일 때, 목동야구장에서 마지막 프로야구 경기한다는 소식을 듣고 남편과 함께 야구장을 찾은 적이 있다. 남편은 야구에 관심도 없고 야구 규칙도 모르니, 내가 곁에서 일일이 상황을 설명해 줘야만 했다. 이랬던 남편이 이제야 아들에게 축구와 야구 규칙을 제대로 배워간다.

남편이 이렇게 야구에 빠져들게 된 것은 오로지 아들을 향한 사랑 때문이다. 아들이 친구들을 불러 함께 야구하고 싶다고 하자, 남편은 야구를 처음 접하는 아이들이 다치지 않게 소프트볼과 소프트 야구 배트, 어린이 글러브를 여러 개 구매했다. 그리고 매주 주말마다 아들과 아들 친구들의 야구 경기를 함께하고 있다. 또 남편은 주말에 쉬는 시간을 기꺼이 희생하면서까지 아들의 취미를 함께 공유하기 위해 2시간, 3시간에 걸쳐 같이 야구를 한다. 때로는 심판을 보기도 하고, 아이들이 잘 타격할 수 있도록 투수 역할도 자처한다. 그리고 챙겨간 구급품으로 다친 아이들을 돌봐주고, 얼음물을 가득 채운 주전자를 챙겨가 아이들의 목도 축여가며 즐거운 시간을 보낸다. 이제는 주말 아침이 되면 아들 휴대전화로 오늘은 야구 몇 시에 하냐는 아들 친구들의 연락이 쇄도한다. 남편은 아들에게 '오늘 하루는 쉴까?'라면서도 '오늘은 누구누구 온대?'라며 금세 아들과 나갈 채비를 한다. 벌써 남편이 아들과 주말 야구를 함께 한 지도 1년이 다 되어간다. 이런 남편을 옆에서 지켜볼 때면 '남편이 참 가정적이구나. 내가 결혼을 잘했구나.' 싶다.

우리는 주변에서 대부분의 자녀들이 무의식적으로 부모를 닮아가는 모습을 쉽게 목격하곤 한다. 그래서 자녀는 부모의 또 다른 자화상과 같다는 이야기가 있지 않나. 성품은 물론 손가락, 발가락 모양 그리고 곱슬머리까지 전혀 닮지 않은 부분을 찾기가 더 어렵다. 스포츠를 좋아하는 친정 아빠, 그런 아빠를 닮은 나, 또 그런 나를 닮은 내 아들까지. 관심사, 취향까지 놀랍도록 닮아있다. 이렇게 다음 세대가 앞선 세대를 닮아가는 것은 당연한 것으로 받아들여진다.

그리고 요즘 느끼는 한가지는 자녀가 부모에게 끼치는

영향도 상당히 크다는 것이다. 가족에 대한 그림책에 하나 떠오른다.

> "태어날 때부터 닮은 곳도 있고,
> 함께한 시간이 길어질수록 닮아가기도 해.
> 닮고 싶어서 따라 하기도 하고.
> 가족을 보면
> 다들 닮은 곳이 있어.
> 너는 누구를 닮았니?
> 또, 어디를 닮았니?"
>
> – 장준영 《가족은 서로 닮아》

나는 이 책에서 '닮고 싶어서 따라 하기도 하고'라는 표현이 가슴에 와닿는다. 우리는 모두 유전적으로 닮기도 하고, 오랜 시간 같은 환경에서 지내며 닮는 습관도 있다. 하지만 무엇보다 닮고 싶어서 닮아가는 것이 가족 아닐까. 부모도 자녀를 닮아간다. 전에는 우리 부부의 관심사가 아니었던 것도, 사랑하는 아들이 관심을 갖으면 우리도 궁금증이 생기고, 함께 하고 싶은 마음이 든다. 그렇기에 우리는 아들의 도전으로 인해 생기게 되는 새로운 경험을 마다하지 않게 된다. 아들의 취향이 곧 우리의 취향이 되고, 우리 가족을 변화하게 만든다. 이것이 진정한 사랑일 테다. 서로의 취향을 배우고 중간에서 만나는 과정을 반복하며 그렇게 우리는 한 가족으로 똘똘 뭉치게 된다. 공통된 관심사 하나로 우리 가족의 결속력이 더 생겨나고, 함께 하는 시간으로 우리의 추억이 쌓여간다. '야구 원정 응원' 이런 것은 고생도 아니다. 행복한 우리 가족만의 추억을 만드는 여정 중 하나일 뿐이다. 한화 이글스의 홈구장인 대전도 멀지만 수원 원정이 대수이랴. 우리가 사는 수도권을 비롯해 대전 구장까지는 이미 다 도장을 찍었고, 더 멀리도 충분히, 기꺼이 갈 수 있다. 이런 의미에서 우리 가족의 행복한 시즌이 더 이어지길 바라며, 한화 이글스의 가을야구를 간절히 기원한다.

06.
김장속에
엄마의 사랑이 꽃핀다

"기어이 오늘이 오고야 말았군."

오늘은 김장하는 날. 내가 친정집을 찾는 날 중에 가장 두려운 날이다. 친정집에 들어서자마자 마당 한가득 절임 배추 상자와 무, 갓, 쪽파 등 온갖 김장 재료들이 나를 먼저 맞이한다.

"오늘 함께할 대결은 바로 김장입니다!"

어느 요리 경연 프로그램에서 볼 법한 비주얼에 나는 압도될 수밖에 없다. 부디 오늘 저녁에 내 허리가 안녕하길 바라며 비장한 마음으로 빨간 고무장갑을 단단히 고정해 본다. 김치 담그기가 처음도 아닌데 김장은 마주할 때마다 새로운 두려움으로 다가온다. '약해진 내 몸 때문일까?', '약한 건 내 마음일까?' 김장하면서 1년 새 나의 약해진 체력의 한계를 경험하며 나이 듦을 철저하게 실감하곤 한다.

나는 고등학생 때부터 엄마를 도와 김장을 하기 시작했다. 엄마는 나에게 도와달라는 요청을 하지 않았지만 나는 알아서 고무장갑을 끼고 엄마 곁에 앉았다. 대가족이어도 집안 식구들 그 누구도 엄마를 도와주질 않으니 혼자 애쓰는 엄마가 안쓰러운 마음에 거들기 시작했다. 그 시절에는 집에서 직접 배추를 소금에 절이고, 씻고를 반복하니 김장 준비만도 며칠이 걸렸다. 내가 야간자율학습을 끝내고 집에 돌아오면 깜깜한 그 밤에 엄마와 나의 김장 부업이 시작된다. 엄마는 무채를 만들고, 나는 쪽파를 다듬고, 마늘껍질을 까며 그렇게 김장하는 날을 맞이한다. 거실 한복판에는 새빨간 김장 매트를 깔고 그 위에 김치 양념을 가득 쌓아놓은 채 엄마와 나는 한번 앉은 상태에서 몇 시간이고 김치통을 하나둘 채워갔다.

**'난 이렇게 김치를 많이 먹지도 않는데!
도대체 누굴 나눠주려고 이렇게 많이 하는 거야?'**

내 마음속에서는 불만도 하나둘 쌓여간다. 마음 가득 쌓인 불만이 짜증과 분노로 폭발하기 직전, 다행히 김장은 마무리된다.

그런데 올해 상황은 더 좋지 않았다. 김장해야 하는 양은 작년과 동일한데, 문제는 일꾼이다. 얼마 전 골다공증의 여파로 척추 골절상을 입은 친정엄마를 대신해 올해의 김장판에 등장한 선수는 나와 올케. 허리를 굽힐 수 없는 엄마는 허리에 깁스한 상태로 우리 곁에 서서 하나하나 알려주기 시작했다. 엄마의 지시에 따라 우리는 재료를 쏟아붓고, 버무리며 연신 간을 맞춰본다. 엄마가 직접 버무리지 못해 엄마의 손맛 자체는 덜할 수 있어도 엄마의 요리법은 엄마만의 김치를 만들기에 충분했다. 참 희한한 건 계량컵이나 계량스푼 없이 봉지에서 대충 눈대중으로 탈탈 털어 넣은 재료들인데, 버무리면 엄마의 그 맛이 난다는 것! 엄마 눈은 자동으로 계량이 되는 AI 기능이 있나 보다. 역시 요리 장인은 다르다.

엄마는 요리를 참 잘한다. 충청북도 음성군에서 나고 자란 엄마는 어릴 적부터 엄마의 외할머니 손맛이 담긴 요리를 즐겨 먹으며 자랐다고 한다. 요리를 기막히게 잘하는 엄마의 외할머니와 어머니, 그리고 엄마까지 대대로 이어진 요리 금손의 대물림이다. 어릴 적에 먹어보았던, 맛있던 그 맛을 기억하고, 재현하는 능력을 갖췄으니 가히 요리를 못할 수가 없다.

또 우리나라 중앙에 있는 충청도의 이점 덕분일까? 엄마의 요리는 출신 지역을 막론하고 모든 이에게 호평 세례를 받기 일쑤다. 엄마는 자신의 재능을 살려 교회에서 20년 넘게 교회 주방 팀에서 봉사했다. 매주 엄마가 만든 음식은 누가 먹어도 엄마가 만든 메뉴임을 알 정도로 탁월했으며, 모두 안성맞춤의 탁월한 맛이었다. 사람마다 각기 다른 입맛을 하나의 간으로 맞추는 엄마의 요리 실력은 실로 특별했다. 이 정도 손맛이라면 넷플릭스 〈흑백요리사〉에 출전했어도 좋았겠다 싶다. 엄마의 요리라면 청경채의 익힘 정도와 고기의 얇은 근막까지 까다롭게 평가하던 심사위원의 입맛도 사로잡을 수 있지 않았을까.

엄마의 빼어난 요리 실력에 의외의 수혜자가 있었으니, 바로 나의 남편이다. 남편은 우리 가족과 같은 교회에서 오랜 기간 알고 지낸 터라, 엄마의 요리에 반한 지 이미 오래다. 또 남편 주변 지인들도 나와의 결혼을 두고 큰 장점 중에 하나로 장모님의 요리 실력을 꼽았다고 한다. 워낙 먹성이 좋은 남편이지만 엄마의 요리를 더 오래, 더 자주 먹을 수 있으니 남편도 환호성을 질렀단다.

"어머니, 이거 좀 싸가도 돼요?"
"이건 어떻게 만드는 거예요?"

요즘도 남편은 친정에서 식사하다 말고 질문이 쇄도한다. 그러면서 나에게 엄마의 요리법 좀 배우라는 핀잔도 빠뜨리지 않는다. 평소 요리에 자신이 없는 나로서는 난감하기 짝이 없다. 엄마의 요리법은 인터넷에 나오는 요리법과 달리 계량을 눈대중으로 하는 게 전부인데, 내가 그 '황금 간'을 어떻게 찾아갈까 싶다. 내가 큰마음을 먹고 요리할 때마다 '당신도 요리 잘하는데?' '엄마, 이거 맛있어요!'라고 칭찬을 듣긴 하지만 아직도 요리는 내게 즐겁기보다 그저 번거롭고, 해야 하니까 하는 일 그뿐이다.

그나마 희망이 남아있는 것은 바로 내가 맛있는 엄마의 요리를 가장 많이 먹어보았고, 또 그 맛을 잘 기억한다는 사실이다. 엄마의 맛을 쫓아 조금씩 간을 맞추다 보면 엄마의 손맛 그 어딘가 비슷하게 따라갈 수 있을 테다. 여태까지 엄마의 요리를 가장 다양하게 먹어본 사람으로서 내가 정말 좋아하고, 따라 하고 싶은 엄마의 음식들이 있다.

미역국

　내가 가장 좋아하는 엄마의 음식, 미역국이다. 엄마의 미역국은 특별하다. 보통의 미역국에서 쉽게 볼 수 있는 두 가지가 엄마의 미역국에는 들어가지 않는다. 바로 다진 마늘과 간장을 넣지 않는 것이 핵심이다. 다른 가정집 혹은 음식점에서는 마늘 향이 강하거나 간장을 첨가해 옅은 갈색 빛을 내는 미역국을 먹게 되는데, 그때마다 나는 엄마의 맑은 미역국을 간절하게 떠올린다. 엄마표 미역국의 간은 오로지 고품질의 미역과 신선한 소고기에서 우러나온 감칠맛 그리고 약간의 소금이 전부다. 그래서 미역국의 건더기는 미역과 소고기뿐이요, 그 빛깔 또한 아주 맑다. 동시에 아주 깊은 맛이 나는 미역국. 보글보글 끓여 따뜻하게 한 사발을 뜨면 주변으로 싱싱한 미역 내음이 퍼진다. 한 숟가락 가득 미역과 소고기 한 점을 얹어 먹으면 부드러운 미역과 구수한 국물이 입속부터 목구멍까지 순식간에 빨려 들어간다. 나는 어릴 적부터 이 미역국을 자주 먹어왔다. 대가족인 가족 구성원의 생일과 기념일에만 끓여도 자주 먹었는데, 각종 제사상에도 올리던 메뉴라 미역국은 우리 집의 단골 메뉴였다. 나는 임신하고, 출산하면서 엄마가 어마어마하게 큰 곰탕 솥에 미역국을 끓여줘도 늘 맛있게 먹으며 힐링했던 기억이 있다.

삼계탕

　엄마의 삼계탕도 미역국과 마찬가지로 국물이 뽀얗고 맑다. 뽀얀 삼계탕 국물의 비밀은 의외의 재료, 닭발에 있다. 엄마는 삼계탕을 끓일 때면 언제나 깨끗하게 씻은 육수용 닭발을 솥 바닥 가득 채워 넣었다. 곰탕을 끓일 때와 같은 이치일까? 비록 살점이라고는 찾아볼 수 없는 닭발이지만 닭발도 오랜 시간 끓이다 보면 고소하고 담백한 맛이 우러난다고 한다. 그리고 그 닭발 위로 인삼, 황기, 대추, 마늘을 담은 육수 주머니를 넣는다. 삼계탕의 닭 안에는 30분 이상 불린 찹쌀과 옥수수알갱이를 함께 넣어 삼계죽을 먹을 때는 톡톡한 식감을 더해준다. 그리고 내가 엄마의 삼계탕에서 유일하게 지분을 차지하는 기술이 있었으니, 바로 삼계닭의 구멍 막기다. 대학교 교양 수업으로 들었던 한식 조리 수업 내용 중 유일하게 내게 남아 있는 이 기술은 지금도 유용하게 쓰이고 있다. 닭의 목은 반대로 비틀어 가슴살과 척추 사이 구멍으로 쏘옥 넣어주고, 다리는 힘줄 윗부분에 살짝 칼집을 내어 반대 다리를 넣어 예술적인 닭 다리 꼬기를 완성한다. 이렇게 하면 닭 몸통의 위, 아래를 모두 잘 막을 수 있어 내용물이 밖으로 빠져나오지 않는다. 엄마의 삼계탕은 투명에 가까울 정도로 맑은 국물에 두 다리를 곱게 꼬아 예쁜 자태를 뽐내는 삼계닭이 담겨있다. 구수하고 깊은 육수와 부드러운 닭고기, 톡톡 씹히는 옥수수까지 완벽한 삼계탕이다.

이 외에도 엄마는 자신만의 비법으로 더 특별하게 만드는 요리들이 많다. 세상 어디에서도 엄마가 만든 음식과 똑같은 맛을 내는 음식을 찾을 수 없는 이유다. 엄마 음식을 많이 먹어본 나조차도 아무리 따라 만들고 싶어도 절대 재현해 낼 재간이 없다. 그래서 어느 새부터인가 엄마의 음식을 맛볼 때마다 한편으로는 왠지 가슴 한편이 시려온다. 내가 사랑하는 엄마의 음식을 언제까지 먹을 수 있을까 싶어서다. 날씨에 따라 계절에 따라 또 어느 날 문득 떠오르는 엄마의 음식들. 내가 사랑하는 엄마표 요리가 영원하길 바란다.

07.
여전히 볶음밥은 싫지만 용서할게요

유난히 파랗고, 맑은 하늘이다. 어제저녁만 해도 비 예보가 있었는데, 구름 한 점 보이지 않는다. 아주 오랜만에 요양원에 계신 할머니를 만나러 가는 길, 심란한 내 마음과 상관없이 화창한 날씨에 차창 밖으로 눈을 돌려본다. 올해 92세가 된 나의 할머니.

할머니는 지금 서울의 한 요양원에서 지내고 있다. 이곳에 들어간 지도 벌써 3년째다. 할머니는 요양원에서 지내면서 세월을 더 빠르게 맞이하시는 듯하다. 이전보다 치매 증세가 더 심해져 때론 당신의 아들 이름도 기억하지 못

한다. 또 치아가 하나둘 빠지고 있어 식사도 밥알이 느껴지지 않을 정도의 유동식만 먹는다. 게다가 이제 혼자 거동할 수 없어 누군가 밀어주는 휠체어를 타야만 이동할 수 있다. 그런데 여기가 서울에서 제일 좋은 요양원이라더니, 병원 마케팅에 속았나 보다. 너무 분한 마음이 차오른다. 여기에 가면 할머니가 조금 더 건강하고, 편안한 생활을 하게 될 줄 알았는데…. 이곳에서 할머니는 점점 더 작고, 아픈 아이가 되어갔다.

요양원 강당에 마련된 면회 공간에 들어서자 한 테이블 앞에 휠체어를 타고 있는 조그마한 등이 보인다. 새하얀 머리카락을 짧은 상고머리로 다듬고, 얼굴보다 훨씬 큰 마스크를 쓴 채 아무것도 없는 정면만 멍하니 응시하고 있다. 할머니다.

"할머니, 나 누구게? 나 알아보겠어요?"

운전할 때 낀 안경을 쓰고 그대로 면회장에 들어선 터라, 할머니가 안경 쓴 나를 생소한 눈빛으로 쳐다본다. 아차 싶어 얼른 안경을 벗자, 할머니가 빙그레 웃었다.

"그럼, 내가 너를 몰라? 희민이 왔어?"

아주 오랜만에 들어본, 내 이름을 부르는 할머니 목소리였다. 할머니는 내 이름을 말함과 동시에 기억이 하나둘 되살아났나 보다. 할머니는 나의 두 손을 꽉 잡고, 조금 더 힘 있는 어조로 내 곁에 선 내 남편과 아들을 차례로 반겨주었다. 할머니 얼굴보다 큰 마스크는 점점 턱 아래로 흘러내렸다. 그러면서 보이는 할머니의 미소가 정말 반가웠다. 살이 많이 빠졌지만 내 기억 속에 익숙한 할머니의 미소 그대로였다. 우리는 두 손을 맞잡은 채 대화를 이어갔다. 유독 가늘었던 할머니의 팔은 이전보다 더 가늘어져 뼈와 혈관이 도드라졌다. 그래도 할머니의 손에서 전해지는 온기가 내겐 안도감으로 느껴졌다.

어느새 할머니의 눈은 내 아이를 담는 데 열중했다. 오랜만에 만난 증손주가 반가워서일까, 당신 기억 속의 증손주가 부쩍 자랐기 때문일까. 할머니는 내 아이에게 시선을 고정한 채 아이의 안부만 계속 물었다. 키가 얼마나 큰 편인지, 아이가 아빠를 얼마나 닮았는지, 아이가 학교는 잘 다니는지 질문이 끝나질 않는다. 어쩐지 손녀인 나보다 증손주를 더 반가워하는 느낌이다. '할머니가 우리를 얼마나 보고 싶으셨을까. 이렇게 좋아하시는데, 더 자주 찾아뵐걸.'하는 아쉬움과 미안함이 쌓여간다. 하지만 이렇게 할머니를 마주하는 것이 그리 쉽지 않았던 나다. 언제나 불편하고, 피하고만 싶었다. 어릴 적부터 할머니에게서 받아온 상처가 이미 곪을 만큼 곪았기 때문이다.

우리 집은 결혼해서 독립하기 전까지 할머니, 할아버지, 엄마, 아빠 그리고 오빠와 나까지 대가족 6명이 한 지붕 아래서 쭉 함께 살았다. 태어나보니 대가족의 막내였고, 할머니와 할아버지에게는 하나뿐인 손녀였다. 하지만 나는 이 집안의 유일한 손녀라고 하기에는 그만한 사랑은 받지 못하며 자랐다고 늘 생각한다. 이제 와 생각하면 가부장적인 집안 분위기와 무뚝뚝한 할머니, 할아버지 성향 때문이 아니었을까 짐작할 뿐이다.

엄마는 아빠에게 시집을 온 그날부터 할머니, 할아버지를 모시고 사는 맏며느리가 됐다. 할머니가 요양원에 가시기 전까지 자그마치 35년을 한 집에서 모셨다. 명절뿐 아니라 거의 한 달 걸러 각종 제사들을 지내는 아주 유교적인 집안의 맏며느리로 살게 된 엄마의 삶은 어린 내가 봐도 너무 고됐다. 이런 집안에서 엄마는 '내 집'이라는 느낌 하나 없이, 한시도 편안하게 쉰 적이 없었을 거다. 무더운 날에도 옷차림 한번 시원하게 입어본 적이 없다. 언제나 할머니, 할아버지가 부르는 '애미야' 한 마디에 엄마는 벌떡 자리를 박차고 일어나 어느새 할머니 방 앞에 몸을 기울였다. 쪼르르 달려간 엄마에겐 발걸음이 무색하게 싱거운 잔심부름 하나가 늘 뒤따랐다.

충청도 며느리가 제주도 시부모의 입맛을 단번에 맞출 리 있을까. 엄마는 집안 대대로 자타공인 '장금이' 손맛을 자랑하는, '요리 금손'임에도 불구하고 할머니, 할아버지는 '맛있네' 한마디를 안 한다. 식사 메뉴 전체가 그렇게도 당신들 입맛에 안 맞을 리 없는데도 시시콜콜 '이건 짜다, 질기다, 누구 먹으라고 이렇게 크게 했냐.' 밥상머리 위에 비난의 화살만 날아든다. 엄마의 등이 굽혀질 때마다 엄마의 자존감이 한없이 낮아지는 걸 생생히 목격하는 날들이었다. 참으로 고약스러운 할머니, 할아버지라고 생각했다.

한편, 우리 집안에서 할머니, 할아버지의 사랑을 독차지하는 유일한 사람이 있었으니, 바로 오빠다. 할머니, 할아버지는 장손을 끔찍이 아꼈다. 오빠가 엄마 속을 썩이던 때에도 할머니는 오빠의 든든한 방패가 되어줬다. 엄마가 훈육할라치면 할머니는 어느새 방문을 열고 '애한테 너무 그러지 마라!' 소리를 빽 지른다. 나와 오빠가 싸우는 날이면 할머니는 나를 혼낸다. 그렇게 오빠를 못 잡아먹어서 안달이냐고. 싸우는 이유도 묻지 않고, 언제나 나에게 오빠를 못살게 굴지 말란다. 오빠에 대한 사랑이 남다른 할머니는 아침에 오빠 방문을 열어 오빠를 들여다보고, 밤에도 오빠가 집에 들어왔는지 확인하는 것으로 하루를 마무리했다.

주말에 어쩌다 오빠가 집에 있을 때면 어김없이 할머니

는 오빠에게 먹고 싶은 것은 없는지 물어보았다. (안타깝게도 난 할머니에게 이런 질문을 받아본 기억이 없다) 오빠는 할머니에게 자신의 최애 메뉴 볶음밥을 요청할 때가 많았고, 그럼 할머니는 맨날 볶음밥만 먹냐고 투덜투덜하면서도 금세 볶음밥을 만들어준다. 아, 물론 내 건 따로 없었다. 오빠 몫을 크게 덜고 남은 양, 프라이팬에 조금 남은 볶음밥이 내 밥이 된다. 그래서 난 지금도 볶음밥을 제일 싫어한다. 음식으로 편애하다니⋯. 아, 서러움이 몰려오는 시점이다.

한 번은 엄마가 외출한 저녁, 집에는 할머니, 할아버지와 나만 남았다. 나는 어린 마음에 과연 할머니가 나를 식사하라고 부를까, 언제 부를까 궁금함이 몰려왔다. '할머니가 밥 먹으라고 부를 때 나가서 밥 먹어야지!' 생각했다. 하지만 그날 저녁, 할머니는 한 번도 날 부르지 않았다. 거실에서는 할머니, 할아버지의 식사 소리만 들려왔다. '할머니 안중에는 내가 없구나. 오빠가 없어도 날 챙겨주지 않는구나.' 가슴에 대못이 박힌 느낌이었다. 지금 와서 생각해보면, 이런 시험 아닌 시험을 한 나도 참 옹졸했구나 싶다. 그냥 나가서 내 밥 알아서 차려 먹을걸, 뭘 기대했던 걸까. 굳이 이런 결과를 자초한 것 같아 한심스러웠다.

사춘기를 지나면서 매일의 삶에서 이런 편애를 몸소 느끼다 보니, 자연스럽게 불만이 더 쌓여갔다. 손자만 예뻐하는 할머니, 할아버지를 비롯해 할머니, 할아버지를 등에 업고 항상 의기양양한 오빠와도 애증의 깊이만 더해갔다. 오빠와의 관계는 우리가 성인이 되어 각자 새로운 가정을 이룬 뒤에야 서로를 이해하며 점차 회복되었다. 하지만 이미 삐뚤어질 대로 삐뚤어진 그 시절의 나는 피해의식만 단단해졌고, 점차 할머니와의 교류를 피하게 됐다. 언제나 의사소통은 간단하게, 서로 딱 필요한 말만 하며 그렇게 지냈다. 때로는 어버이날에 할머니, 할아버지와 함께 영화관을 방문하기도 하고, 생신날이면 큰 맘 먹고 백화점에서 좋은 선물을 사드리기도 했지만 그 때만 잠시 훈훈했다가 우리 관계는 크게 나아지지 않았다.

그렇게 어른이 된 나는 몇 년 후, 아기를 데리고 친정에 방문했다. 할머니는 내 아이를 너무나도 반겨주었다. 하지만 난 내 아이를 향한 할머니의 관심이 부담 그 자체였다. 내가 할머니에게 그런 관심을 못 받아봐서 그런가, 할머니의 반짝이는 눈과 섬세한 터치가 참 낯설었다.

어느새 노환으로 요양원에 간 할머니를 생각하면 마음이 복잡하다. 할머니에게 받은 상처가 이제는 오래된 상흔으로 남았는데, 이제 그 위를 무엇으로 덮어야 할까. 희미하게 남아있는 할머니에 대한 좋은 기억을 끄집어낸다면 그것으로 내 미움을 희석할 수 있을까. 나와 엄마를 무시하던 그 언행을 언젠가 아무렇지 않은 듯 추억할 수 있는 날이 올 수 있을까.

하지만 이제는 내 속에 할머니에 대한 미움을 하루빨리 털어버리고 싶은 마음이 조금씩 커지는 것을 느끼고 있다. 적어도 할머니가 돌아가시기 전까지는 할머니에게 느끼는 불편함, 아름답지 않은 감정을 훌훌 털어내고 싶다. '나와 엄마를 대하던 그 냉랭함이 고의는 아니겠지, 살가운 애정 표현을 못 하는 성격 탓에 마음과 달리 무뚝뚝한 표현만 전달됐을 거야.'라고 하나둘 부정해 보는 것으로 시작해 보려 한다. 할머니의 진심을 알 수 없는 지금, 어쨌거나 내게 중요한 건 이제 할머니를 볼 수 있는 날이 얼마 남지 않았다는 현실이다.

나는 여전히 볶음밥이 끔찍이도 싫지만, 할머니의 마음과 상관없이 나 스스로 할머니를 용서하기로 했다. 그러는 편이 내 마음에 훨씬 좋겠다고 생각했다. 상처를 준 가족을 용서한다는 건 생각보다 정말 큰 용기와 기나긴 시간이 필요한 일일지도 모르겠다. 하지만 내가 용서할 대상이 세상에서 사라진다면 내 마음의 상처는 평생 응고되지 않은 채 새빨갛게 남을 것만 같다. 내 마음에 상흔이 사라진 자리에는 아픔과 미움 말고 온통 사랑만이 피어나면 좋겠다. 이 글을 읽는 당신에게도 지금 생각나는 마음의 상처가 있을까? 만약 있다면 당신도 스스로 먼저 용서해 볼 기회를 가져보는 건 어떨까. 당신의 상처에도 사랑이 만개하길 바란다.

08.
엄마에게
안부 묻는 날이란 따로 없다

"사실은…. 정말 말 안 하려고 했는데….
엄마 지난주에 발가락 부러졌어."

어쩐지…. 요 며칠 엄마로부터 자주 걸려 오던 전화가 통 잠잠하다 했다. 엄마는 퇴근길에 집으로 걸어오던 중 갑자기 다리에 힘이 풀려 넘어졌다고 한다. 30여 년간 매일 지나다니는 거리에서 넘어졌다는 소식에 매우 의아했다. 언덕길도 아니고, 돌출된 도보 블록도 없었는데, 갑자기 앞으로 넘어졌다니 쉽게 이해가 되질 않았다. '혹시 저혈당이 있나? 뇌졸중 전조 증상은 아닐까?' 걱정이 꼬리에 꼬리를 문다. 다행스럽게도 엄마는 골반이나 척추, 머리 쪽 중상은 아니었다. 하지만 오른쪽 엄지발가락이 골절되고, 무릎이 진한 보랏빛으로 멍들었다. 그나마 다른 뼈를 다치지 않은 게 어디냐 싶으면서도 발가락 골절로 깁스한 엄마를 보자면 속상한 마음이 가실 리 없다.

"엄마는 도대체 이 소식을 언제까지 나에게 숨길 생각이었을까?"

엄마는 곧 만날 명절을 앞두고 만나자마자 놀랄까 봐 미리 알려준다며 의연하게 골절 소식을 들려줬다. 자주 전화하던 우리 사이에 오래 전화하다 보면 의도치 않게 골절 사고를 말하게 될까 봐 한동안 나에게 전화도 일절 하지 않은 엄마다. 엄마는 이제야 속 시원하다는 듯 깁스해서 불편한 점을 하소연한다. 일주일에 두 번 가는 정형외과에서는 어떤 물리치료를 하는지, 치료비는 얼마나 드는지 속사포로 설명하기에 바쁘다. 이렇게 말할 거리가 많은 걸 그동안 어떻게 참았나 싶다. 다치고 나서 바로 연락했으면 엄마 스스로 마음이 한결 가벼웠을 텐데, 내가 걱정할까 봐 연락을 안 하고 꾹 참았단다. 딸로서는 사고 직후에 소식을 듣든, 며칠 뒤에 듣든 마음이 쿵 내려앉는 건 마찬가지인데, 엄마는 아직 내 마음을 모르나 보다.

하기야, 며칠 전 아이가 갑작스레 감기에 걸려 나는 아이를 보살피느라 정신이 없기도 했고, 와중에 글 쓰는 일을 미룰 수 없어 틈날 때마다 노트북을 들여다봤다. '엄마가 요즘은 전화를 안 하네?'라고 생각은 했었지만 내가 먼저 전화를 걸진 못했다. 부모님만큼은 무소식이 희소식이 아닌데, 내 무관심이 사고로 이어진 것 같아 마음이 무너져 내린다. 전적으로 내 관심이 부족했다. 엄마가 이렇게 사고 소식을 숨기는 건 이번이 처음 있는 일이 아니었다.

"근데 있잖아. 나 다리가 이상하다?"

지금으로부터 3년 전 일이었다. 당시 코로나바이러스가 전 세계적으로 대유행하고 있을 시절, 엄마는 동네 병원에서 코비드 19 예방 백신을 맞았다. 그리고 그날 밤, 엄마는 오른쪽 다리가 불타오르는 듯 강한 작열감과 엄청난 팽창감으로 잠을 청하지 못했다. 이튿날 엄마는 퉁퉁 부어오른 다리를 이끌고 겨우겨우 출근했다. 점심시간이 돼서야 내게 전화를 건 엄마는 오른쪽 다리가 좀 불편하긴 한데, 별일 아니라는 듯 가볍게 증상을 설명했다.

"엄마, 괜찮아? 그걸 왜 이제야 말해?
 어제 주사 맞고 왔을 때는 아무렇지 않았다며!"

분명히 주사 맞은 날 오후에 엄마와 통화할 때는 몸에 이상도 없고, 미열도 없지만 혹시 몰라서 타이레놀 한 알을 먹고 취침하겠다고 날 안심시켜 주던 엄마였다. 하지만 나와 통화를 마친 후, 엄마는 점점 다리가 붓고 아픈 상태였던 거다. 백신이 도입되기 전부터 각종 언론을 통해 백신의 부작용에 대해 들어왔던 터라, 나는 엄마의 증상을 듣자마자 백신 부작용임을 확신했다. 해당 백신을 맞고 비슷한 증상이 나타난 사람이 있는지, 해외 사례는 어떤지 몇 시간 동안 자리에 앉아 인터넷을 검색했다. 검색 결과를 종합해 보니, 엄마는 심부정맥혈전증 중 하지혈전증에 해당하는 증상이 나타나고 있었다. 혈전이 어느 순간 심장이나 뇌로 가는 혈관을 막는다면 상상하기 싫은 끔찍한 결과가 초래될 위험한 상태였다. 나는 곧바로 친정집 주변에서 하지혈전증 관련 검사를 진행할 수 있는 병원과 교수님을 찾아봤다. 엄마는 '내 다리는 그 정도가 아니다, 이러다가 금방 괜찮아질 수 있다'라며 한사코 손사래를 쳤다. 하지만 어느 누가 제대로 검사하지 않은 이상 엄마의 상태를 확실히 알 수 있을까. 상태를 가만히 지켜보면서 내내 초조해하느니, 빨리 큰 병원에 가는 것이 상책이었다.

다음날, 엄마는 백신을 접종한 병원에서 의사 소견서와 추천서를 받아 들고, 내가 알아본 한 대학병원 순환기내과를 찾았다. 엄마는 어떤 검사를 하게 될지 모르니 전날 저녁부터 물 한 모금 먹지 않은 공복 상태를 유지한 채로 진료를 봤다. 오전 내내 대기한 끝에 혈액 검사와 CT 촬영을 진행했다. 다행히 병원에서는 내가 의심한 정맥혈전증은 아니고, 일시적인 증상 같다고 했다. 그러면서도 백신 부작용이라고 자신이 진단을 내릴 수는 없다는 애매모호한 답변을 내놨다. '주사 여파로 생긴 일시적인 증상인데, 백신 부작용이라고 말할 수 없다'라는 의사의 진단에 의구심이 솟구쳤다. 하지만 지칠 대로 지친 엄마는 일단 병원 처방한 약을 먹으며 증상을 지켜보기로 했다. 일주일 정도 지났을까. 다행스럽게도 돌팔이 같았던 의사의 말처럼 부어올랐던 다리도 원래대로 돌아왔고, 다리 내부에서 느껴지던 작열감도 사라졌다. 나는 엄마와 비슷한 증상을 겪었던 이들이 드물게 안타까운 결과가 나온 사례를 보고 최악의 수까지 염려했던 마음을 조금씩 내려놓을 수 있었다.

정말 감사했다. 겉으로 티 나지 않게 혼자 걱정에 휩싸였던 엄마도 그제야 '거봐라, 내가 금방 괜찮아진다고 했지?'라며 되려 내게 큰소리를 친다. 나 혼자 호들갑을 떨었대도 최악의 상황보다는 이런 핀잔 아닌 핀잔을 듣는 게 훨씬 나았다.

어느새 60대 후반의 나이가 된 엄마. 젊은 시절부터 몸 여기저기 크고 작은 수술을 겪어온 엄마는 지금도 몸 곳곳이 성한 데가 없다. 나는 엄마와 일주일에 1~2번 전화 통화를 하곤 하는데, 엄마는 전화할 때마다 내게 어디가 아프다, 여기가 불편하다는 말을 자주 한다. 그런데도 엄마 스스로 생각할 때 큰 사고, 심하게 아픈 것은 정작 말하지 않으려 한다. 그것이 딸의 걱정을 사지 않을 수 있는 좋은 방법이라고 여기나 보다. 엄마가 이렇게 생각하는 건 요즘 내가 친정 방문이 뜸해진 것도 한몫할지 모르겠다.

나는 서울 친정집에서 20분 거리에 있는 신혼집에서 거주하다가 아이 첫돌이 지나고, 경기도에 있는 신도시 아파트로 이사를 왔다. 아무 연고도 없었지만, 아이를 깨끗한 동네 조금 더 넓은 아파트에서 키우고 싶다는 마음 하나로 이사를 결정했다. 이사를 잘 갔다며 우리를 응원해 준 부모님이지만 그래도 아쉬워할 것 같아서 우리는 한 달에 1~2번씩 꾸준하게 친정을 방문했다. 거의 격주 방문인 데다가 명절, 부모님 생신, 어버이날, 연휴 등 합치면 꽤 잦은 방문이었다. 하지만 이것은 아이가 어릴 때나 가능했던 일정이었다. 아이가 초등학교에 입학하면서부터 아이는 친구들과의 약속을 잡기 시작했다. 주말마다 친구들과 만나 축구나 야구를 하고, 놀이터에서 노는 시간이 점점 늘어났다. 또 주말에 참여해야 하는 각종 학원 대회와 교회 행사 등 외부 일정도 많아지기 시작했다. 친정에 꼭 가야 하는 일이 아니고선 아들의 사회생활을 막을 도리가 없다. 그렇게 우리는 친정 방문이 차츰 줄어들게 됐다.

예전에는 엄마와의 전화를 끊을 때쯤이면, 엄마는 내게 이번 주 주말에는 몇 시에 오는지, 집에서 뭐 먹고 싶은지 자연스럽게 물어보곤 했었다. 하지만 이제는 내가 먼저 친정에 언제쯤 갈 수 있다고 일정을 예고하지 않는 이상 엄마는 내게 언제 올 건지 물어보지 않는다. 궁금할지언정 우리에게 행여 부담될까 봐 입 밖으로 선뜻 질문하지 않는 엄마다. 어느 정도 우리의 사정을 알고 계시기에 '그래. 이제 친구들이랑 노는 게 더 재미있지. 우리 손주, 많이 컸네.'라고 말씀하시지만 내심 서운하실지도 모르겠다. 엄마의 그 마음을 알면서도 나는 어쩔 수가 없다. 아이가 크면서 이제는 또래 친구와의 관계 중심으로 사고하고, 친구들과 노는 것을 제일 좋아할 시기라는 걸 알기 때문이다. 이를 이해하고 있기에 엄마도 나도 그저 이 변화를 담담히 받아들일 수밖에, 달리 우리가 할 수 있는 것이 없다.

"자식은 일정한 나이가 되면 부모로부터 독립해야 합니다. 그것이 순리입니다. 지나친 집착으로 자녀의 독립을 막는다면, 진정한 독립을 위해서 부모와 거리를 둘 수밖에 없습니다. 자식이 성인이 되면, 부모도 자식과 거리를 좀 두는 것이 좋아요. 남남처럼 지내라는 것이 아닙니다. 과한 통제와 간섭은 그만해야 합니다. 그래야 자식과 부모 간 좋은 사이로 지낼 수 있어요. 신체적, 물리적으로 거리를 둬야 합니다. 자주 만나지 말고, 정서적 거리도 유지해야 합니다. 자식으로서의 도리를 하고, 좋은 일 있을 때 가끔 만나는 정도가 좋습니다. 관계를 끊거나 원수처럼 지내라는 말이 아닙니다. 자신의 마음이 불편해지면서까지 부모에게 잘하려고 애쓰지 말라는 겁니다. 마음이 편안한 선에서만 해도 돼요."

— 오은영 《화해》

오은영 박사는 육아의 최종 목적이 자립이라고 말한다. 때가 되면 부모와 물리적, 정서적으로 어느 정도 거리를 두는 것이 모두에게 좋다는 것. 지나치게 자식을 의존하는 것도, 자식의 독립을 방해하는 것도, 부모로서 결코 좋은 행동이 아니라고 말한다. 나는 이제 초등학교 저학년인 내 아이가 가정으로부터 또래 관계로 관심을 옮겨가는 과정을 자연스럽게 받아들여야 한다. 그리고 우리 엄마도 딸인 내 가정이 이런 과정 중에 있다는 것을 인지하고, 할머니로서 손주의 자립을 도와줘야 하는 상황인 거다.

부모가 자식의 자립을 지켜보는 마음을 처음 느껴보는 나로서는 요즘 마음이 꽤 쓸쓸하기도 하다. '품 안의 자식'이라는 우리나라 속담대로 내 품 안에 있을 때는 평생 내 품 안에서 내 뜻대로 살 것 같은 자식이지만 때가 되면 자기 뜻대로 살아 나가는 것이 자식 아닌가. 나조차 이런 마음인데, 나의 엄마는 오죽할까. 젊은 시절, 자식의 자립을 한 차례 겪었고, 이제는 손주의 자립도 감내하는 중이라니…. 우리 가족과의 만남이 뜸해졌다고 해서 크게 속상하기보다는 조금 더 여유가 생긴 것으로 받아들이시면 좋겠는데, 나의 이 바람은 순전히 내 욕심일까. 하지만 이 과정이 더는 외롭지 않게, 슬프지 않게 내가 자식의 도리로 엄마에게 지속적인 관심을 가져야겠다고 다짐해 본다. 간단하게라도 엄마의 안부를 자주 물으면서 행여 내게 큰 걱정을 끼칠까 하는 염려 때문에 생기는 마음의 장벽을 깨부수고, 허물어야겠다. 당장 오늘부터 시작이다. 지금 엄마는 뭐 하고 있을까? 연락해 봐야겠다.

3장

이렇게 엄마 짬밥이 늘어갑니다

아이의 약점을 보면서 내가 부모로서의 느끼는 안타까움과 때 이른 염려가 합쳐져 나는 아이에 대한 편견을 스스로 만들어냈던 듯하다. 실제로 나의 아이는 내가 평소에 잘 알지 못했던 반전 매력도 있었다.

01.
내가 아는 우리 아이
내가 모르는 우리 아이

"선생님, 아들이 워낙 낯가림과 조심성이 많아서 낯선 환경과 새로운 선생님에게도 늘 긴장을 많이 하는 편이에요. 아침에 등교할 때부터 몸이 뻣뻣하게 경직된 상태로 나가서 제가 매일매일 얼마나 걱정하며 지켜보는지 몰라요."

아이의 학교 담임 선생님과 처음 만나 상담하는 날. 나는 학기 전 〈우리 아이 설명서〉에 빼곡하게 적었던 내용을 다시 전달했다. 아이가 초등학교에 입학하고 한 달 뒤 갑작스레 나타났던 등교 거부를 비롯해 긴장과 불안감 때문에 화장실을 지나치게 많이 다녔던 현상까지 하나하나 설명했다. 담임 선생님은 내 설명을 듣다가 고개를 갸웃하더니 끝내 나의 말을 끊고 입을 뗐다.

"어머님, ○○○ 어머님 맞으시죠? 지금 제가 만난 아이랑 다른 아이 어머님인 줄 알았어요! 오늘 교실에서 ○○○는 친구랑 춤추면서 놀았어요! 춤을 어찌나 잘 추는지, 제가 박수까지 쳐 준걸요?"
"네? 교실에서 춤을요?"

당황스러웠다. 난 아이가 교실에서 말 한마디 없이 조용히 생활하리라 생각했는데…. '내가 내 아이를 이렇게 몰랐던가? 그동안 아이가 어려움을 겪은 모습들은 과연 뭐였을까?' 내 마음속에는 질문이 꼬리를 물고 계속됐다. 물음표가 가득한 내 얼굴을 빤히 들여다보던 선생님이 빙그레 웃으며 말했다.

"부모님이 착각하시는 것 중의 하나가 자기 아이에 대해서 전부 다 안다고 생각하는 거예요!
어머님, 아이는 1년 새 많이 자랐어요."

그 뒤로 이어진 선생님의 설명. 나의 아이는 내가 설명한 모습도 물론 보일 때가 있지만 엄마의 걱정하는 수준보다는 훨씬 높은 텐션과 친화력을 갖고 있단다. 그리고 본래 천성이 그러하더라도 이제는 학교 적응도 마치고, 작년보다 사회성이 더 발달했으니 걱정하지 말라고 나를 안심시켜 주었다. 1년 새 아이의 마음은 더 단단하고, 커졌지만 엄마의 마음은 걱정과 불안에 휩싸인 그대로였나 보다. 담임 선생님의 이야기를 들으며 난 또 주책맞게 눈물이 핑 돌았다. 그렇게 담임 선생님을 처음으로 만난 자리에서 한껏 눈물, 콧물을 다 쏟아내고, 나는 가뿐한 마음으로 교실을 나섰다. 그 후로 담임 선생님은 나를 눈물 많고, 걱정 많은 엄마로 각인됐나 보다. 선생님은 아이의 학교생활 중 내가 걱정할 만한 일이 생기면 먼저 메신저로 상황을 설명해 주었고, 재발 방지를 위해 관심을 쏟겠다고 늘 약속해 주었다.

담임 선생님의 말처럼 엄마라고 해서 자신의 아이에 대해 전부 다 안다고 말할 수는 없다. 나도 이 말에 충분히 공감하는 바다. 아이들은 가정에서 모습이 다르고, 아이 혼자 있을 때가 다르고, 어떤 친구와 있느냐에 따라 또 다른 모습을 보일 수 있다. 그리고 아이가 성장함에 따라 예전에는 미처 알지 못했던 성향을 발견할 수도 있고, 또 예전과 다른 성격을 보일 때도 있을 것이다. '어제의 나는 오늘의 나와 다르다'라는 말처럼 내 뱃속에서 나고 자란 나의 아이 역시 하루하루가 날마다 새로운 존재임을 잊어선 안 된다.

나는 선생님과의 상담 통해 아이에 대한 완전히 새로운 이해하게 됐다. 아이는 분명 이전보다 더 성숙해졌다. 나는 내가 아이를 양육하면서 겪었던 부정적인 상황이 여전히 나를 붙들고 있었음을 깨달았다. 아이의 약점을 보면서 내가 부모로서의 느끼는 안타까움과 때 이른 염려가 합쳐져 나는 아이에 대한 편견을 스스로 만들어냈던 듯하다. 실제로 내 아이는 내가 평소에 잘 알지 못했던 반전 매력도 있었다.

**"○○엄마는 좋겠어.
아이가 어쩜 그렇게 인사를 잘해?
꼬박꼬박 인사하는데, 너무 예뻐!"**

요즘 길에서 우연히 아이 친구의 엄마를 만날 때면 어김없이 듣는 칭찬이 있다. 바로 우리 아이가 인사를 참 잘한다는 것. 아이는 얼굴을 아는 어른을 만나면 가던 걸음을 멈추고, 친구와 떠들다 말고, 바르게 서서 공손하게 인사를 하고 간다는 것이다. 비가 오는 날에 우산을 쓰고 있어도, 무더운 여름날 땀이 비 오듯 흘러내려도 언제나 아이는 인사를 빠뜨리지 않았단다. 주변 엄마들은 수줍음이 많은 아이의 성격을 알기에 정말 의외라는 반응이다. 또 한창 비글미 넘치는 초등학교 저학년 남자아이 중에 이렇게 인사를 예쁘게 하는 친구를 찾기 드물기에 더 놀랍다고들 한다. 나 역시 우리 아이가 그렇게 인사를 잘하고 다닐 거라곤 생각도 못 했던 일이다. 친한 엄마가 한두 번 칭찬할 때는 그냥 아이가 친숙해진 친구 엄마에게 잘 인사하는구나라고 생각했다. 그런데 1년에 한 번 볼까 말까 싶은 친구 엄마조차 나를 만날 때마다 아이의 바른 인사성에 대해 칭찬하는 것을 들으니, 아이가 어른에게 일관되게 인사를 잘하는구나 깨달았다. 부끄러워서 눈은 잘 안 마주치지만, 꾸벅 바르게 인사하고 제 갈 길을 간다는 나의 아이. 수줍음이 많지만 할 일은 제대로 해내는 멋진 아이다.

하지만 기본적으로 수줍음이 많고, 부끄러워하는 그 천성이 어디 가겠는가. 아이는 내향적이면서도 또래보다 정말 섬세하고 배려심이 있는 모습을 갖추었다. 최근에도 나는 아이의 섬세함을 새삼 느끼는 일이 있었다. 어느 주말 오전에 있었던 일이다. 아들은 늘 주말마다 친구들과 만나 야구를 한다. 그래서 주말 아침이면 아들의 친구들은 아들에게 전화를 걸어 오늘의 야구 약속을 잡곤 한다. 그런데 한번은 전화를 하나둘 받던 아들의 표정이 사뭇 심각해졌다.

"아들, 표정이 왜 그래? 야구 약속 잡은 거 아니야?"
**"지금 A랑 B 친구가 놀자고 연락이 왔는데요. 내가 알
기로는 얘네들 만나면 싸우기만 하고, 서로 안 좋아**

하는데, 괜찮을까요?"

 고슴도치도 제 새끼가 제일 곱다고 한다지만 확실히 보통의 아홉 살 남자아이 생각은 아니다. 나는 때때로 아이가 낯가림과 예민함 때문에 결국 사회성이 부족하지 않을까 염려할 때가 있었다. 하지만 아이는 친구의 마음과 관계를 놓고 고민할 정도로 섬세함을 발휘하며 남다른 사회성을 가진 아들이다. 섬세함을 넘어서 친구들 사이의 관계를 파악하고, 상대의 입장을 배려할 줄 안다. 예민함을 강점으로 발휘하는 아들을 볼 때마다 감탄하곤 한다. 아들의 이런 면모는 아이와 함께 놀아본 친구 엄마들의 공통된 증언으로 내게 위안과 확신으로 다가온다.

"조용한 줄만 알았는데, 아이가 리더십 있더라고! 애들을 딱 모아서 정리하고 놀더라니까?"

 난 지금까지 어쩌면 내 고정관념에 아이를 가두었는지도 모르겠다. 지금까지 아이를 키우며 내가 경험하고 느낀 것이 전부라 치부하고 진작에 아이를 정의 내려버렸다. 하지만 아이는 내가 알아채기 어려울 만큼 빠른 속도로 성숙해 가는 중이다. 앞으로도 아이는 의외의 모습을 보일 때도, 약점에 갇혀 어려워할 때도 있을 것이다. 하지만 우리가 언제나 기억해야 할 한 가지. 이 세상에서 그나마 내 아이를 잘 이해해 줄 수 있는 사람이 바로 부모라는 것이다. 아이의 식성, 취향, 성격, 결핍까지 아이와 오랜 시간을 함께했기에 부모는 다른 누구보다 아이를 잘 아는 존재다. 다만 내가 아이에 관해 모든 것을 안다고 생각하는 착각에 갇히지 않는다면 우리는 날마다 성장하는 아이를 발견하는 기쁨을 마주할 수 있다. 아이의 멋진 미래를 함께 꿈꾸고, 기대하면서 오늘도 나는 온 마음을 다해 아이를 응원한다.

02.
축구선수와
축구공 사이

"손흥민이에요, 손흥민! 슛-!"

이른 아침, 아들의 축구 중계 소리가 거실을 뒤흔들고, 침대에서 꿈틀대는 나를 깨운다. 아침에 일어나자마자 지난밤에 있었던 프리미어리그 토트넘의 경기를 찾아보는 아들이다. 마치 캐스터가 된 듯 선수들의 이름을 부르며 경기 상황을 설명하기도 하고, 토트넘 홋스퍼 감독이 된 듯 선수들을 향해 잔소리도 늘어놓는다. 이미 지난 경기인데도 아들은 생생한 리액션을 선보이며 박

진감 넘치게 축구를 즐긴다. 아들은 자신이 좋아하는 팀의 선수들 이름과 포지션을 외우는 것은 물론 현재 근황과 상대 팀 전력까지 줄줄이 읊을 정도로 방대한 축구 지식을 자랑한다. 자신이 알지 못했던 규칙은 축구 도서와 전문 유튜브를 찾아보며 축구를 공부한다. 축구를 사랑하기에 알아가는 열정마저 참 대단하다. 그리고 무언가에 몰입하는 아이의 모습은 언제봐도 멋지다.

이렇게 아들이 축구를 사랑하게 된 것은 유치원의 영향이 컸다. 아이가 6살 때, 나는 아이가 운동을 배웠으면 하는 마음에 유치원에서 체육활동으로 진행하는 태권도를 본격적으로 배워보라고 권유했다. 하지만 상대에게 주먹질하고, 발길질하는 무술이 아이에겐 스포츠로 느껴지지 않았나 보다. 평소 조심성이 많고, 얌전한 성향의 내 아이는 태권도를 무서워하고, 싫어했다. 그래서 시작하게 된 것이 축구였다. 축구는 활동량이 워낙 많은 데다 팀 스포츠였기에, 운동을 시키고자 하는 내 욕구와 낯 가리는 아이의 성향까지 보완해 줄 더없이 좋은 활동이었다. 나는 주변 동네까지 수소문해 아이 성향에 맞을 만한 축구학원을 찾았고, 친절한 감독님의 수업 일정에 맞춰 아이를 태워 다녔다.

그렇게 축구학원을 다니게 된 지 두 달쯤 됐을 때, 때마침 유치원에서는 축구대회가 열렸다. 반별로 토너먼트를 진행, 학년별 우승 반을 가리는 축구대회는 아이의 축구 사랑에 불을 지피는 계기가 됐다. 당시 유치원 담임 선생님은 반에서 유일하게 축구학원을 다니는 아이에게 무한한 기대와 관심을 쏟아주었다. 아이는 나름 축구학원에서 배웠던 것을 토대로 반 아이들의 포지션을 나누고, 축구 규칙을 알려주며 축구대회 준비에 힘을 쏟았다. 곁에서 지켜보기에 유치원 축구대회가 이렇게 큰 대회인가 싶을 정도. 아이는 자나 깨나 축구밖에 없던 며칠을 보냈다. 그리고 맞이한 축구대회 당일, 풋살화에 축구 양말까지 야무지게 챙겨간 아이는 결승골을 넣고 우승컵을 차지했다. 아이는 집에 와서 나에게 종알종알 축구대회 이야기를 늘어놓으며 얼굴 한가득 미소가 떠나지 않았다. 그다음 해에도 진행된 유치원 축구대회 역시 아이는 준결승전과 결승전에서 멀티 골을 기록하며 우승컵을 들어 올렸다. 축구대회 이후 한동안 나와 내 아이는 다른 학부모에게서 우승시켜 줘서 고맙다는 감사 인사를 들었다.

**"볼 컨트롤이 섬세하고, 정확해요.
제가 잘 키워보고 싶습니다."**

유치원 축구대회에서 두 번째 우승을 거머쥔 무렵, 축구

학원 감독은 아이에게 더 이상 취미반이 아닌 선수 육성 반으로 옮길 것을 권유했다. 달리기 속도가 빠르지 않지만, 공을 다루는 기술이 또래에 비해 재능이 있어, 기본기를 탄탄하게 쌓아나간다면 충분히 선수로서 잘 성장할 수 있다는 평가였다. 나는 감독의 이야기를 들으며 의구심이 점점 쌓여가는 건 어쩔 수 없었다. 평생 스포츠와 담쌓고 살아온 남편은 물론 스포츠는 그저 보고 즐기는 게 전부였던 나의 모습을 뒤돌아봤을 때, '우리 아이에게 과연 운동 DNA가 있을까?'라는 생각이 들었다. 그래서 혹시 감독이 선수 반 정원을 늘리기 위해서 나를 영업하는게 아닌가 하는 나름 합리적인 의심도 했다.

사실 내가 봐도 아이는 공을 잘 다루고, 슈팅 정확도가 높은 편이긴 했다. 감독의 말이 영 틀린 말은 아닌 것 같았다. 하지만 내 아이는 조심성이 많아 몸싸움을 하기보다는 수비수들을 요리조리 피해 다니는 모습이 자주 보였다. 그래서 선수가 되기에는 성향상 어려움이 많다는 생각을 했고, 게다가 이제 겨우 일곱 살인데 벌써 운동선수로 진로를 정하기엔 너무 어린 나이라는 생각도 했다. 아직은 어리기에, 부모로서 아이에게 다양한 분야의 경험을 제공할 시기라고 결론을 내렸다. 한편, 내 곁에서 감독의 제안을 들은 아이는 집으로 돌아오는 내내 종알종알 선수 반에 관한 이야기를 멈추지 않았다. 이미 선수 반을 다니는 것이 확정된 것처럼 아이는 마냥 들떴다. 하지만 선수 반 합류의 꿈은 며칠이 지나자 자연스럽게 사그라들 수 밖에 없었다. 축구 선수반 입성을 앞두고 축구 연습에 매진하던 아이에게 문제가 생긴 것. 어느 날 갑자기 하원하고 집에 돌아온 아이가 도저히 걷지 못하겠다고 하며 그대로 주저앉아버렸다. 놀란 마음을 진정하며 우리는 곧바로 정형외과를 방문했다. 아이의 진단명은 바로 일과성 고관절 활액막염. 나는 이름도 한 번에 외워지지 않는, 생전 처음 들어보는 질환이었다. 아이가 하체를 무리해서 많이 쓴 탓에 고관절에 염증이 생겼다는 것이다. 그리고 유일한 치료 방법은 바로 무조건 휴식. 그나마 아이는 염증 정도가 심하지 않아 입원을 면했지만, 심한 경우 일주일 이상 입원해서 침대에 고정해 놓는다는 으름장도 들었다. 아이는 바로 다음 날부터 유치원은 물론 그토록 좋아하는 축구학원도 중단한 채 집에서 요양했다.

문제는 재발이었다. 다리가 멀쩡해졌다며 유치원을 한 번 다녀오면 고새 저녁부터는 다리를 못 움직이는 사태가 벌어졌다. 축구는 고사하고 일상생활마저 어려웠다. 재발이 어찌나 잘 되는지 그 후로는 감기에 걸려도 재발하고, 장염에 걸려도 재발하고. 며칠 면역력이 떨어진다 싶으면 여지없었다. 일과성 고관절 활액막염은 아이가 성장하면서 고관절 사이 공간이 좁아져야만 재발이 덜하다는 의사의 말에 아이는 결국 축구를 끊게 됐다.

그로부터 1년 후, 아이의 축구 사랑이 그렇게 멀어져 가고 있을 때였다. 마침, 우리 집에서 도보로 갈 수 있는 거리에 새로운 축구학원이 생겼다. 나는 축구에 대한 자신감도 잃고, 새로운 환경을 두려워하는 아이를 설득해 바로 등록해 주었다. 아이가 고관절염에 대한 공포에 매여있기보다는 다시 취미로라도 축구를 즐기며, 스트레스 해소에 도움이 되는 신체활동을 하길 바랐기 때문이다. 새로 다니게 된 축구학원은 실력과 상관없이 자신감을 느끼고 축구를 배우는 것을 목표로 취미반만 운영하는 곳이었다. 언제든 다리가 불편하고, 컨디션이 좋지 않을 때는 부담 없이 쉴 수 있기에 다시 축구를 시작하는 아이에게는 딱 안성맞춤이었다. 아이는 수업마다 왜 이렇게 잘하냐는 코치의 칭찬을 들으며 또다시 무럭무럭 실력을 키워 나갔다. 그리고 얼마 전, 아이는 올해 봄에 있었던 축구대회에 연이어 두 번째 축구대회에 참가했다. 학원에서 같이 합을 맞춘 친구들과 함께 한 팀을 이뤄 다른 지점의 아이들과 쟁쟁한 승부를 겨뤘다. 결과는 준우승이었다. 나는 평소 승리욕이 넘치는 아이의 특성상 크게 아쉬워하지 않을까 마음을 졸이며 아이의 곁을 지켰다. 하지만 내 걱정이 무색하게 아이는 준우승에도 크게 기뻐했다. 수비수로 활약해 골을 기록하지 못했음에도 실점하지 않음을 더 가치 있게 느끼고 만족하는 아이의 모습이 참 대견했다. 아이의 키가 큰 만큼 마음도 잘 성장하고 있구나 싶어 감사했다.

"축구공 만드는 개발자가 될래요."

어느 날이었다. 나는 아이 방을 정리하다가 아이가 작년에 썼던 국어 교과서를 펼쳐 들었다. 한 장 한 장 아이의 생각을 읽어가다 아이의 장래 희망을 발견했다. 아이의 장래 희망 칸에는 '축구공을 만드는 사람'이라고 적혀있었다. 축구선수가 아니라 축구공을 만드는 사람이라니…. 어딘가 의아했다. 그날 저녁 나는 아이의 꿈에 관해 물었다. 아이의 답변은 명확했다.

**"내가 축구선수를 하긴 힘들 것 같고,
누구나 골을 잘 넣을 수 있는 축구공을 만들려고!"**

보통 아이들은 좋아하는 운동 종목의 선수를 꿈꾸는 것이 일반적이라고 생각해 왔기에 막상 축구선수가 꿈이 아니라니 당황스러웠다. 하지만 아이의 깔끔한 대답에 나는 머리를 한 대 맞은 듯 선입견이 산산이 부서졌다. 자신은 고관절이 자주 아프고, 자신보다 축구를 잘하는 사람들이 너무 많아서 꿈을 조금 바꿨다는 아이의 부연 설명에 난 연신 고개를 끄덕였다. 스스로 어려울 것 같단 판단 아래 축구와 연관된 직업을 생각하고, 구체적인 꿈을 꾸는 아이의 유연한 사고가 너무도 놀라웠다.

나는 앞으로 내 아이가 어떻게 자라날지 모르겠다. 사실 내가 나서서 제안하는 것도 뿐 아니라 아무 방향도 정해주고 싶지 않다. 아이의 꿈은 부모의 몫이 아니다. 그저 부모는 아이의 성향을 파악하고, 다양한 경험을 할 수 있는 기회를 제공하는 것에서 이미 제 역할을 다한 것이다. 여러 가지 경험 속에서 아이가 좋아하는 것, 잘하는 것을 찾아가는 과정에서 아이가 스스로 꿈을 꾸는 시간이 마련돼야 한다. 비록 이는 부모의 시간과 정성, 돈이 들어가는 여정이지만 어떤 것도 아깝지 않다. 부모가 아이를 위해 여러 가지를 지원하면서 묵묵히 기다려주는 동안, 아이는 자유롭게 자신의 꿈을 꾸면 좋겠다. 부모의 못 이룬 욕심을 채우기 위함이 아니라 아이가 스스로 행복을 위해, 자신의 꿈을 향해 나아가는 동안 그저 든든한 버팀목이 되어주고 싶다. 이것이 아이와 동행하는 나에게도 즐거운 가치가 될 것이라 믿는다. 아이와 더불어 꿈꾸는 부모의 마음이다.

03.
학원과의
이별공식

"사격 한번 배워볼래?"

지난 여름이었다. 한여름을 뜨겁게 달구었던 2024 파리올림픽 중계를 보던 내가 아들에게 넌지시 물었다. 만 16세의 나이로 대한민국 최연소 금메달리스트가 된 반효진 선수의 경기를 보면서 나는 큰 감명을 받았다. 한창 어린 고등학생이 저렇게 단단한 멘탈과 자신감으로 국제 대회에서 자신의 실력을 제대로 발휘하는 모습에 반할 수밖에! 나는 계속해서 아들에게 '엄마 생각으로는 네가 차분하고, 집중력도 좋은 데다가 승리욕도 있으니 잘 어울릴 것 같다'고 한번 사격을 체험해 보러 가지 않겠느냐고 권했다. 하지만 작년까지는 축구에 빠져있다가 이제는 야구에 한껏 빠져있는 아들에겐 어림없는 소리였다. 자신은 혼자 하는 스포츠 말고 친구들이랑 같이하는 공놀이가 좋다고 확실하게 못 박는 아들이다. 나는 나름 아들의 성향과 잘 맞을 것 같은 스포츠라 권했던 건데, 아들 생각은 그게 아닌가 보다. 오히려 새로운 학원에 다닐 거면 야구학원을 보내달라고 으름장을 놓는다. 자기가 제일 원하는 건 야구라고 말이다.

'그렇지! 우리 아들은 야구할 때가 제일 행복하구나!'

난 뒤통수를 맞은 듯했다. 농담 반, 진담 반으로 넌지시 발사한 내 사격의 총알은 야구공이 되어 날아왔다. 이제 새로운 학년으로 진학을 앞두고, 가뜩이나 대부분의 학원을 바꿔야 하는 시점에 야구학원이라는 짐까지 얹어졌다. 문제는 아이가 모든 학원을 다 좋아하고, 모두 다니고 싶어 한다는 것.

현재 아이가 다니는 학원 중에 아이가 가장 좋아하는 학원은 바로 축구학원이다. 여섯 살 때 우연히 시작한 축구였는데, 이제는 탄탄한 기본기와 튼튼한 체력까지 밑바탕 되어 학원에서 에이스로 통한다. 못하는 동생을 끌어주기도 하고, 해결사 역할을 자처하며 축구 수업마다 활기찬 모습을 보이는 아들이다.

또 아이가 좋아하는 학원은 미술학원이다. 사실 미술학원은 처음에는 다니기 싫다고 거부했지만, 나의 계속된 권유 끝에 억지로 다니게 된 곳이었다. 초등학교 2학년이 됐는데도 여전히 사람을 '졸라맨'처럼 그리는 탓에 주변에서 놀림을 받을 것이 걱정 되어 보낸 것이었다. 겨우 다니게 된 미술학원에서 아이는 한동안 자신의 그림 그리는 방식을 고수하여 미술 선생님과의 신경전마저 펼쳤다. 그때마다 미술 선생님이 자신을 이해해 주지 않는다며 속상해했지만 그럼에도 아들은 미술학원을 그만두겠다는 말은 절대 하지 않았다. 미술 선생님의 인내와 아이의 노력이 합해진 결과, 아들은 최근 개최된 〈세계 아동미술 대회〉에서 장려상을 받았다. 그리고 미술 선생님과 수업 시간마다 집안 이야기, 공통된 취미인 야구 이야기를 오순도순 나누며 재미있게 미술학원을 다니고 있다.

아이가 다니는 학원 중에 당장 그만둬도 괜찮은 학원은 없다. 아이가 모든 학원을 좋아한다는 사실을 이미 알고 있을뿐더러 나 또한 아이가 지금의 학습을 계속 이어가도 좋겠다는 생각도 있다. 다만 현시점에서는 학원 다이어트가 불가피한 상황이다. 새 학년으로 진학하기 전, 새 학년에 추가되는 과목과 난이도를 고려하지 않을 수가 없기 때문이다. 지금 이때 아이에게 필요한 학습을 위해서는 어쩔 수가 없다.

나는 몇 주간의 고심 끝에 이번 달을 끝으로 정리할 학원과 새로 추가할 학원을 아이에게 설명했다. 내 말이 끝나기 무섭게 아이는 그만두는 학원 없이 모두 다니고 싶다고 성화다. (외벌이 아빠의 자존심을 지키고파 학원비를 모두 감당할 수 없다는 말은 제외하고) 나는 여러 학원의 수업 일정을 조율할 수 없어서 학원 정리가 필요하다고 설득했다. 세상에서 이별이 제일 어려운 속정 깊은 아들은 아직도 아쉬움 속에 학원들과 헤어질 준비를 하고 있다.

"엄마, 그냥 학원 전부 계속 다니면 안 돼요?"

아이는 매일 밤, 잠들기 전마다 내게 물었다. 그만두기 싫은 마음은 충분히 알지만 어쩔 수 없는 상황이기에 난 그럴 수 없다고 단호하게 대답한다. 나의 대답을 듣자마자 아이는 '엄마가 'T'라서 내 마음을 모른다, 내가 얼마나 학원을 좋아하는데!' 라며 서글픈 눈물을 뚝뚝 흘리고 만다. 이렇게 베갯잇을 눈물로 적신 지도 며칠이다. 아이는 아직도 아쉬운 마음에 학원과의 이별을 거부하고 있다.

내향적인 나의 아이가 마음을 열고 선생님과 교감하며 흥미를 느끼기까지 생각보다 많은 시간과 에너지가 필요하다는 것을 나도 충분히 알고 있다. 이미 마음을 준 상대에게 엄청난 친밀감을 느끼고, 가족처럼 생각하는 속정 깊은 아들이다. 그래서 나는 더 보채지 않고, 아이의 마음 정리를 기다리는 중이다. 동시에 아이와 끊임없이 깊은 대화를 나누려 노력하고 있다. 새로운 학습이 필요한 이유도 알려주고, 어떤 점에서 너와 잘 맞을 것 같은지, 또 어떤 결과를 기대할 수 있는지 세세하게 설명하고 있다.

아이의 말처럼 모든 학원을 다 보내면 제일 좋겠다만, 우리 가정에서 매달 지출할 수 있는 사교육비는 제한된 현실을 외면할 수가 없다. 아이를 설득하면서 '돈 없어서 안 돼!'라는 말은 아직 하지 않았지만, 아이가 끝내 마음의 정리를 못 한다면 조만간 현실적인 이야기를 꺼내려 한다. 이제 아이도 외벌이인 우리 집에서 교육비를 비롯해 생활비 전반을 책임지는 가장의 무게와 그에 대한 감사함을 가질 나이다. 그래서 학원을 결정하는 문제가 그저 배우고 싶다는 욕구 하나로 쉽사리 결정될 수 없다는 것을 아이도 이해해야 할 테다. 그러면 자연스럽게 아이가 먹고 마시는 것, 물건을 사는 것까지 하나하나의 선택과 기회비용에 대한 가치를 배우는 기회가 되지 않을까.

아이를 키우다 보면 주변에서 참 많은 이야기를 듣게 된다. 학원을 보내느냐, 마느냐 자체도 엄마의 가치관마다 집안 사정마다 다른데, 일단 학원을 보내기 시작하면 공통의 소문에 휩쓸린다. 어디 학원 선생님이 대치동에서 왔다더라, 여기 학원은 수업 교재를 맞춤형으로 만들어서 좋다더라, 예체능은 저학년 때 다 끝내야지! 등등. 아이를 교육하는 방법이 정해져 있는 것도 아닌데, 너도나도 따라가는 길이 있나 보다. 사교육을 많이 시키는 엄마들끼리의 정보가 돌고 돌아서 결국 같은 길목에서 만나기 일쑤다. 초등학교 저학년 때는 예체능 과목 위주로 시키고, 고학년이 되면 영어, 수학 전문 과목에 전념하는 경우가 많다. 마치 짜기라도 한 듯 대부분 비슷한 양상이다.

그래서 내가 이제 아이를 야구학원에 보낼 계획이라고 말하면 대부분의 엄마는 황당하다는 표정이다. 이제 초등 고학년을 앞둔 시점에서 주변에 아이 공부 뭐 시키냐는 질문에 예체능이 나오면 그 집안의 사교육비가 여유롭든지, 공부하지 않아서 시간이 여유롭든지 둘 중의 하나로 치부된다. 하지만 나는 아이가 예체능을 통해 스트레스 해소와 정서적인 안정을 얻을 수 있다고 생각한다. 무엇보다 예체능은 대부분의 아이가 좋아하고, 흥미 있어 하는 활동이다.

이렇게 아이가 행복해하고, 하고 싶어 하는 것을 지원해 주는 것이 부모의 역할 아닌가. 무조건 부모가 원하는 방향으로 학업만 밀어붙이는 것은 어느 방면으로나 좋은 선택이 될 수 없다.

하지만 획일적이라고 부정적인 꼬리표를 단 공교육과 마찬가지로 사교육 역시 엄마들의 선택은 거기서 거기다. 아이의 학습적인 어려움을 해소하려는 차원보다는 더 높은 단계의 학습을 위한 선행학원에 많은 엄마들이 마음을 빼앗긴다. 아이가 먼저 원해서 학원을 고른다? 이런 경우는 정말 흔치 않다. 대부분 엄마의 욕심으로 깔아놓은 그 길에 아이가 서 있기 마련이다. 하지만 과연 아이의 행복은 어디 있을까? 다른 누구보다 내 아이를 잘 알고, 이해하는 사람이 부모라면 내 아이가 행복함을 느끼는 지점도 부모가 가장 잘 알아차려야 하지 않을까?

> 아이들이 부모를 등지게 만들지 않았으면 좋겠습니다. 누구보다 응원하고 도와주며 남들처럼 살지 않아도 된다고 말해주는 사람이 부모라면 좋겠습니다. 대학만 잘 가면 된다는 세상이 떠드는 거짓말을 아이 귀에 대고 가장 크게 떠드는 존재가 되지 않았으면…. 꿈을 이루기 위해 아이 혼자서 외롭지 않았으면 합니다.
>
> - 이지영 《엄마의 소신 : 두 번째 이야기》

나는 어떤 유명한 기관보다 아이의 행복이 먼저다. 아이가 때마다 적절한 교육을 받아야 하는 것은 동의하지만 그 이상의 욕심으로 아이의 행복이 저해된다면 난 무조건 반대하고 싶다. 사교육을 하는 이유라든지 아이의 진로와 관련된 문제는 내 마음이 중요한 게 아니라 내 아이를 먼저 중점에 둬야 하기 때문이다. 내 아이를 가장 많이 아는 사람, 내 아이의 행복을 지켜줘야 하는 사람이 바로 엄마다. 그렇기에 내가 할 수 있는 한 다양한 경험과 기회를 제공하고, 내 아이가 미래를 꿈꾸도록 하는 것에서 엄마의 역할은 끝난다. 오늘도 나는 흔들리지 않는 소신으로 내 아이의 든든한 후원자가 되고자 마음을 다스려본다.

04.
오늘도 가족회의가 열립니다

"엄마, 고모네 한국 오는 날짜 정해졌어?
가족회의 하자!"

또 가족회의가 소집됐다. 아이는 우리 가정에 새로운 일이 생길 때마다 가족회의를 소집한다. 이번 가족회의 안건은 가족 휴가. 일본에 살고 있는 시누이와 딸이 우리 집에 놀러 오면 함께 시간을 보낼 일정을 계획하자는 것이다. 아이는 자신과 동갑내기 친구인 사촌의 방문을 앞두고 한껏 들뜬 모습이다.

일본의 학사일정은 한국과 조금 다르다. 한국은 여름 방학이 한 달, 겨울방학이 두 달인 반면에 일본은 여름 방학이 두 달, 겨울방학이 한 달이다. 또 한국은 3월에 새 학기를 시작하지만, 일본은 4월에 새 학기를 시작한다. 그래서 사촌은 대부분의 방학마다 한국을 방문하지만, 우리 아이가 학기 중이거나 개학을 목전에 둔 탓에 오랜 시간 함께 놀기는 어렵다. 겨우 1-2주 정도 만남이 가능하기 때문에 아이는 철저한 준비 태세를 갖춘다. 보통 가족회의는 아빠가 퇴근하고 온 가족이 함께 저녁 식사를 하면서 시작된다. 그때부터 우리 가족만의 '가족 휴가 TF팀' 활동 개시다!

"아빠, 지난번에 간 갈빗집 맛있더라. 트램펄린이랑 뽑기도 있어서 ○○이가 좋아할 거 같아!"
"엄마, 거기 카페 어때? 엄마가 커피 맛있다고 했잖아. 아마 고모도 좋아할걸?"

자신의 고모와 사촌의 입맛, 취향까지 살뜰히 챙기는 아이다. 아이는 A4용지를 꺼내와 자신이 가보았던 곳 중에서 좋았던 호텔, 맛있었던 식당, 분위기 좋은 카페, 재미있었던 체험장 등 줄줄이 적기 시작한다. 평소엔 글씨 쓰기가 귀찮아 아주아주 큰 글씨로 적던 아이인데, 어느새 콩알만 한 글씨로 A4용지를 깜지로 만들었다. 그다음 장에는 거대한 표를 그리고 왼편엔 시간을, 오른편엔 일정을 적어 내려간다. 본격적인 일정표 작성에 돌입한 것이다.

아이는 네이버 지도 앱을 켜고 장소별 이동 시간까지 고려해 일정을 짠다. 그러면서 헷갈릴 때는 중간중간 우리 부부의 의견을 묻고, 효율적인 동선마저 고민한다. 나에게는 아침 식사는 어떻게 줄 건지 미리 식단표까지 요구한다. 대충 차려주는 밥 먹으라고 했다간 큰일 날 듯해 나도 나름 세심하게 아이와 사촌 모두의 입맛을 고려한 메뉴를 제안해야 한다. 엄마, 아빠에게는 마냥 어리광 부리고, 사소한 도움도 요청하는 아직 어린아이라고 생각했는데, 이럴 때는 아주 철두철미한 팀장님이 따로 없다. 나중에 뭐가 돼도 크게 될 것 같은 느낌. 이렇게 대략적인 일정이 나오면 그다음은 점검이다. 아이는 일정표상의 방문할 곳이 휴무일이나 쉬는 시간에 걸리진 않을지 하나하나 네이버에 검색해 본다.

일정표가 나오면 고모와 일정표를 공유하고 고모의 의견을 묻는다. 고모는 조카가 이렇게 진심으로 깨알같이 정리한 일정표에 매번 감동이다. 동시에 우리 아이가 일정을 고민하느라 너무 힘들어하진 않을지 항상 걱정하고 미안해하곤 한다. 하지만 아이는 자신이 계획한 휴가를 실행하며 즐거워하는 가족의 모습을 보며, 더 많은 보람과 기쁨을 느끼는 듯하다. 심사숙고해서 자신이 계획한 대로 이뤄지는 과정을 통해 성취감과 자신감, 행복을 얻는다.

이렇듯 우리 집에서는 가족회의가 참 많이 열린다. 주로 여행 일정을 놓고 가족회의를 많이 하고, 아이가 갖고 싶은 물건이 생겼다거나 온 가족의 도움이 필요할 때도 가족회의는 어김없이 개최된다. 가장 최근에 열린 가족회의는 아이의 장기 자랑에 대한 안건이었다.

요즘의 초등학생 학예회는 교실에서 직접 노래를 부르거나 춤을 추는 아이도 있지만 영상으로 발표하는 경우가 다반사다. 학교에 가져올 수 없는 악기를 연주한다거나 크기가 큰 예술 작품을 만들거나 체육관에서 운동하는 등의 장기 자랑은 주로 영상으로 대체된다. 우리 가족은 2학기 학예회 준비를 앞두고 가족회의를 열었다.

"1학기에 축구했으니까,
 이번엔 운동 말고 춤춰보는 건 어때?"
"춤은 다른 애들이 한다고 했어~
 난 다른 거 할래! 야구!"

아이가 고심 끝에 장기 자랑으로 하고 싶다는 것은 바로 야구. 자신이 아끼는 한화이글스 썸머 리미티드 야구복과 모자를 쓰고, 야구하는 모습을 장기 자랑으로 하고 싶단다. 이미 1학기에는 축구 영상으로 장기 자랑을 했는데, 이번엔 야구다. 사실 장기 자랑을 영상으로 대체한다는 건 말이 쉽지, 만드는 입장은 얼마나 고되고 손이 많이 가는지 해

본 사람만 아는 고충이다. 나는 마침 영상을 만들기에 제출 기한이 꽤 촉박한 터라, 웬만하면 교실에서 직접 시연할 수 있는 다른 종목들을 계속 권했다. 하지만 아이의 고집을 막을 수가 없었다. 장기 자랑인데 자신이 잘하는 것을 자랑하는 게 맞지 않냐는 아이의 논리에 말문이 막혔다. 결국 장시간 가족회의 끝에 장기 자랑은 야구 영상으로 결정되었다.

우리 가족은 주말에 예정돼 있던 일정을 연기하고, 토요일 이른 아침부터 야구 장기 자랑 영상을 촬영하러 나갔다. 아이의 계획표에 적힌 대로 야구 배트와 글러브, 야구공, T 배팅 폴대, 그물망까지 야무지게 챙겨 들고 사람이 없는 한적한 공원에서 촬영 준비를 시작했다. 그래도 나름 방송작가 짬밥을 먹은 내가 아니던가. 이왕 하는 것 제대로 하자 싶어 안 쓰는 휴대폰과 삼각대도 여러 개 챙겨 다양한 구도에서 촬영했다. 그냥 볼만 치는 것은 재미가 없을 듯하여 1m, 3m, 5m 등 거리를 두고 스트라이크존에 공을 던지는 것과 타자석에서 홈런을 치는 모습도 촬영했다. 1시간가량 이어진 촬영은 그 저장된 촬영물이 실로 어마어마했다.

그날 저녁부터 우리 가족은 일찍 저녁 식사를 마무리하고 편집회의에 돌입했다. 그래도 촬영물이 많은 만큼 교차편집과 다양한 크기의 컷을 활용해 짜임새 있게 구성할 수 있었다. 또 아들이 원한대로 한화이글스의 등장 곡을 삽입해 더욱 신나는 분위기의 영상으로 완성했다. 우리 가족은 마치 방송국에서 최종 시사를 하는 것처럼 몇 차례 신랄한 시사를 거쳐 완성도 있는 영상을 만들었다. 그 결과, 우리 아이는 장기 자랑 이후부터 학급에서 '야구왕'이라는 칭호를 얻었다.

혹시 여기까지 이 글을 읽으며 가슴 한쪽이 답답하진 않았는지 궁금하다. 우리 가족은 다 같이 뭉쳐 회의하고 철저한 계획을 수립, 함께 행동하는 특징이 있다. 이것이 가능한 이유는 우리 가족의 MBTI 중 유일하게 공통된 것, 바로 J계획형 성향 때문일 것이다. J엄마와 J아빠가 만나 그 사이에서 태어난 J아이는 타고난 '트리플 J'. 우리 가족 중 제일가는 슈퍼계획형이다. 아이는 내향적이지만 매우 주도적인 성향도 함께 갖고 있다. 혼자 스스로 상황을 파악하고, 대비하는데 굉장한 순발력과 추진력까지 갖췄다. 더 나은 방향을 향해서, 원하는 결과를 위해서 아이는 마음속으로 다양한 계획을 세우고, 철두철미하게 준비한다.

이런 아이의 모습을 보면서 우리 부부는 대견스럽기도 하지만 걱정되는 면도 있다. 살다 보면 언제나 변수가 존재하기 마련인데, 갑작스레 마주한 변수로 자신의 계획이 어긋나게 되면 심히 당황스러워하거나 큰 스트레스를 받지 않을까 걱정이 된다. 실제로 아이는 유독 서프라이즈를 못 참는 성격이다. 어린이날, 생일, 크리스마스 등 선물을 받아 온 공식적인 D-DAY에 앞서서 아이의 궁금증은 시시각각 폭발하고 한다. 한 달 전부터 아이는 선물을 고대하며 먼저 자신이 원하는 선물을 골라본다. 아이는 네이버에서 최저가격까지 검색해서 우리 가족 메시지방에 링크까지 공유한다. 그런 날이면 저녁에 어김없이 가족회의가 열린다. 아이는 이 선물이 왜 필요한지, 왜 갖고 싶은지 하나하나 설명한다. 우리 부부의 딴지 거는 질문에도 대답을 척척 내놓으며 선물의 필요성을 피력한다. 이럴 땐 당최 내가 어린 아이를 키우고 있는 게 맞는지 때로는 의문이 들기도 한다. 아이는 부모에게도 상의할 시간을 보장해 준다. 며칠 동안 생각할 시간을 주고, 그 후엔 선물을 구매했는지 묻는다. 아직 구매하지 않았다고 하면 아이는 오늘 주문하고, 배송을 시작해야 그날에 받을 수 있다며 배송 일정까지 꼼꼼하게도 점검한다. 구매한 뒤에는 택배 운송장까지 조회하는 아들 때문에 우리 부부는 깜짝선물을 해본 지도 오래다. 그래도 자신이 그토록 원하는 선물을 엄마, 아빠를 설득해서 받을 수 있으니, 아이는 스스로 자기에게는 서프라이즈가 필요 없단다. 우리로서도 이왕 선물하는 거 아이가 필요하고, 정말 갖고 싶은 물건을 사줄 수 있다는 나름의 장점도 있다. 가끔은 아이가 뜻하지 않은 선물에 깜짝 놀라는 반응도 보고 싶지만, 자신이 고른 선물에도 한껏 기뻐하는 모습을 보면서 우리 부부도 행복하지 않을 수가 없다.

우리처럼 가족회의를 많이 하는 집이 또 있을까. 여행, 선물, 학교나 학원 문제를 놓고 우리 가족은 많은 대화를 통해 모두가 만족할 만한 결과를 얻는다. 함께 계획을 세우기도 하고, 함께 대응 방안을 찾기도 한다. 이 과정을 통해 아이는 점점 주변 상황에 대한 이해도가 향상되고, 혼자서 끙끙 고민하는 일도 없어지고, 부모를 설득하기 위한 논리력까지 갖춰간다. 때로는 마주하기 버거운 아이의 요구에 당혹스러울 때도 있다. 하지만 우린 부모로서 아이가 거부당했다는 느낌이 들지 않도록 자세하게 설명함과 동시에 아이가 인내심과 자제력을 가질 수 있도록 돕는다. 나는 무엇보다 우리가 한 가지 일에 대해 온 가족이 다 같이 고민하고, 함께 생각을 모은다는 점에서 우리의 가족회의가 참 좋다. 우리는 함께 상의하는 시간을 통해 서로에 대한 이해가 더 깊어져 간다. 부모가 일방적으로 결정해서 아이에게 통보하는 것이 아니라 아이의 생각을 직접적으로 들을 수 있는 시간이 얼마나 소중한가. 홀로 진지한 표정으로 천진난만한 논리를 펼칠 때도, 내가 미처 생각지 못한 사려 깊은 이야기를 할 때도 언제든 아이의 생각을 듣는 건 참 행복한 일이다. 그것이 우리만의 가족회의가 영원하길 바라는 이유다.

05.
틀림 말고
다름을 인정하기

"엄마, 오늘 친구가 나한테 못생겼다고 했어!"
"뭐라고? 그래서? 그래서 어떻게 했어?"
"내가 왜 못생겼냐고 물어봤는데 그냥이래.
 내가 진짜 못생겼나?"
"아니? 전혀!"

어느 날 학교에 다녀온 아이에게서 충격적인 이야기를 들었다. 공격적인 장난이었는지 가벼운 농담이었는지 가려내고 싶은 생각이 들기도 전, 일단 난 기분이 팍 상했다.

'내 아이가 못생겼다고? 그러는 넌 잘생긴 줄 아나···.
왜 남의 귀한 아이한테!'

아이를 키우면서 내 아이의 외모를 객관적으로 바라본 적이 없었던 나는 매우 당황스러웠다. 나에게는 그저 존재만으로 사랑스러운 아인데, 외모 평가를 받아오다니 어딘가 씁쓸한 상황. 아마 아이도 마찬가지였을 거다. 집에서는 '멋있다, 귀엽다, 사랑스럽네!'라는 말만 들어왔는데, 그것도 학급에서 가장 친한 친구에게서 갑작스러운 외모 평가를 당했으니 얼마나 놀랐을까. 자신이 진짜 못생겼냐는 아이의 물음 뒤로는 속상함마저 느껴졌다. 나는 아이의 물음에 아이와 눈을 맞추고 아이를 찬찬히 관찰하며 진심을 담아 대답했다.

"너는 요 동그란 볼살이 엄청 귀여워. 그 통통한 볼살 사이로 인디언 주름은 더 매력적이지!"
"또 머리숱은 얼마나 많아. 반곱슬이라 어떤 스타일을 해도 다 잘 어울리고 말이야!"
"아들은 키도 엄청 커. 특히 다리가 길잖아. 비율이 참 멋지지!"

내 칭찬을 묵묵히 듣던 아이의 한마디.

"엄마, 하나님이 우리를 다 다르게 만들었잖아. 근데 누가 누구를 못생겼다고 말하는 게 말이 되는 거야?"
"맞아! 그래서 우리는 그냥 있는 그대로의 나 자신을 사랑하는 마음을 가지면 돼!"
"엄마, 근데 있지. 걔도 교회 다니는데 도대체 왜 그랬을까?"
"교회를 다닌다고 해서 모두가 똑같이 생각하는 건 아니야. 하나님이 우리 생김새를 다르게 만든 것처럼 우리 마음도 다 다르게 만드셨거든."

내 생각보다 훨씬 의젓한 아들이다. 비록 '못생겼다'라는 불쾌한 경험을 통해서였지만 그래도 아이는 아무리 친구여도 생각이 다를 수 있음을 이해했다. 나는 무엇보다 아이가 상대방의 부정적인 평을 곧이곧대로 받아들이지 않고, 상대방의 표현이 잘못됐다는 결론에 다다른 후에 마음을 정돈해 낸 아이가 정말 대견스러웠다. 나는 아이가 자라면서 자신과 상대방 간의 다름을 인지하고, 존중하고, 자신만의 가치관을 탄탄하게 잘 정립해 나가리라는 기대가 생겼다.

특히나 우리 가족은 기독교 가정으로서 아이도 아기 때부터 우리와 함께 교회에 다녔다. 어려서부터 받아온 신앙 교육은 자연스럽게 아이의 성격 형성과 행동 전반에 영향을 미쳤다. 우리 부부는 아이에게 친구가 싫어하는 장난을 하지 않기는 물론 친구의 옳지 않은 행동을 따라 하지 않기, 스스로 정직하기 등을 아이에게 가르쳤다. 워낙 기억력이 좋고, 부모의 말을 잘 듣는 아이 성향 덕분에 지금까지 아이가 다른 친구를 속상하게 만드는 일은 없었다. 그런데 문제는 학교에는 정말 다양한 아이들이 있다는 것. 유치원보다 더 고차원적인 갈등이 즐비했다.

> "엄마, 친구는 절대 때리면 안 되는 거야? 오늘 A가 B를 먼저 놀려서 B가 A를 때리고, 서로 계속 때려서 결국에 둘 다 벌받았다? 누가 잘못 한거야?"
> "엄마, 내가 지나가다가 실수로 친구 옷을 밟았어. 그래서 미안하다고 두 번이나 사과했거든? 근데 걔가 나한테 오더니 내 발을 일부러 밟았어. 그리고 사과도 안 하고 가버렸어!"
> "엄마, 그 친구(학폭위 가해자)가 나한테는 정말 친절하고, 걔는 나 괴롭힌 적도 없거든? 그래도 나는 걔랑 놀면 안 되는 거야? 왜 놀면 안 돼?"

아이를 양육하면서 아이에게 가치관을 심어주는 것과 동시에 다름에 대한 교육은 함께 이루어져야 한다고 느끼는 요즘이다. 한창 장난기 넘치는 에너자이저들이 바글바글한 아홉 살 아닌가. 우리 집에서는 기독교 신앙을 바탕으로 사랑과 존중, 이해, 양보, 정직을 열심히 가르쳤건만…. 아이가 실제로 부딪히는 세상에서의 다른 아이들은 생각보다 훨씬 이기적이고, 영악하며, 폭력성마저 갖고 있다. 우리 아이가 배려하고, 존중해 주고, 양보하는 것들을 권리이자 당연한 것들로 받아들이는 다른 아이들을 보면서 내가 가정교육을 잘못 시켰나 씁쓸함을 느낄 때가 많아진다. 이제 나의 아이는 스스로 경험을 통해 자신이 여태까지 배워온 가치와 요구받은 행동들이 다른 아이의 행동과 다름을 여실히 느끼고 있다. 친구에게 먼저 사과하고, 모든 친구에게 친절하고 다정하게 할 것을 실천하고 있는 내 아이지만 내 아이가 받는 대우는 그렇지 못할 때가 많다. 이런 경험을 통해 모든 친구가 자신과 같은 생각을 하지 않는다는 것, 자기 양심과 양보, 사과하려는 용기가 다른 친구의 마음에는 없을 수도 있다는 것을 몸소 배워간다. 그래서 때로는 사과받지 못하고, 배려받지 못하는 안타까운 상황에 놓여도 어쩔 수 없다는 걸 이제 인정해 가는 중이다.

무엇보다 우리처럼 교회를 다니더라도 사람은 모두 다른 존재라는 걸 깨우치기 시작했다. 기독교라면서 무교인 사람들보다 더 사랑이 없는, 악랄한 사람들을 많이 만나는 것이 현실이다. 뭐 어쩌겠는가. 가정마다 어떤 가치관으로 어떻게 가정교육을 했는지 알 수 없으니 다른 아이와 갈등이 있을 때마다 다른 집 가정교육을 운운할 수도 없다. 그저 엄마, 아빠는 네게 이렇게 가르친 적이 없으니, 네 마음과 행동을 지킬 것을 요구할 수밖에. 다름을 이해하기엔 아직 어린 초등학교 저학년이지만 점차 자신과 타인을 구별하고 자기 신념을 지켜내는 아이가 참 기특할 따름이다. 이렇게 한창 자아가 자라날 때 옳고 그름에 대한 올바른 판단과 그것을 지켜낼 용감한 행동이 뒤따른다면 내 아이의 인격이 흔들림 없이 잘 자라날 것이라 믿는다. 가치관의 다름을 인정하는 태도는 비단 자라나는 아이뿐 아니라 어른들에게도 매우 필요한 소양이다. 하지만 특별히 직접 경험하지 않는 이상 어른들이 다름을 인식하기란 흔치 않은 일이다. 어른인 나도 실제로 내가 경험한 바를 학습하고 깨달아가듯이 아이도 자신만의 경험을 통해 다름을 이해하고 자신만의 기준과 생각이 점차 정립될 것이다. 얼마 전 나는 사람마다 느끼는 '다름'에 대해 다시 한번 생각해 보는 일이 있었다.

> "중성적이고, 깊은 향기가 나면 좋겠다면서···.
> 이게 네가 생각한 향기가 맞아?"
> "응! 맞는데? 내가 상상한 그 향기야!"
> "나도 중성적이고, 깊은 향기를 만들었는데?
> 완전히 다른 향이네?"

지난 여름이었다. 나는 학부모회에서 주최하는 '나만의

향수 만들기' 일일 체험에 다녀왔다. 자신이 만들고 싶은 향을 분명히 정하고 시작하라는 강사의 조언에 따라 나와 옆자리 친구 엄마는 중성적이고, 깊은 향을 만들고 싶다고 결정했다. 베이스 원액을 배합의 결과, 나는 미리 생각했던 중성적이면서 깊고, 매력적인 향수를 완성할 수 있었다. 그런데 여기서 신기한 사실! 나와 내 옆자리의 그녀는 똑같은 지향점으로 향수를 만들었지만, 전혀 다른 향기가 났다는 것이다. 하지만 나도, 그녀도 결과물이 상당히 만족스러웠다. 우리는 각자 생각한 향을 구현해 냈다고 뿌듯해함과 동시에 서로 다른 향기를 만든 사실이 놀라웠다. 나는 속으로 예전 고등학교 미술 선생님에게서 들었던 한마디가 기억났다.

**"빨간색이라고 해서 다 똑같은 빨간색이 아니야.
빨강의 색깔 코드를 말해야 정확하지!"**

그렇다. 때때로 우리는 우리가 보고 듣고 느끼고 생각하는 것들에 있어서 절대적인 기준이 없다는 사실을 간과하곤 한다. 그래서 우리는 머릿속으로 같은 대상을 떠올려도 100% 같은 대상일 수 없다. 그것을 수치로 표현한다고 해도 내가 생각한 것과 상대의 생각이 무조건 같다는 보장도 할 수 없는 것이다. 하지만 우리가 기억해야 할 것은 나와 생각이 다르다고 해서 나는 옳고, 상대는 틀렸다고 판단하지 않아야 한다는 것이다. 자기 자신을 기준점 삼지 않고, 상대가 틀림이 아니라 다름이라는 것을 존중할 때 비로소 상호 간에 존중이 가능해진다.

우리는 다양성의 시대에 살고 있음에도 우리 사회 전반에 걸쳐 천편일률적인 문화에 여전히 큰 영향을 받고 있다. 예로부터 우리는 '한민족'임을 강조하고, 평준화시키는 공교육을 거쳤다. 그래서 어쩌면 우리는 고정관념과 선입견이라는 틀 안에서 '정상'과 '비정상'으로 이분화시키는 것에서 더 자유를 느꼈는지도 모르겠다. 장애인에 대한 처우나 인종 차별, 다문화 가정, 새로운 가정의 형태에 대한 부정적인 인식 등은 다름을 인정하지 못하여 발생하는 케케묵은 사회문제다. 최근에는 세대 간, 성별 간, 정치 성향 간 양극화 현상이 점점 심화하여 많은 사회적 갈등을 초래하기도 한다.

상대방이 내 생각과 다르다면 그것이 틀린 것이 아니라 다른 것으로 받아들일 줄 아는 태도가 필요하다. 나의 아이에게도 다름을 인정하고, 존중하는 태도를 가르치기에 앞서 나부터 다름에 대한 인식을 수시로 점검해 봐야 한다. 세상에 있는 모든 경계에 대한 의문을 시작으로 그것을 다름으로 받아들이기까지의 과정을 고민해 보는 오늘이 되면 좋겠다.

06.
문화센터는
아기만의 전유물이 아니다

        짙은 낙엽의 향기가 거리 가득 풍기던 무렵이었다. 내가 지난했던 산후우울증의 그늘에서 점차 벗어나려 발버둥을 치던 그 시절, 나는 아기를 데리고 외출을 감행했다. 나의 목적지는 바로 H 백화점. 쇼핑하려는 목적이 아니라 엄마랑 아기랑 함께하는 백화점 문화센터 수업을 듣기 위해서다. 집 밖을 벗어나 아기를 데리고 혼자 20분 거리의 백화점으로 외출하기까지 얼마나 큰 용기와 결심이 필요했는지 모르겠다. 이대로 집에 틀어박혀 있으면 숨 막혀 죽을지도 모르겠다는 생각에 무작정 문화센터를 신청하고 두려움 속에 수강 일을 기다렸다.

드디어 문화센터 가는 날! 오전부터 아기 이유식을 든든히 먹이고, 낮잠 시간도 조절해 가며 최상의 컨디션으로 외출할 수 있도록 심혈을 기울였다. 혹시 몰라 따뜻한 물과 분유 젖병, 기저귀 그리고 여벌 옷까지 가방을 챙겼다. '우쭈쭈~ 엄마랑 재미있는 곳 가볼까?'라며 아기띠를 질끈 매고 그렇게 집을 나섰다.

'내가 문화센터에 오다니!'

아기는 물론 엄마인 나도 처음으로 경험하는 문화센터다. '문화센터'란 아기들이 가득한 상징적인 장소처럼 여겨졌는데, 내가 어느새 나의 아기와 함께 이곳에 있다니 어안이 벙벙했다. 따뜻한 온돌바닥에 내 또래 엄마들이 동그랗게 둘러앉아 주변 사람들과 자연스레 수다를 떠는 강의실. 나는 생경한 풍경에 두리번거리는 것도 잠시, 곧바로 수업이 시작됐다. 내가 아기와 첫 번째로 들은 문화센터 수업은 바로 아기 마사지 수업이었다.

마음이 절로 차분해지는 클래식 음악이 흘러나오고, 아기들은 폭신한 매트 위에 누워 엄마를 바라보고 있다. 난 강사의 시범에 따라 촉촉한 바디로션을 손바닥 가득 묻힌 뒤, 아기의 허벅지부터 발바닥까지 부드럽게 마사지했다. 나와 눈을 맞추고 교감하며 나의 손길에 점차 안정감을 느끼는 아기의 눈빛에서 마음이 정화되는 느낌이다. 어른도 마사지를 받으면 편안해지는 심신에 노곤해지는 터, 아기 역시 마사지를 마치고 집에 오는 길 내내 단잠에 든다. 외출을 위한 준비 과정이 벅차지만, 수업을 마칠 때면 역시 용기 내서 오길 잘했다 싶다. 정서 교감하는 마사지, 키 크는 성장 마사지, 배앓이 방지 마사지, 숙면을 위한 마사지 등 내가 생각한 것보다 아기 마사지의 세계는 방대했다.

4주간의 수업을 마치고, 난 문화센터 안내 책자를 뒤적였다. 처음엔 집 밖을 나오는 것 자체가 엄청난 용기였는데 어느새 주 1회 문화센터 수업이 내 생활에 큰 활력소가 된 것을 느꼈다. 이 일정마저 사라지면 다시 집에만 틀어박히는 것은 아닐까 염려하며 다른 수업을 찾기 시작했다.

그다음으로 찾아간 수업은 E 대형마트에서 진행하는 음악 놀이 수업이었다. 집에서 내가 해 줄 수 없는 것들을 체험하고자 신청한 수업이었다. 캐스터네츠, 탬버린, 에그 셰이커 등 다양한 소리를 가진 악기들을 연주하며 놀이했다. 수업 내내 여기저기서 들려오는 악기 소리에 어느새 강사 목소리는 들리지도 않고, 엄마들은 혼이 빠져나갈 느낌이다. 그래도 아무렴 어떠하리. 어른들의 반응과 상관없이 해맑게 방실방실 웃으며 악기를 두드리는 아기들의 모습에서 우리 모두 힐링을 얻는다. 집에서 내내 '살살~ 조용~ 뛰지 않기!'를 들으며 지냈을 아기들이 아닌가. 아기들은 이곳에서는 마음껏 소리 내고, 신이 나서 방방 뛰어도 아무런 제재가 없기에 해방감을 누리는 모습을 보며 어쩐지 미안하기도 할 따름이었다.

아기와의 문화센터 수업이 점차 익숙해지면서 난 또래 엄마들에게서 다양한 육아 정보도 알게 되었고, 문화센터의 인기 수업도 하나둘 섭렵해 나갔다. 문화센터 소식지가 발행되면 나는 발 빠르게 수강 일정과 접수 일정을 확인하고 휴대전화에 알림을 켜두었다. 정말 순식간이었다. 대학교 수강 신청하듯 카운트다운을 하며 열심히 클릭한 결과 나는 가장 인기 절정의 유아 영어 수업도 수강 신청에 성공했다. 문화센터 수강 신청 그게 뭐라도 되느냐의 무시는 정중히 사양한다. 성공적인 수강 신청을 했을 때의 그 희열이란 말로 표현할 수가 없다. 물론 그 수업을 듣는다고 해서 갑자기 내 아이가 영어로 말하길 기대하지 않았다. 하지만 최대한 영어 공부를 재미있게 시작하고자 했던 나의 목표는 수강 신청을 시작으로 이미 그 목표를 이룬 느낌이었다. 당시 나의 아이는 한창 우리말로 단어를 배우고 알아갈 즈음이었던 터라, '엄마, 이거 애플이야' 한마디에도 박수갈채로 반응해 주었다.

문화센터를 드나든 지도 어언 3년쯤 지났을까. 아이가 어린이집을 다니게 되면서 나는 갑자기 '나만의 시간'이 생겼다. 출산 직후부터 이때까지 나는 아이와 한시도 떨어진 적이 없었는데, 느닷없이 생긴 자유시간에 당황스러움마저 느꼈다. 아이가 어린이집 적응 기간을 거치는 동안 난 무엇을 해볼까 여기저기 탐색하고, 고민했다. 그러다 선택한 것이 바로 문화센터 내 엄마를 위한 강좌였다. 그동안 아이를 데리고 문화센터에 드나들 때마다 어른들이 바글바글한 강의실을 지나쳤던 것이 떠올랐다.

엄마를 위한 수많은 강좌 중에서 내가 제일 처음 가벼운 마음으로 수강한 것은 '나만의 퍼스널 컬러 찾기'. '퍼스널 컬러'란 개인이 가진 고유의 색과 잘 어울리는 색을 말한다. 퍼스널 컬러에 알맞게 색을 활용하면 보다 생기 있고 나의 분위기를 살려줄 스타일을 연출할 수 있다. 나는 그간 아이와 붙어있느라 헤어스타일이며 메이크업에 신경 써 본 기억이 가물가물해질 지점이었다. 그때 당시 TV에서도 한창 '쿨톤', '웜톤'이라는 단어는 익히 들었으나 그게 정확히 무얼 말하는지 몰랐던 나에겐 아주 호기심을 자극하는 주제였다.

쭈뼛쭈뼛하며 강의실에 들어가자, 단정하면서도 깔끔한 스타일의 전문가가 맞이해 주었다. 수강생들 대부분 나와 처지가 비슷한 또래 엄마들이었다. 아이가 잡고 늘어진 흔적이 역력해 보이는 목이 쭈욱 늘어난 티에, 머리는 간편하게 뒤로 질끈 묶고, 색조 화장은 사치라는 듯 낯빛이 그대로 드러나는 맨얼굴이다. 강사는 우리에게 퍼스널 컬러를 잘 대입해 보라고 일부러 화장도 안 하고 온 거냐며 농담을 건넸다. 웃펐지만 우리는 서로서로 묘한 동지애를 가득 담은 눈빛을 나눴다. 강사는 수강생 얼굴 옆에 여러 가지 색상으로 구성된 드레이프 천을 한 장씩 펼쳐 보이며 퍼스널 컬러를 진단해주었다. 나는 여름 쿨톤 중에서도 여름 뮤트 톤이라고 진단을 받았다. 진단 후에는 나에게 어울리는 톤을 고려한 화장품과 의상을 선택하는 기준 등 전반적인 화장법과 코디법까지 상세하게 배울 수 있었다.

그리고 '요리똥손'인 나의 호기심을 자극하는 수업이 있었으니, 바로 '일일 요리 수업'이었다. 한식 기능 조리사나 양식 기능 조리사 등 전문적인 요리 강좌도 있었지만, 요리가 친숙하지 않은 나로서는 도저히 엄두가 나지 않았다. 그저 아이와 같이 식사하기 위해 차려 먹다 보니, 저절로 맵지 않은 저염식의 식사만 하던 차였다. 매운 음식을 좋아하는 우리 부부인데, 그렇다고 남편과 함께 먹으려고 또 다른 메뉴를 뚝딱 차려낼 요량도 시간도 없었다.

한 식품회사의 주최로 진행되는 요리 수업에서는 베트남 쌀국수와 스프링롤을 만들어보았다. 베트남 음식점을 가서만 먹었던 메뉴였는데, 내가 직접 요리하다니…. 하지만 직접 만들어보니 재료가 익숙하지 않아서 서툴 뿐, 생각보다 간단하고 무엇보다 맛있었다. 이날 배운 양파초절임은 집에서도 가끔 만들어 덮밥 요리를 만들 때 활용할 수 있었다. 또 스프링롤을 만들 때 라이스페이퍼는 뜨거운 물에 담갔다 만들면 더 쫄깃하고, 두 장을 겹치면 찢어지지 않고 더 단단하게 만들 수 있다는 꿀조언도 덤으로 얻었다.

문화센터는 더 이상 아기만의 전유물이 아니다. 네이버에 문화센터만 검색해도 여러 대형마트와 백화점에서 문화센터 강좌를 진행하는 것을 알 수 있다. 문화센터는 우리 주변에 찾아보면 정말 다양하고 많다. 아기랑 엄마랑 함께하는 수업부터 아이를 위한 교육은 물론 엄마들을 위한 피트니스, 요리, 각종 취미, 어학, 인문학 강좌까지 생각보다 다양한 수업이 우릴 기다리고 있다. 분기 내내 수강하는 것이 어렵다면 일일 체험 강좌를 통해 한 번쯤 새로운 분야를 탐구해 볼 기회가 열려있다. 무엇보다 가성비가 정말 좋다! 수강료가 단돈 천 원인 일일 체험, 삼천 원에 맛보기 수업도 따로 진행하고 있으니 관심 있는 수업 분위기가 궁금하다면 한 번쯤 참여해 보는 것도 좋겠다.

배움의 시작은 가벼울수록 좋다. 거창하게 대단한 것을 배우려는 목적이 아니라면 더 좋겠다. 부담 없이 새로운 것을 알아보고자 하는 호기심만으로도 충분하다. 내가 관심 있던 것, 궁금했던 것, 포기했던 것들을 떠올려보자. 내가 적극적으로 관심을 두는 만큼 정보가 보일 것이다. 어차피 집에서 휴식을 취하는 한 시간이라면 한 번쯤 내 관심사에 한 시간 정도 투자하는 경험이 삶의 새로운 활력이 될 수도 있다. 내가 노력하는 만큼 그 과정도 나에게 보람으로 되돌아온다. 찾을수록 알게 되는 다양한 정보 속에서 선택하는 즐거움을 누려보길 바란다. 수업을 통해 보다 의미 있는 시간을 보낼 내 모습이 머릿속에 그려진다면 주저 없이 바로 실천해 보자. 엄마도 성장할 때다.

07.
새로운 배움은 가까이에 있다

"아이 어린이집 보내고 집에서 뭐 해?"

처음으로 아이를 어린이집에 보내고 나만의 시간이 생긴 시절, 제일 많이 듣는 질문이었다. 나도 그렇지만 주변 엄마들도 똑같은 고민을 하나 보다. 매일 밤 아이를 재우면서부터, 이 행복한 고민은 시작된다. 당장 아이가 집을 비운 틈에 나는 무엇을 하면서 시간을 보낼까. 무엇을 해야 내 시간이 아깝지 않으면서도 행복할까. 며칠은 마음 한쪽 구석에서 내 양심을 콕콕 찌르던 집안 대청소를 해본다. 또 며칠은 같은 어린이집 엄마들과 브런치를 함께하며 어른들과의 수다도 떨어본다. 하지만 대청소하고도, 엄마들과 수다를 떨어도 해소되지 않는 무언가가 내 안에 남아있었다. '나, 이제 뭐 하지?' 시간적인 여유를 찾음과 동시에 도돌이표처럼 다시 시작되는 나에 대한 고민이었다.

아이 돌보기에만 전념하며 가정 돌봄을 한 지 3년. 나는 나를 완전히 잃어버렸다. 내가 무엇을 좋아하는 사람인지, 무엇을 잘하는 사람인지 정신없이 흘러간 세월에 속절없이 나를 잊어버린 것이 분명하다. 뭘 해야 할지 판단도 서지 않는 상태지만 그렇다고 계속해서 시간을 낭비하고 싶지 않았다. 나의 황금 같은 자유시간은 언제나 나를 기다려주는 법이 없으니까, 일단 나는 뭐든 시작하기로 다짐했다.

평소에 나는 집에서 나오는 폐건전지를 꾸준히도 모았다. 내가 사는 지역의 행정복지센터에서는 다 쓴 건전지를 모아가면 건전지 10개를 종량제 쓰레기봉투 1개로 교환해 주는 지역 사업을 하고 있던 터라, 나는 이를 이용하기 위해 주민센터에 종종 방문했다. 그러다 우연히 주민센터 벽면에서 발견한 모집공고. 주민센터 내에서 시행하는 가까이 배움터 수업 안내였다. 그동안 나는 주민센터 수업은 어르신들이 주로 다니는 곳으로 생각했었는데, 모집공고를 보면서 나의 선입견이었다는 사실을 깨달았다.

지자체에서 시행하는 가까이 배움터 수업도 문화센터와 마찬가지로 아기를 대상으로 하는 수업부터 청소년을 위한 수업, 성인을 위한 수업 등 폭넓은 대상을 위한 수업이 진행되고 있었다. 각종 체조, 댄스, 헬스, 수영 등의 체육 강좌는 기본이고, 꽃꽂이나 서예와 같은 취미 수업, 컴퓨터나 바리스타, POP 등 각종 자격증 취득을 위한 수업까지 종류도 매우 다양하다.

내가 처음으로 듣게 된 수업은 POP 자격증 수업이다. 사실 난 POP가 뭔지도 몰랐다. 모집공고에 '예쁜 손 글씨 POP'이라고 돼 있길래 글씨 정도는 쉽게 쓸 수 있겠다 싶어 신청한 수업이었다. POP이란 Point of Purchase Advertising의 약자로, 소비자의 구매를 도와주는 광고를 말한다. 커다란 자음과 앙증맞은 모음이 오밀조밀 모인 글씨체로 알록달록 색깔을 곁들여 상품의 특징을 강조하고, 구매를 돕는 광고물이다. 현수막, 포스터, 카운트 디스플레이 등에 설치하는 광고물로 주로 미용실, 약국, 병원, 식당 등 일상생활에서 쉽게 찾을 수 있다. '세일', '메뉴판' '물은 셀프' 등 머릿속에 쉽게 떠오르는 예쁜 손 글씨가 바로 그것이다. POP 글씨는 컴퓨터로도 물론 작업할 수 있지만 조금 더 개성 있고, 품질 좋은 작업물을 원하는 사업장에서는 직접 손으로 작업한 POP 광고물을 요청한다고 한다. 그래서 한때 솜씨 좋은 주부들에게 인기 있는 부업 분야로 떠올랐다고. POP 첫 수업 때 이러한 설명을 들으며 과연 내가 할 수 있을까 지레 겁에 질렸다. 나름 고등학교 때 미술 동아리 활동도 했었는데, 붓을 잡은 게 언제였는지 기억도 나지 않았기 때문이다. 그래도 이왕 시작한 수업, 자격증을 따든 못 따든 끝까지는 해봐야겠다 싶었다.

강사의 지도에 따라 ㄱ, ㄴ, ㄷ, ㄹ, ㅁ 자음부터 하나둘씩 내려갔다. 손 글씨라도 마냥 개성을 살리는 것이 아니라 POP 글씨 규칙에 맞춰 써야 하므로 자격증에 준하는 기준에 따라 자음부터 차례로 연습했다. 자음을 완전히 습득한 후에는 모음을 붙여보고, 받침 글자까지 순서대로 글씨를 썼다. 수업 후에는 매주 과제가 있어서 집에서도 글씨 연습 삼매경에 빠졌다. 때마침 한글에 관심을 보이는 아이와 함께 한글을 써 보는 재미가 꽤 쏠쏠했다.

글씨 연습 후에는 아크릴물감과 마커 등을 이용해 글씨를 꾸미고 내용과 어울리는 그림을 곁들이는 과정을 배워나갔다. 그동안 흔적 없이 묻혀있던 미적 감각을 어렵게 다시 끌어올려야 했지만 그나마 고등학교까지 미술 동아리 활동을 하며 그림 좀 그린 덕을 톡톡히 봤다. 수업 12주 차에 치른 POP 자격증 시험을 무사히 통과한 쾌거를 이룬 것이다.

대체 얼마 만에 취득한 자격증인지 모르겠다. 대학교를 졸업하며 사회복지사 자격증을 취득한 이후의 첫 자격증이었으니…. 그간 무얼 배워야겠다는 생각도 해보지 못하고, 배움을 멀리하며 살았구나 싶어 내심 부끄러웠지만 뿌듯함이 앞선다. 누구 엄마, 누구 아내 상관없이 오롯이 내가 나를 위해 노력하고 얻은 성취감이었다.

POP 손 글씨 자격증 취득을 뒤로하고 호기롭게 도전한 것은 캘리그래피였다. 캘리그래피란 글씨나 글자를 아름답게 쓰는 손 글씨 기술을 말한다. 이 수업 역시 주민센터 내 가까이 배움터에서 진행하는 강좌 중 하나였다. 이제 붓글씨도 손에 익은지라 이 기세를 몰아 나만의 개성 있는 글씨도 만들고 싶다는 열의에서 시작한 수업이었다. 오랜만에 먹을 갈고, 붓글씨를 써 내려갔다. POP 글씨처럼 뚜렷한 규칙은 없지만 글씨에 느낌을 담아 작업하는 것이 생각만큼 쉽지 않았다. 'ㅇ' 하나를 써도 크기, 기울기, 획 방향에 따라 굉장히 느낌이 달라지는 데다가 전체 글씨와의 조화까지 신경 써야 하는 섬세한 작업이었다. 처음에는 서예 붓으로 연습하다 붓펜으로, 사인펜으로 점차 얇은 굵기의 글씨에 도전했다. 고도의 집중력과 섬세한 움직임이 요구되는 작업의 연속이었다.

하지만 내가 좋아하는 노래 가사, 시 구절을 옮겨 적다 보면 저절로 힐링하는 기분이 들었다. 내가 쓰는 글씨 외에 다른 잡념에 빠질 시간이 없다는 것도 큰 장점 중 하나였다. 오롯이 내가 글씨를 쓰는 행위 하나에만 집중하고, 만족할 만한 작업물을 얻었을 때 정말 마음마저 미소 짓는 나를 발견할 수 있었다. 몇 달간 이어진 캘리그래피 수업은 아쉽게도 내가 자격증에 도전하기도 전에 코로나 팬데믹의 영향으로 중단되었다. 그 뒤로 나는 지자체에서 시행하는 각종 수업을 종종 검색하는 습관이 생겼다. 캘리그래피 수업이 언제 재개될지 기다림과 동시에 다른 분야, 새로운 수업에도 도전하고 싶었다.

지자체에서는 가까이 배움터뿐 아니라 지역 도서관, 평생학습관, 사회복지관 등을 통해 다양한 프로그램을 시행하고 있다. 분기별로 정기강좌를 열기도 하고, 시기에 맞춰 단기간 진행하는 특화 프로그램, 유명 저자나 강사와 함께하는 일일 수업도 많이 개최된다. 게다가 무료로 진행하는 온라인 비대면 강좌도 있고, 오프라인 강좌도 수강료가 대형마트나 백화점 문화센터보다 비교적 저렴한 편이어서 굉장히 가성비가 좋다.

요즘은 지자체 강좌도 최신 유행을 반영해 주목받는 수업들이 많다. 창업을 위한 세무 상담이나 노후 대비를 위한 재테크는 물론 모바일 이모티콘 만들기와 같은 수익 창출을 위한 수업도 있다. 또 특정 세대, 특정 대상으로 한 강좌도 눈에 띈다. 사춘기 자녀를 둔 부모를 위한 상담이나 갱년기 세대를 위한 인문학 강좌, 성공적인 대입을 위한 컨설팅도 쉽게 찾아볼 수 있다.

지자체에서 진행되는 가까이 배움터, 도서관, 평생학습관, 복지관 등의 강좌는 해당 홈페이지나 주민센터 내 비치된 소식지, 지역신문 등을 통해 수강 정보를 얻을 수 있다. 수업에 따라 1회기, 4회기, 12회기까지 수강 기간이 다르므로 수강 정보는 자주 찾아볼수록 좋다.

"행동하는 자만이 배우기 마련이다."

-프리드리히 니체

나는 니체의 말에 전적으로 동의한다. 니체의 말처럼 행동하는 사람만이 무언가 배울 기회를 얻을 수 있다. 배움은 우연으로 얻어지는 산물이 아니다. 우리가 살고 있는 지역사회에는 많은 이들을 위한 다양한 배움의 기회가 제공되고 있다. 간단한 취미 생활이든 건강을 위한 활동이든 생계를 돕는 지식정보이든 배움의 장은 생각보다 우리 가까이에 있다. 하지만 이것을 영영 나와 상관없는 것으로 치부할지, 내 삶에 새로운 기회로 삼을지는 오로지 나에게 달려있다. 정보를 찾아보고, 수업에 참여하는 등 나의 시간과 노고가 요구되는 일이지만 이를 통해 내가 무언가를 배우는 경험은 분명 내게 큰 자산으로 남을 테다. 낯선 수업에서 새로 만나는 사람들을 통해 인간관계가 확장될 수 있고, 배움을 통해 삶의 능력치 또한 업그레이드시킬 수도 있다. 그와 동시에 때로는 새로운 활력이, 때로는 도약의 발판이 될지 그 누가 알겠는가. 행여 기대에 못 미치는 수업이면 어떠할까. 그 경험도 살아있는 내 자산이 될 것이다. 일단 배움을 향해 행동하는 오늘을 살자.

08.
부모가 읽어야
아이도 읽습니다

        2024년 10월 10일. 한강 작가는 대한민국 역사상 최초로 노벨문학상 수상자로 선정되는 쾌거를 이룩했다. 대한민국 최초이자 무려 아시아 여성 최초의 노벨문학상 수상이다. 한강 작가는 소설《소년이 온다》(2014),《작별하지 않는다》(2021) 등에서 5·18민주화운동과 제주4·3사건 등 대한민국 현대사에서 결코 잊을 수 없는 사건을 배경으로 현실과 갈등에 대한 신랄한 묘사가 탁월하다는 평을 받았다. 사실 나는 부끄럽게도 이번 수상 이전까지는 한강 작가의 책을 읽어본 적도 없고, 한강 작가에 대해 잘 알지 못했다. 이참에 한강 작가에 대해 알아보니, 참 대단한 문인이 아닐 수 없다. 한강 작가는 소설뿐 아니라 동화, 시, 산문 등 다양한 작품을 선보였다. 그녀의 수상 이력만 봐도 한국소설문학상, 이상문학상, 동리문학상, 황순원문학상, 김유정문학상, 맨 부커 문학상, 메디치 외국문학상, 이번엔 노벨문학상까지…. 그녀는 작품마다 아주 굵직굵직한 상을 대거 받아왔다는 것을 알 수 있다. 이번 노벨문학상 수상으로 덕분에 반가운 독서 열풍이 불고 있다. 한강 작가의 작품은 다시 베스트셀러 순위 상단에 줄지었고, 판매량도 매일 갱신 중이다.

"엄마도 저거 노벨문학상 받는 거야?"
"아니야. 엄마는 그냥 엄마 혼자만의 일기."

하아…. 때마침 함께 한강 작가 관련 뉴스를 보던 아이가 내 노트북을 가리키며 내게 물었다. 엄마도 노벨문학상을 받냐고? 헛웃음이 절로 나왔다. '어쩌면? 잘하면? 꿈에서나 받을까?'라고 차마 빈말도 못 하겠다. 글은 언제나 어렵고, 여전히 나의 글은 부족한 것투성인지라 원고의 페이지와 반비례 중인 내 자신감은 아직 아이가 알아채지 못했다. 난 그저 일기 수준의 끄적임에 가까운 상태인데, 아이의 눈에 글 쓰는 엄마의 존재감은 엄청난가보다. 요즘 아이는 한창 글쓰기에 매달린 나를 자주 목격하곤 나의 글쓰기에 관심을 둔다. 이번엔 어떤 주제에 관해 쓰는지, 자신도 엄마의 글에 등장하는지 이것저것 묻는다. 가끔은 내 글에 맞춤법이 틀린 것은 없는지 함께 검토해 주기도 한다. 특히 자신의 이야기를 읽을 때면 그때 당시의 감정에 대해 자세히 설명해 주기도 하고, 자신의 기준에서 재미있는 언어 표현을 추천해 주기도 한다. 아이는 어느새 나의 글쓰기를 함께 고민하는 멘토가 됐다. 언제 이렇게 컸을까. 때로는 나보다 창의적인 아이디어와 기발한 단어를 제시하는 아이의 어휘력에 감탄할 때가 많다. 하지만 나는 한 때 아이가 책을 너무 읽지 않아 상당히 걱정하던 시절이 있었다.

아이가 7살 때, 한글은 진작에 뗀 후였다. 나는 아이가 5살 때 코로나 팬데믹을 거치며 유치원에 결석하는 일이 자주 발생하자, 가정 보육하며 학습을 도울 겸 패드학습을 시작했었다. 패드학습의 결과는 아주 좋았다. EBS 교육 방송의 열렬한 애청자였던 아이는 패드학습의 세계관에 빠르게 젖어 들었고, 쉽게 몰입한 덕분에 한글 공부가 아주 수월했다. 아이는 웬만한 단어, 자주 등장하는 서술어는 바로 익혔고, 쓰기를 제외한 읽기 학습에는 큰 어려움이 없었다. 그래서 나는 아이가 책을 더 많이, 더 자주 읽기 바라는 마음에 가로 3M 길이의 책장을 거실로 옮기고, 책장 한 가득 아이를 위한 전집을 사주었다. 아이의 눈과 같은 높이에, 아이의 손이 쉽게 닿는 가까운 위치에 책이 있으면 좋다는 어느 육아 유튜버의 말을 그대로 실행에 옮긴 것! 하지만 결과는 암담했다. 아이는 자신이 좋아하는 책만 선별해, 그 책들만 읽었다. 고래, 공룡, 축구 외엔 절대 관심이 없었다. 큰맘 먹고 사들인 창작 그림책, 전래동화책 전집은 2년 후 아주 상태 좋은 중고 서적으로 판매됐다.

'지금 시기엔 창작동화를 많이 읽어야 좋다는데…'
'이렇게 좋아하는 책만 반복해서 읽어도 될까?'

나는 평소 편독이 심하고, 독서량이 많지 않은 아이가 걱정됐다. 결국 나는 아이를 억지로 붙들어 앉히고, 무조건 하루 3권의 다양한 그림책을 읽도록 지도했다. 그 결과 아이는 독서 시간이 되면 읽기 싫은 책을 읽으려니 짜증만 늘었고, 난 점점 답답해졌다. 기본적으로 나는 책을 싫어하는 아이를 충분히 이해해 주지 못했던 듯하다. 기분이 좋지 않은 채로 독서하는 아이를 볼 때면 '왜 저렇게 책 읽기를 싫어할까, 책 읽기의 즐거움을 알면 얼마나 좋을까.' 하며 아쉬운 마음만 솟구쳤다.

내가 아이를 공감하지 못한 건 나의 어린 시절과 대비되는 모습 때문이었다. 나는 어릴 적부터 책을 아주 많이, 다양하게 읽었다. 집에 장난감 대신 책 밖에 없어서 였을까? 나는 밥 먹을 때도, 화장실에 갈 때도, 잠들기 직전까지 내 손에는 책이 들려있었다. 방 한쪽 책장 가득한 책들을 오른쪽 위에서부터 왼쪽 아래로 읽어 내려가고, 다음엔 그 반대 순서로 책을 반복해 읽었다. 책이 있기에 내겐 미술 공부도 따로 없었다. 책의 표지, 삽화를 따라 그려보고 색칠하는 것이 나의 미술 공부였다. 그리고 초등학교 시절 오빠를 따라간 서예학원에서 한자 자격증 시험 준비하게 되면서 나는 책 내용 중에 어려운 단어가 점점 없어지는 놀라운 경험을 했다. 초등학생이지만 글씨가 빽빽한 다소 어려운 책도 대부분의 문장을 이해할 수 있었고, 혼자서 한자어의 훈과 음을 추측하는 놀이를 하며 시간을 보냈다. 한글을 뗀 이후부터 초등학교를 졸업할 때까지 모든 것을 책과 함께한 나였다. 나는 나의 어린 시절을 되짚어보면서 책 읽기 싫어하는 아이를 공감하지 못하는 나의 마음과 동시에, 이 현실이 안타까움이 한데 뭉쳤다. 끝내 나의 답답함은 아들과 붕어빵인 아빠, 나의 남편을 향해 비난의 화살을 겨누었다.

"솔직히 말해봐요. 여보, 어릴 때 책 많이 읽었어요?"

이런. 남편 탓으로 돌린 것이 못내 미안했지만 안타깝게도 내 추측이 들어맞았다. 남편은 어릴 때 밖에서 뛰어놀았던 기억이 대부분이고, 책은 중고등학생이 돼서야 판타지 소설 장르만 재밌게 읽었단다. 하지만 지금의 남편은 출퇴근길에, 잠들기 전에 언제나 책을 읽는 독서광이다. 출산 후부터는 책을 가까이하지 않은 나보다도 월등한 독서량을 자랑한다. 하지만 내 기대보다도 훨씬 늦게 책 읽기에 빠진 남편이라니, 아들도 왠지 남편의 경우와 크게 다르지 않을 듯했다. 하지만 바쁜 학업 과정을 감당해야 할 시기에 본격적인 독서를 할 아들을 생각하니 나는 너무 암담했다. 나는 고민 끝에 아이의 정확한 현재 상태를 알아보기 위해 아이를 데리고 웩슬러 지능검사를 받으러 갔다. 웩슬러 지능검사는 만 6세부터 16세까지 아동 지능을 평가하기 위해 실시하는 종합적인 임상 도구로 전반적인 지적 능력 및 특정 인지 영역(언어, 시공간, 유동 추론 등)의 지적 기능 지표를 제공한다. 심리상담센터, 정신건강의학과, 영재교육기관 등에서 유료로 검사를 받을 수 있다.

검사 결과를 듣는 내내, 난 입을 다물지 못했다. 아이는 언어 이해 영역 중 어휘 부문에서 백분위 99%라는 결과가 나왔다. 바꿔서 말하자면 어휘력이 상위 1%라는 것이다. 검사 결과를 설명해 주는 선생님께 나는 반문을 하지 않을 수가 없었다.

"선생님, 아이가 책을 정말 안 읽는데요. 어휘력이 뛰어날 수가 있어요?"
"검사 결과는 그렇습니다. 어휘력은 아이가 책을 읽는 양과 무조건 비례한 것이 아니에요."

 천만다행이다. 아이의 어휘력은 책을 통해서만 습득되는 것이 아니었다. 주 양육자와의 의사소통, 미디어 노출 여부, 다양한 사람과의 소통 경험 등 외부적인 요인을 바탕으로도 발달한단다. 외형이 아빠와 똑 닮았다고 해서 무턱대고 아이와 남편의 어린 시절과 동일시 할 게 아니었다. 이러한 검사 결과를 전해 들은 주변 지인들은 부모의 어휘력이 아이에게 가장 큰 영향을 미친 것 같다는 평을 내렸다. 어린 시절부터 책에 빠져 살았던 엄마와 학창 시절부터 지금까지 다독하는 아빠의 영향일 것 같다고. 주변의 추측처럼 아이는 우리 부부와 많은 소통을 하면서 언어적으로 긍정적인 영향을 받은 듯하다.

 나는 검사 이후로 아이가 독서는 즐거운 행위라고 받아들일 수 있도록 노력하기로 했다. 아이가 좋아하는 책을 구연동화 하듯 최대한 재미있게 읽어주고, 비교적 글밥이 적은 다른 분야의 책 위주로 접근했다. 위인전도 재미있을 수 있다는 것을, 인성 동화가 마냥 지루하지 않다는 것을 느끼게 해 주고 싶었다. 이 과정을 통해 아이가 한글을 깨쳤다고 해서 혼자 알아서 독서할 시간을 주는 것이 아니라 엄마가 아이와 함께 책을 읽는 것 자체가 행복하다는 것을 엄마인 나도 새로이 배우게 되었다.

그래서 내가 엄마로서 새로이 도전하게 된 것이 있었으니 바로 필사다. 나는 어려서부터 기독교 신자로 신앙생활을 한 지 오래되었다. 신앙인으로서 성경 말씀을 더 가까이 하고자 뜻을 모은 교회 지인들과 함께 필사 모임을 시작했다. 지난 2020년 12월부터 지금까지 평일마다 하루에 짧게는 10줄, 길게는 노트 한바닥을 적으며 성경 필사를 하고 있다. 어느덧 필사 노트도 여섯 권째다. 손 글씨로 한 글자, 한 글자 적어 내려가면서 신앙적인 성숙을 바람과 동시에 어려운 구절과 낯선 단어도 그 의미를 서서히 알아간다. 필사하며 글과 더 친해지는 기분마저 든다.

또한 나는 한창 나만의 글쓰기에 열을 올리는 중이다. 글이 안 써질 때는 관련 주제 서적을 뒤져가며 내게 피와 살이 되는 독서를 하고 있다. 그리고 아이가 잠들기 전에는 아이가 고른 전자책을 함께 들으며 잠을 청하는 요즘이다.

엄마로서 아이에게 무조건 책 읽기를 강요하기 전에 엄마인 내가 책을 가까이하고, 더 다양한 어휘를 활용하도록 노력해야 한다. 아이와 대화할 때 사용하는 감탄사, 상황에 맞는 관용어, 조금은 어려운 한자어도 대화 속에 잘 녹인다면 아이는 앞뒤 상황을 맞게 잘 이해하고 소화해 낼 수 있을 것이다. 이제 본격적으로 시행되는 2022 개정 교육과정을 접하며 AI 교과서와 패드학습을 시작하는 우리 아이들이다. 부디 문해력을 잃지 않길 바람으로 집에서 온 가족이 함께 독서하는 시간을 가져보는 것은 어떨까. 책을 읽고, 온 가족이 함께 대화를 나누면 그보다 훌륭한 독후활동은 없다. 먼저 책 읽는 부모가 되어보자. 부모가 읽어야 아이도 읽는다.

4장

오늘도 행복한 엄마로 살려면

여전히 미처 발견하지 못했던 다름에 화들짝 놀랄 때도 있지만 서로의 다른 점은 내게 중요하지 않다. 언제든 서로를 존중함으로 대화로 해결할 수 있기에 그저 존재 자체로 감사할 뿐. 남편과 오래오래 건강하게 함께하고 싶다.

01.
당신은 내게
행운인 사람

브런치 스토리북에 저장된 글을 하나둘 읽어보던 어느 날. 내가 브런치 서랍에 처음으로 저장해 두었던 글을 발견했다. 나의 첫 번째 글 소재는 남편이었다.

새벽 4시.
미라클 모닝을 꿈꾸는 남편의 기상 알람에 오로지 나만 잠에서 깨버렸다. 잠든 지 얼마 안 됐는데 내 알람도 아닌 소리에 깨다니, 어딘가 억울한 느낌마저 든다. 다시 잠을 청하려 뒤척뒤척하다 오랜만에 곤히 잠든 남편의 얼굴을 들여다본다. 보고 있자니 어째 이리 짠할꼬.

평범한 직장인으로 한 가족의 생계를 책임지는 일은 사실은 평범하지 않은 일이다. 여느 드라마와 같이 혹은 건너 건너 동네에 소문이 파다한 막장 이야깃거리가 없다 해도 가장이란 얼마나 쓸쓸한 존재던가.

출근하면 잠시 숨 돌릴 틈 없이 휘몰아치는 업무에, 퇴근하면 축구공을 들고 하루 종일 아빠를 기다린 아들까지... 아들과 놀이 후엔 아들을 재워주고, 내가 힘든 일 있었다며 어리광 부리면 토닥토닥 내게 마사지까지 해 주고 나서야 남편은 잠자리에 든다.

그리고 자기 계발할 시간이 부족하다며 평일이고, 주말이고 새벽 4시에 어김없이 알람을 맞춰두는 것이다. 반복되는 알람에 못 이겨 새벽 5시부터 하루를 시작하는 남편... 언제 어디서나 최선을 다하는 그야말로 슈퍼맨이 따로 없다.

남편은 항상 내게 행복하다고 말하는데 내가 그의 삶을 살고 있다면 과연 행복할까. 글을 쓰는 내내 난 아내로서 무슨 일을 했나, 남편에게 도움이 되는 삶을 살고 있나 패 고민스럽다. 그러고 보니, 아까 시계 알람 끄라고 자고 있는 사람에게 소리친 게 사뭇 미안하다. (내 기억에 엄청 나게 꽥 소리를 지른 건 아니었지만. 그래도 미안하다.)

어느덧 결혼 8년 차, 연애까지 14년 차.
여전히 있는 모습 그대로의 날 예뻐해 주고, 사랑해 주는 남편을 당연시하지 말아야겠다. 그 한결같음을 유지하는 남편을 존중하고 아껴주며 진정으로 위하는 사랑을 해야지.

이 세상 내게 누구보다 제일 소중한 존재니까.

[2022-05-14 브런치스토리 저장 글]

벌써 4년 전이다. 당시 남편은 왕복 4시간 거리를 매일 대중교통으로 출퇴근했다. 체격도 좋은 남편인데, 손잡이도 잡기 어려운 버스와 비좁은 지하철에 몸을 구기고 참 성실하게도 다녔다. 출퇴근길이 답답하고, 고됐을 텐데, 코로나 시절 자신이 바이러스를 옮겨와 가족이 아플까 봐 KF94 마스크까지 매일 쓰고 다닌 남편이다.

남편이 그렇게 기진맥진한 채로 하루를 마무리하면 집에 들어서자마자 마주하는 이는 바로 아들. 아빠의 퇴근만을 목이 빠지라 바랐던 5살 아들이 축구공을 들고 기다리고 있다. 피곤할 만도 한데, 남편은 자신과 똑 닮은 아들과 함께 함박웃음을 짓는다. 그러곤 아들이 지칠 때까지 놀아주고, 아들과 함께 누워 도란도란 이야기하며 아들의 잠자리를 지켜본다. 그렇게 아들을 재우고, 그제야 내 곁으로 오는 남편. 어떻게 참고 있었나 싶을 정도로 회사에서 겪은 황당한 일부터 회사 주변에 사는 길고양이 얘기까지 자신의 오늘에 대해 한창 수다를 떤다. 시시콜콜한 이야기 끝엔 다정하게 나의 하루도 묻는 남편이다.

어느 날 우연히 남편의 휴대전화를 보았다. 최근 통화목록에 상단을 차지한 이름은 '내게 행운인 사람'. 그 사람이 바로 나다.(혹시 오글거린다면 이번 주제는 그만 읽어도 충분히 이해할 수 있다.) 우리가 연애를 시작하면서부터 줄곧 남편의 휴대전화에는 내 이름 대신 '내게 행운인 사람'이 자리하고 있다. 나는 저 애칭을 볼 때마다 애칭이 너무 길지 않냐며, 다른 걸로 바꾸라고 넌지시 말할 때가 있다. 남편의 마음은 알지만 내 전화를 받을 때마다 어디서나 저 애칭과 함께 내 얼굴이 화면 가득 띄어질 걸 상상하니 괜히 부끄럽기도 해서다. 하지만 남편은 언제나 똑같은 대답을 했다.

"왜요? 행운 맞잖아요?"

당연한 듯 말하는 그의 대답에서 흔들림 없는 애정이 내 마음에 확고하게 꽂힌다. 우리를 잘 모르는 사람은 신혼부부인가 할 수도 있겠지만 우리 부부는 이제 연애 18년 차, 결혼 12년 차다. 성격이 서로 다른 우리가 어떻게 사랑하고 부부의 연을 맺게 된 것일까 가끔 의문점이 꼬리를 물 때도 있다. 하지만 생각하면 할수록 이런 사람이 내 남편인 것에 금세 감사와 안도를 느끼게 된다. 주변 지인들과 얘기하다 보면 자연스럽게 남편 이야기가 나온다. 어젯밤 남편이 아내인 내 편이 아니라 남의 편이 되어 심하게 다툰 이야기, 서로의 입맛을 존중하지 못해 밥상을 따로 차린 이야기 등 이것저것 남편과의 갈등으로 인한 하소연이 쏟아진다. 한창 이야기를 하다가 멈칫한다.

"너는 남편이랑 싸운 적 없지?"

나름 잘 공감해 주고, 제때 맞장구도 잘 쳐줬다고 생각했는데…. 내가 비슷한 사연을 말하지 않자, 그만 딱 걸렸나 보다. 난 실제로 남편과 크게 싸운 적이 없다. 대부분의 갈등도 곧바로 대화로 푸는 편이었다. 해결 방안이 보이지 않을 땐 서로 하루 정도 시간을 갖고, 다시 대화로 말끔히 해결하곤 했다. 난 딱히 남편과 크게 싸운 경험이 없다 보니,

주변 엄마들의 하소연에 아무리 위로의 말을 건네도 그들은 네가 뭘 알겠느냐며 홀로 한숨을 쉬기 일쑤다.

　우리는 주변에서 다양한 가정 풍경을 관찰할 수 있다. 보통은 끼리끼리 만난다고 하지만 우리 부부는 모든 것이 다른 사람들이었다. 남편은 유머가 있고, 부드러우며, 친화력이 있어 어딜 가나 남편은 인기가 많고, 환영받는 존재다. 그에 비해 나는 낯가림도 있고, 아닌 건 죽어도 아닌 면이 있어서 나와 마음이 맞는 사람들과만 주로 교류하는 편이었다. 그나마 아이를 출산하고 남편은 나에게 성격이 유해졌다며 이제 천사가 따로 없다고 하지만 결혼 전의 우리는 성격부터 식성까지 달라도 너무 다른 사람들이었다. 《화성에서 온 남자 금성에서 온 여자》 그 자체였을지도.

　하지만 우리는 본인에게 없는 무언가 덕분에 서로에게 끌렸고, 이를 동경하며 가까워졌다. 그리고 우리 관계에 있어 상대방의 다른 면은 대화하면서 맞춰나가면서 크게 문제 삼을 일이 없었다. 그래서 여태까지 싸운 적이 기억나지 않을 만큼 사이가 좋은 우리 부부다. 얼마 전에 한 지인이 너희 부부는 어떻게 해서 사이가 좋냐는 질문이 떠올라서 내가 생각하는 우리 부부가 화목한 특징을 몇 가지로 정리해 보았다.

서로를 향한 존대

'존대'라는 말은 두 가지 사전적 의미가 있다.

1) 존경하여 받들어 대접하거나 대함.
2) 존경하는 말투로 대함. 또는 그러한 말투.

우리 부부는 이 두 가지 의미의 존대를 모두 갖추고 있다. 우리는 언제 물어도 먹고 싶은 메뉴가 다르고, 한가지 현상을 봐도 해석이 상반된다. 이미 서로의 성격과 취향 모두 다른 것을 알기에 기본적으로 다름에 대한 존중을 밑받침한다. 내 선택과 다르더라도 감정을 배제한 채 그 자체로 그렇구나 인정하는 태도가 많이 익숙해졌다. 언성을 높일 필요도 없다. 그냥 그 자체로 인정하다 보면 자연스럽게 평정심을 유지하면서도 서로 다름을 존중하게 된다.

그리고 우리는 연애하던 시절부터 존댓말을 주로 사용했다. 나보다 3살 많은 남편이지만 남편도 내게 존댓말을 사용했다. 존댓말을 하다 보면 갈등 상황에 놓여도 서로를 향해 막말하거나 거슬리는 뉘앙스의 언어적 표현은 하지 않게 된다. 우리는 아이를 양육하면서 아이에게도 존댓말을 사용했었다. 그러다 아이가 미운 네 살이 지날 즈음, 훈육과 애착 관계를 고려해서 존댓말을 하지 않는 편이 좋겠다는 협의 끝에 아이에게는 반말을, 우리 부부는 자연스럽게 반존대를 하기로 했다.

책임을 다하는 태도

남편과 나는 서로 자라온 가정환경이 다르고, 성별도 다르기에 아이를 바라보는 관점도 당연히 다르다. 아이를 육아하면서 부모가 서로 다른 육아법을 놓고 아이 앞에서 큰 소리를 내거나 갈등을 빚는 것만큼 아이에게 나쁜 일은 없다. 육아에 대해서는 주 양육자의 생각에 따라 아이를 교육하고, 훈육하는 것이 낫다. 물론 부부간의 사전 협의가 전제되어야 한다. 그리고 함께 논의한 육아 방침은 엄마와 아빠가 일관성 있게 이를 이행해야 한다. 부부는 육아 파트너로서 서로 장점을 극대화하고, 단점을 보완해 주는 파트너십이 필요하다.

우리 부부의 경우 아이의 교육은 엄마가, 놀이는 아빠가 담당하기로 했다. 그래서 이제는 공부할 시간이 되면 아이는 문제집을 들고 내게 오고, 놀이 시간이 되면 자연스럽게 아빠를 찾는다. 때로는 남편과 아이가 놀다 보면 동갑내기 친구처럼 투덕거릴 때가 있는데, 그때마다 중재하는 것은 내 몫이다. 아이에게는 아빠에게 예의를 지킬 것을 가르치고, 남편에겐 과한 승리욕 대신 아들과 함께하는 그 자체만 즐기라고 당부한다.

언제나 대화하기

우리 부부는 대화량이 아주 많다. 아침에 일어나면 잘

잤어요? 밤에 안 추웠어요? 안부 인사를 물으며 하루를 시작한다. 회사에 출근한 이후에는 전화 대신 메신저로 지금은 뭐 하고 있는지, 식사는 어떻게 했는지 소소한 대화를 이어간다. 아이가 학교에서 겪은 일, 집에서 놀다가 생긴 에피소드 등 아이의 일과도 전한다. 퇴근 전에 이미 우리의 하루에 대해 전해 들은 남편은 퇴근 후에 자신의 이야기를 시작한다. 회사에서 어떤 업무를 했는지, 어떤 직원과 있었던 일까지 서로 나누는 대화가 워낙 많다. 그래서 나는 가끔 남편이 아플 때면 내가 여보 대신 출근해도 되겠다고 농담할 정도다.

대화하면서 가장 중요한 규칙은 보이지 않는 선을 넘지 않는 것이다. 본가 혹은 친정에 관하여서나 상대의 치부에 대해서는 항상 조심한다. 상대방에게 상처가 될 여지가 있다면 때로는 대화의 여백을 두는 것이 훨씬 좋다. 그냥 대화를 중단하는 것이 아니라 우리 각자 조금 더 생각해 보고 얘기합시다 하고 다른 소재의 대화를 이어간다. 대화는 차분히, 끊임없이 하다 보면 감정이 요동칠 일도 없다. 부부간의 대화를 통해 집안의 평화를 유지할 수 있다.

이제 와 생각해 보면 사실 우리 부부가 화목한 건 오로지 남편 덕이다. 남편은 뾰족하고, 좁은 세상에 살던 나를 한없이 예쁘다, 사랑스럽다는 말로 나를 다듬고, 더 넓은 마음을 갖도록 이끌어줬다. 내가 남편에게 행운인 사람이 아니라 내가 남편을 만난 것이 행운이 아닐까. 남은 평생을 이 남자와 함께 살아갈 수 있다는 사실이 내겐 큰 행복으로 다가온다. 여전히 미처 발견하지 못했던 다름에 화들짝 놀랄 때도 있지만 서로의 다른 점은 내게 중요하지 않다. 언제든 서로를 존중함으로 대화로 해결할 수 있기에 그저 존재 자체로 감사할 뿐. 남편과 오래오래 건강하게 함께하고 싶다.

02.
'붕세권'에 사는 사람의 다이어트

 어느덧 겨울이다. 내가 가장 싫어하는 계절이 오고야 말았다. 다른 사람들은 추운 게 싫어서 겨울이 싫다지만 내가 겨울을 싫어하는 이유는 따로 있다. 바로 살과의 전쟁 때문이다. 그리고 난 이 지긋지긋한 살과의 전쟁에서 단 한 번도 이겨본 역사가 없다. 안타깝지만 냉혹한 현실이 그러했다. 마치 겨울잠을 자려는 곰처럼 겨울이 되면 내 식욕은 더 왕성해지고, 내가 먹은 음식은 내 몸 어딘가에 차곡차곡 저장된다. 보통 새해의 목표 중 하나로 다이어트를 꼽는다고 하지만 나에게 새해부터 다이어트란 이미 늦을 때다. 나는 쌀쌀한 바람이 불기 시작할 즈음, 겨울을 앞두고 누누이 다짐하곤 한다. 이번 겨울은 체중 증가 없이 버텨보겠노라고 말이다. 지피지기면 백전백승이라 했던가. 내가 이렇게 겨울에 유독 쉽게 살찌는 이유는 무엇일까. 생각해 보면 그 원인은 다양했다.

간단하게 나의 문제를 되짚어보자면 증량은 생활 방식과 밀접하게 관계가 있다. 일단 난 겨울에 먹는 음식들을 참 좋아한다. 붕어빵, 호떡, 군밤, 뱅쇼, 귤, 대방어 등 내가 좋아하는 음식들은 거의 겨울 제철인 것이 많다. 특히나 '붕세권'에 사는 나로서는 집 앞 건널목에서 신호등을 기다리는 찰나에도 고소한 냄새를 풍기는 붕어빵에 이내 마음을 빼앗기기 일쑤다. 하지만 내가 좋아하는 겨울철 간식들은 모두 혈당을 급속히 올리는 음식이다. 그래서 매번 '그림의 떡' 인양 억지로 참을 때가 많다.

또 다른 나의 문제는 겨울이 되면 추운 날씨에 바깥을 되도록 나가지 않으려 한다는 것이다. 평소에 장보기도 집 근처 도보 10분 이내에서 다 이루어짐에도 불구하고, 그마저도 나가는 횟수를 줄이고, 그 반경도 줄이려 노력한다. 집 앞까지 당일에 배송되는 소셜커머스를 이용하는 횟수가 늘어나고, 웬만한 약속도 집에서 만나는 등 외출하는 빈도 자체가 줄어든다. 동네 병원이나 서점, 아이 학원 등 웬만한 거리는 여태까지 걸어서 잘 다녔음에도 자동차나 스쿠터를 운전하는 일도 늘어난다. 살찌는 겨울에 더 적게 먹고, 더 많이 움직여야 하는데…. 머리로는 알면서 매서운 찬 공기에 더 강력한 집순이 모드가 발동된다. 또 겨울철 증량의 최대 원인은 아이와도 밀접하게 관련이 있다.

"엄마, 나 이거 먹어도 돼요?"

기나긴 방학 동안 나와 함께 집에서 같이 뒹굴뒹굴하던 아이는 어느새 또 다른 간식을 찾아낸다. 참새가 방앗간을 찾듯 아이는 간식을 보관하는 팬트리에 하루에도 여러 번 드나든다. 일부러 높은 칸에 간식을 올려두기도 하고, 서랍장 구석으로 숨겨보기도 했지만 아이는 언제나 간식과의 숨바꼭질에서 승리했다. 내게 간식을 달라고 말했다간 잔소리를 듣게 될 것이 뻔하기에 아이는 이제 알아서 자기 간식을 찾아 먹기 시작했다. 우리 아이가 이렇게 자립심이 강한 아이였구나 새삼 실감하는 순간이다. 평소에는 눈 앞에 있는 물건도 잘 찾지 못하는 아이인데, 간식은 어쩜 그렇게 잘 찾는지. 식욕이 주의력과 집중력에 영향을 준다는 가설의 증명을 눈앞에서 생생히 목격하게 된다.

아침에 일어나서 아침 식사를 한 후에 디저트를 먹고, 점심을 먹은 후에 오후 간식을 먹고, 마지막으로 저녁 식사하는 '하루 3끼니 2 간식 시스템'이 방학 내내 반복된다. 그렇게 두 달을 지내면 아이는 물론 나도 살이 찐 채로 새 학기를 맞는다. 그나마 아이는 키라도 크는데, 나의 몸은 옆으로만 늘어날 뿐 더 이상 위로 자라나질 않으니, 자괴감이 절로 든다. 아이 먹거리를 챙겨주면서 아이가 남긴 걸 한입 두입 먹고, 과일 꽁다리마저 아깝다고 내 뱃속으로 처리하다 보면 금세 나까지 살이 찔 수밖에…. 식사량이라도 절제하면 좋으련만 아이와 치열한 하루를 보내고 나면 나의 배꼽시계 알람은 무시할 수 없을 만큼 더 요란하다. 그렇게 겨울 방학을 보내고 봄이 되면 다시 늘어난 뱃살에 좌절하며 다이어트를 결심하는 나.

나는 이렇게 매년 겨울철 증량 현상을 겪으며 1년마다 10kg 전후로 살을 찌고, 빼는 과정을 반복하고 있다. 이미 출산한 기간 동안 20kg 가까이 늘어난 체중은 줄어들지 않은 채로 이 과정을 거의 8년간 반복하다 보니 내 몸도 이 과정이 익숙해진 듯하다. 하지만 체중을 감량했다가 요요로 다시 살이 찌는 과정에서 내 몸은 더 망가지는 것이 명백했다. 아마도 세월이 지나며 노화가 시작된 위장과 회복되지 않는 체력, 잃어버린 탄력 때문일 거라 추측이 된다.

문제는 나의 신체가 갖가지 질환에 노출됐다는 것이다. 방송작가로 일하던 시절부터 나를 고생시켰던 목디스크와

라운드 숄더는 아기를 돌보며 더 악화하여 매일 폼롤러로 스트레칭을 해야 한다. 그리고 건강검진 때마다 지적받는 비알코올성 지방간 수치와 역류성식도염도 심각한 상황이다. 또 댄스 수업을 하다가 가끔 시큰거림을 넘어서 찌릿하게 존재감을 알리는 허리디스크와 족저근막염까지 나를 괴롭힌다. 여성질환 가족력으로 인해 갑상샘과 자궁, 유방초음파도 주기적인 관찰이 필요하단다. 살을 조금이라도 빼면 바로 면역력 저하로 이어져 림프샘염부터 장염, 방광염, 질염, 관절염까지 몸 여기저기 성한 곳을 찾기가 어렵다. 감사하게도 지금까지 야밤에 응급실을 찾아본 적은 없지만 이 상태라면 언제 심하게 아파도 이상하지 않을 듯하다.

사실 더 심각한 것은 내 마음의 상태다. '건강한 육체에 건강한 정신이 깃든다'라는 한 격언과 정확히 반대 상황을 만들고 말았다. 나의 살진 몸이 마음마저 병들게 한 것이다. 살이 찌면서 내 몸은 점차 비루한 덩어리로 느껴지고, 셀카든 단체 사진이든 사진 찍는 것 자체가 두렵고 싫었다. 거울에 비친 내 모습만 봐도 언제나 불만, 불평이 쏟아졌고, 내 자존감은 한없이 작아졌다. 치솟은 스트레스에 맵고 짠 자극적인 음식을 한바탕 먹고는 다음날이 되면 후회하는 나날이 늘어만 갔다. 몸도 내 마음만큼 따라주지 않지만, 식욕은 더 무절제함의 극치였다.

나는 이미 지난겨울에도 끝없이 내 몸을 지배하는 요요 현상에 시달렸다. 봄부터 여름, 가을까지 감량한 것 이상의 폭풍 요요를 맞이했던 것이다. 그래서 이번 봄부터 시작했던 것이 다이어트 댄스였다. 일주일에 3번, 집 앞 헬스장의 GX 프로그램 중 하나인 다이어트 댄스 수업을 빠짐없이 다니고 있다. 음악에 맞춰 하나둘 스텝을 밟다 보면 한 곡이 마칠 때쯤에는 이미 땀 한 바가지를 흘렸다. 쉬지 않고, 계속 흘러나오는 곡에 몸을 맡기고 계속 춤을 추다 보면 스트레스도 저절로 해소된다. 게다가 한 시간 동안 무려 만 보 정도의 걸음 수를 기록하는 걸 보면 결코 가볍게 볼 수준이 아니다. 평소에 잘 사용하지 않는 근육을 움직이면서 때로는 근육통에 시달리기도 한다. 하지만 내가 근육통이 두려워한 시간 동안 집에만 있었다면 결코 이 정도의 에너지를 소비할 수 없다는 사실을 알기에 댄스 수업을 포기할 수 없다.

나는 이 댄스 수업과 동시에 간헐적 단식을 진행했다. 운동하기 전날 저녁은 탄수화물을 절제하고, 다음날 운동을 다녀와서 점심을 먹을 때까지 물 외에는 먹지 않는다. 지난봄부터 시작한 운동과 간헐적 단식의 결과로 난 지금까지 8개월 동안 10kg을 감량했다. 극단적인 감량이 아니어서일까, 주변에서는 내가 감량한 것을 잘 눈치채지 못한다. 그럼에도 꾸준히 감량하고 있다는 사실이 나의 자존감을 무럭무럭 자라나게 한다. 하지만 방심은 금물이다. 이제 본격적인 겨울이 시작되었기에 더 정신을 바짝 차려야 한다.

이제는 무너진 내 몸과 마음을 일으켜 세울 행동이 필요하다. 내가 살찌는 원인을 찾아보고, 어떤 결과를 초래했는지 철저한 성찰을 해봤으니, 지금은 움직여야 한다. 매년 반복되는 겨울철 증량을 끊어내기 위해서 그리고 감량한 상태를 내 몸이 건강한 상태로 인지하고 유지할 수 있을 만큼 나에겐 변화가 필요하다. 그렇다고 욕심은 금물이다. 지금보다 가벼워진 몸으로 조금 더 건강해지는 것이 먼저다. 내가 생활 속에서 충분히 도전하고, 지속적으로 실천할 수 있는 작은 목표들을 세워보았다. 나에게 패배감과 스트레스만 안겨줄 과도한 목표는 사양이다.

다이어트에도 유행이 있다. 코로나 팬데믹을 거치며 홈트 열풍이 불다가 바디프로필이 대중적인 인기를 끌었다. 최근엔 혈당 스파이크를 방지하는 식단이 유행하고 이제 운동은 크루들과 함께하는 달리기가 대세라고 한다. 트렌드에 따르든지 따르지 않든지 그것은 상관없다. 어떤 방식으로든 자신의 몸을 돌보고, 건강을 위한 적당한 움직임은 무조건 좋다고 생각한다. 내 몸과 마음의 상태를 바로 알고, 나를 사랑하는 것이 내가 건강해지는 첫 단추다. 감량이 필요하다면 다이어트가, 증량이 필요하다면 근력을 키우는 것이 나를 사랑하는 방법 중 하나가 된다. 무엇보다 가장 중요한 사실은 건강을 잃으면 모든 걸 잃는다는 것이다. 이를 반대로 생각해 보면 건강을 얻을 때 모든 걸 얻을 수 있다는 것과 같다. 잊지 말자, 언제나 예방이 치료보다 더 나은 해결법이라는 것을. 가벼워진 몸과 단단해진 마음의 균형을 향해 나아가자.

03.
나는 인스타그램을
하지 않는다

"너, 인스타 안 해?"
"응. 안 하는데?"
"진짜? 왜 안 해? 도대체 왜 안 하는 거야?"

            동네에서 새로 알게 된 또래 엄마든, 오랜만에 연락이 닿은 친구든 안부를 물을 때면 종종 받는 질문이다. 인스타그램을 하지 않는다는 나의 대답에는 "왜?"라는 반문이 무조건 잇따른다. 오히려 내가 상대방에게 인스타그램을 왜 하느냐고 물으면 다양한 답변들이 나온다. "요즘 SNS 안 하는 사람이 어디 있어? 다 하는 거지!", "한창 예쁠 때 내 자식 사진 남기고 싶어서", '내 안부 남길 겸?', 'SNS를 해야 유행을 알지!' 등등. 나는 아직 이런 대답들 속에서 내가 SNS를 해야 할 이유를 발견하지 못했다. 예전에 SNS에 죽고 살았던 경험을 하다가 어느 순간 SNS를 단호하게 내 삶에서 끊어낸 경험을 한 나다. 그 후로 지금은 SNS의 필요성을 설득당하지 못한 나는 여전히 인스타그램을 하지 않고 있다. 그저 예약용으로 비공개 계정만 하나 가지고 있을 뿐이다. 생각해 보니 요즘 주변에서 인스타그램을 하지 않는 사람, 업체를 찾기가 어려운 듯하다. 예전에는 자체 홈페이지나 블로그를 운영하는 경우도 많았는데, 요즘은 대개 인스타그램이 기본이다. 숙소, 음식점, 쇼핑몰뿐 아니라 지자체에서도 홍보용 SNS 활용이 늘어났다. 나도 나의 책이 출간될 즈음에는 홍보용 SNS를 하게 될지도 모르겠다.

이쯤에서 스스로에게 되묻는다. 나도 이제 대세를 따라 일상용 인스타그램을 시작할 것인가? 역시… 잘 모르겠다 너도나도 여기저기서 모두가 다들 하는 SNS라고 해서 꼭 동참할 필요는 없다. 설령 내가 시대에 뒤처지고 있다는 생각, SNS 소통에서 제외됐다는 소외감이 든다고 해도 이에 따라 SNS를 시작한다는 건 좋지 않은 듯하다. 다른 사람들이 다 하니까 따라 하는 것이 아니라 자신 안에 SNS를 하려는 이유와 목적이 명확할 때 시작하는 것이 좋지 않을까? 다른 사람을 쫓아 시작한 SNS는 결과적으로 다른 사람의 시선을 의식한 결과물이 될 수 있기 때문이다. 아예 시작점 자체가 내가 아닌 타인이었다면 그 끝도 타인의 반응에 달려있게 된다. 결국 애초에 자신이 원했던 방향과는 조금 다른 콘셉트 게시물이 될 가능성이 높다. SNS의 악영향을 몸소 느껴본바 나의 경험을 바탕으로 SNS에 관한 생각을 정리해 보았다. 현재 SNS 사용 여부를 떠나 SNS란 무엇이며, 주의할 점은 없는지 한 번쯤 되짚어볼 기회를 가지면 좋겠다.

   SNS 즉, 소셜네트워크서비스란 사용자 간의 자유로운 의사소통과 정보 공유, 그리고 인맥 확대 등을 통해 사회적 관계를 생성하고 강화해 주는 온라인 플랫폼을 의미한다. SNS 종류로는 불특정 다수와 네트워크를 형성하는 트위터, 페이스북, 인스타그램 등의 개방형 SNS와 친구 추가나 가입 절차를 통해 네트워크를 형성하는 네이버밴드, 카카오스토리 등의 폐쇄형 SNS가 있다.

   정보통신정책연구원(KISDI)은 지난 5월 15일 '세대별 SNS 이용 현황' 보고서를 공개했다. 이 보고서는 지난해 SNS 이용 현황을 기준으로 국민 10명 가운데 6명은 하나 이상의 SNS를 이용 중이라고 분석했다. 그중 국내 SNS 이용자 중 인스타그램을 이용하는 비율은 48.6%로 이용자 수는 2,430만 명에 달한다. SNS를 하는 두 명 중에 한 명은 인스타그램 이용자인 셈이다. 또 SNS 이용에는 세대 간의 큰 차이를 보였다.

하루 평균 주중 기준 SNS 이용 시간이 Z세대는 55분으로 베이비붐세대의 22분보다 2배가 넘어 연령대가 낮은 세대일수록 SNS 이용 시간이 긴 편이다.

이 때문일까. 최근 청소년층의 SNS 이용을 제한하려는 움직임이 본격화되고 있다. 페이스북 모회사 메타플랫폼은 청소년 보호를 위해 인스타그램의 10대 이용자 계정을 비공개로 전환한다고 밝혔다. 청소년의 과도한 SNS 사용을 방지하고 정신 건강을 보호하려는 조치를 마련한 것이다. 이러한 인스타그램의 내부 규정 변경으로 유명 연예인이나 인플루언서의 미성년 자녀 계정으로 아이의 일상을 공유한 '육아 스타그램'이 돌연 계정 삭제되는 일이 잇따르고 있다. 일각에선 이러한 조치가 과연 어느 정도의 실효성을 가질 수 있는지 의문이 제기되고 있다. 하지만 최근 급증하는 딥페이크 기반의 성범죄나 '셰어런팅'에 대한 경각심을 갖게 한다는 면에서 조금이나마 긍정적인 효과가 기대된다 (셰어런팅이란 '공유(share)'와 '육아(parenting)'를 뜻하는 영어 단어를 합친 말로 부모 등 보호자가 아이를 키우면서 아이의 일상을 SNS에 공유하는 것을 뜻하는 신조어다).

이제 아동·청소년을 보호하는 방안은 다각적인 논의를

시작하고 있는데, 성인의 경우는 어떠할까. 성인은 SNS로부터 안전할까? SNS가 우리에게 미치는 영향에 대해 한 번쯤 고민해 볼 필요가 있다.

지금으로부터 10년 전. 나도 SNS에 빠져 살 때가 있었다. 한창 방송작가로 바쁜 일상을 보낼 때였다. '페이스북'이 선풍적인 인기를 구가하던 시절, 주변 친구들의 추천을 듣고, 나도 페이스북 유행에 동참했다. 예전 '미니홈피'에서 일 촌 맺기를 하던 것처럼 친구 요청도 하고, 파도타기 하듯 내 친구의 친구들 게시물도 구경하고, 연락처를 몰라도 바로 상대와 메시지를 주고받을 수 있다는 점이 흥미로웠다. 또 게시물에 대해 '좋아요'를 누르며 호감을 표시하는 방식이 굉장히 놀라웠던 기억이 있다.

하지만 불특정 다수에게 나의 게시물이 노출되고 그로 인한 직접적인 반응을 받는 것이 점차 불편해지기 시작했다. 나의 사색이 담긴 게시물에 내가 의도치 않은 뉘앙스의 댓글이 달리거나 가까이 지내고 싶지 않은 사람의 흔적을 내 공간에서 발견할 때의 불쾌감이 생겼다. 무엇보다 이러한 과정을 겪으면서 어느 순간부터 게시물을 올릴 때마다 나의 행복을 위한 게시물이 아니라 타인의 시선을 고려한 게시물을 올리는 나를 발견했다. 디스플레이 뒤에 있는 타인의 반응을 의식하며 나는 나를 위장해 버렸다. '좋은 곳에서 즐겁고, 행복한 나', '직업적으로도 잘나가는 나', '성공적인 대인관계를 가진 나' 이렇게 나를 조금 더 그럴듯하게 포장하는데 도가 텄다. 다른 친구의 게시물도 상황은 마찬가지. 누구의 SNS든 그 어디에도 슬프고, 안타까운 일상보다는 값비싼 상품으로 치장하고, 시간과 물질이 여유로운 일상만 가득했다. 이러한 SNS의 행태 때문에 나는 과소비를 하기도 했고, 행복하지 않은 상태에서도 소위 있어 보이는 척을 잘하게 됐다. 나의 거짓된 SNS용 삶은 결혼 후, 임신과 출산을 경험하면서도 한동안 이어졌다. 이제는 내 아이도 좋은 옷, 비싼 아기용품, 행복해 보이는 A컷 사진으로만 SNS를 채워갔다.

그러던 어느 날이었다. 아기를 재우고, 혼자 가만히 앉아 있는데도 차오르는 우울감에 눈물이 주룩주룩 흐르던 날이었다. 그저 습관처럼 켠 페이스북 앱을 보면서 난 큰 자괴감에 빠졌다. 목 늘어난 면티에 고무줄 바지, 머리는 대충 고무줄 하나로 질끈 올려묶은 나와 페이스북 내 계정에서 한껏 치장한 채 행복을 자랑하는 나는 전혀 다른 사람 같았다. 그리고 출산 후 빠지지 않은 살 때문에 부끄러운 나를 대신에 귀여운 나의 아기를 앞세워 행복한 게시물을 노출하던 내 자신에 환멸을 느꼈다. 나의 낮은 자존감은 나 자신을 다른 사람의 반응에 더 예민한 사람으로 만들었다. "아기 옷 뭐야? 아들 너무 귀여워~!", '역시 최고의 엄마야!'라는 칭찬 댓글을 보면서 이 사람들은 지금의 내가 어떤지 알고 있을까 싶었다. 동시에 나는 사무치는 수치심에 몸 둘 바를 몰랐다. 그리고 곧바로 페이스북 앱을 삭제했다.

SNS는 내용이 가볍고, 간단하고, 짧은 시간 동안 흥미를 돋운다는 점에서 중독을 불러일으키기 쉽다. 또 사용자 활동 로그가 기록되기 때문에 사용자의 관심사를 정확히 파악, 끊임없이 관련 콘텐츠를 소비하도록 만들기에 누구나 SNS 중독 현상에 노출되기 십상이다. SNS에는 과대광고, 가짜뉴스가 난무하지만, 이런 콘텐츠는 사용자가 직접 제어할 수 없어서 잘못된 정보에 현혹될 여지가 많다. 이렇게 다양한 문제점이 있지만 내가 무엇보다 SNS에 있어 주의를 요하는 것은 나의 정신 건강을 위해서다.

다른 사람의 행복한 일상을 나의 삶과 비교하면서 나 자신을 평가절하하면 점차 자존감이 낮아지고, 삶의 질은 곤두박질친다. 나는 팔로워나 하트, 댓글 개수로 내 자신을 평가받고 싶지 않다. '인스타'에 올리지 않아도 나는 이미 행복한 날을 보내고 있다. 나의 안부가 궁금하다면 나에게 연락하면 될 일이고, 지금의 내가 보고 싶다면 만나면 될 일이다. 이따금 내 아이의 치명적인 귀여움을 자랑하고 싶을 때가 있지만 누군가 하트를 누르지 않아도 내 아이는 언제나 사랑스럽게 존재하고 있다. 유행하는 '밈'조차도 TV 프로그램에서 재탕하는 것만 봐도 충분하다. 언젠가 SNS를 해야겠다는 대단한 결심과 나만의 목표가 세워지기 전까지 나는 인스타그램을 하지 않을 듯하다. 다른 사람 시선에 좌지우지되지 않고, 오롯이 나만의 행복을 위한 수단 중의 하나로 여겨질 때가 SNS를 할만할 때가 아닐까. 나중에 특정 목적을 위해 SNS를 활용하는 것이 아니고서야 친목용, 과시용 SNS는 하지 않을 듯하다. 오늘의 사색을 마치며 다시 드는 생각은 역시 지금의 난 SNS를 하지 않아도 분에 넘치게 행복하다는 것. 나의 행복을 과시하는 순간 그 행복은 포장될 수 있기에 난 자랑하지 않는 지금이 좋다.

04.
가끔은
행복해도 괜찮아요

새해가 밝았다. 아이를 낳고 전업주부가 된 지 어느덧 10년이다. 10살이 된 아이도 스스로 자신을 챙길 줄 알고, 내가 도와줘야 할 영역이 차츰 줄어들었다. 아이와 가정 살림에만 집중돼 있던 나의 삶에도 여유가 찾아오고 있다. 그동안 잊고 살았던 나 자신에게 슬슬 관심이 생긴다. 틈틈이 거울을 들여다볼 짬도, 나를 치장하는 일에 돈을 크게 써 본 적도 없었기에 오랜만에 마주하는 나는 나조차도 낯설다. 이전에는 분명히 없었는데 어느새 선명해진 주름과 원래 이 정도는 아니었는데 울퉁불퉁한

라인까지 달갑지 않은 것 천지다. 나이 듦이란 이런 걸까 생각하는 요즘이다.

나의 외면뿐 아니라 내면의 건강도 다시금 들여다본다. 남편은 뾰족했던 내가 아이를 낳고 키우며 둥글둥글해졌다고 하는데, 정말로 그런가보다. 바깥으로 쉽게 드러나던 화는 속으로 다시 생각하고, 이해하고, 인내하는 과정을 거치며 금세 잘도 사그라들었다. 그나마 남은 작은 짜증도 아이에게 향하지 않도록 최대한 노력하다 보니 요즘은 여간 짜증 내는 일도 없었다. (다만 살다 살다 역대급 현대사로 기록될 뉴스를 접할 때는 화를 도통 참을 수가 없다.)

다시금 글을 쓰게 되면서 과거의 나를 기억하고, 지금의 나를 관찰하고, 미래의 나를 그려본다. 내 안에서 뒤섞여있던 단어들과 기억의 조각들이 모여 문장으로 만들고 보니, 나라는 존재가 조금 더 명확해지는 기분이다. 나를 둘러싼 사람들에 관한 추억과 내 생각, 다짐이 모여 다시 내 안에 차곡차곡 쌓여간다. 이 과정을 거치며 조금 더 나에게 집중하는 시간을 가지고, 나의 관심사도 더 깊이, 더 넓게 확장돼 가는 것을 느낀다. 최근에는 어떤 대상에 관한 나의 인식이 완벽히 뒤바뀐 것을 발견했는데, 그것은 바로 TV에 대한 것이었다.

애증의 TV다. 아이가 어릴 때는 영상 매체 노출을 줄이기 위해 TV를 아예 없앤 시절도 있었고, TV가 있어도 아이가 잠든 후에만 켤 때가 있었다. 아이가 크면서는 TV에 하루 시청 시간제한을 걸어두고, 유튜브 시청도 쇼츠는 절대 불가하고, 하루에 10분 내외 1편만 시청하도록 지도했었다. 지금도 유튜브에 관해서는 시청할 수 있는 채널과 시간에 제한을 두고 있지만 엄마, 아빠와 함께 시청할 때는 비교적 자유롭게 TV를 보고 있다. 하지만 여전히 아이와 있을 때 TV 보는 일은 언제나 TV 채널과 방송 내용에 관해 신경이 쓰이기 마련이다. 그래서 주로 교육 방송이나 아이가 좋아하는 스포츠 위주로 함께 시청하곤 한다.

이런 제한적인 시청이 내게 독이 된 것일까? 나는 TV를 볼 때마다 늘 마음 한쪽이 편치 않고, 죄책감 같은 마음마저 생기기도 했었다. 이 시간에 아이가 TV 대신에 책을 봤으면 좋겠고, 차라리 밖에 나가서 뛰어놀면 좋겠다는 마음 때문일 테다. 문제는 아이가 집에 없는 와중에도 혼자 TV를 보는 시간이 양심에 찔리는 양 불편한 데 있었다. 나 혼자 몰래 보는 TV라서 아이에게 미안했던 걸까, 살림을 제쳐두고 TV 앞에 있는 내가 한심해서였을까. TV는 그저 내게 애물단지였다.

"고마워요. 살아 있어 줘서.
이렇게 살아 있어 준 것만으로도 고맙다고 할 거예요.

곁에 있는 사람은.

그러니까 오늘을 살아봐요. 날이 너무 좋으니까.

내일은 비가 온대요. 그럼 그 비가 그치길 기다리면서 또 살아봐요.

그러다 보면 언젠가 사는 게 괜찮아질 날이 올지도 모르잖아."

- tvN 드라마 〈선재 업고 튀어〉 대사 중에서

그러던 어느 날이었다. 아이를 학교에 보내고, 조용히 빨래를 개던 중 심심한 마음에 무심코 TV를 틀었다. tvN 드라마 〈선재 업고 튀어〉가 방송 중이었다. 평소 내가 잘 모르던 배우들의 향연에 난 드라마보다는 빨래 개는 일에 집중했다. 하지만 몇 분 뒤, 난 두 손에 빨래가 들린 것도 잊은 채 드라마에 빠져들었다. 〈선재 업고 튀어〉는 삶의 의지를 되찾아준 '선재'의 비극적인 죽음을 막기 위해 여주인공이 시간을 거스르며 서로를 구하는 쌍방 구원 로맨스 판타지 드라마다. 아무리 과거를 바꿔도 서로에게 첫사랑인 둘의 인연은 미래에도 다시금 이어지는 운명적 사랑 이야기가 주요 내용이다. 내용 자체가 현실적이지도 않을뿐더러 평소에는 유치하다고 생각했던 고등학생들의 로맨스에 이 아줌마 마음이 이렇게 요동칠 줄이야. 난 앉은 자리 그대로 아이가 집에 돌아올 때까지 드라마 1화부터 4화까지 재방송을 이어봤다.

오 마이 갓! 너무 재미있었다. 평소 같았으면 TV 보느라 나의 소중한 시간을 소비해 버렸다는 허탈감과 자괴감에 휩싸였겠지만, 이날만은 분명히 달랐다. 오랜만에 느껴보는 짜릿함과 색다른 즐거움에 매료됐다. 요즘 표현으로 정말 저항 없이 저격당한 느낌이었다. 그리고 드라마의 여운을 느끼며 나는 이전보다 활기를 찾은 나를 발견했다. 하교 후에 돌아온 아이를 대할 때도, 살림할 때도 나는 분명 활력이 생겨난 것을 여실히 느낄 수 있었다. 더 밝고 활기찬 에너지가 생겨나고, 평소보다 컨디션도 좋아진 듯했다. 드라마 하나가 나를 이렇게 바꿔놓다니! 황당하기도 하고, 허무하기도 하지만 싫지 않은 느낌이다.

그날 저녁, 나는 남편에게 드라마 이야기를 꺼냈다. 우연히 보게 된 드라마에 빠져들었는데, 내게 엄청난 에너지를 불러일으켰다고 말이다. 지고지순한 나의 남편은 드라마 주인공 선재에게 질투를 살짝 느끼는 듯했지만 내가 행복해하는 모습이 보기 좋았나 보다. 남편은 그 드라마가 방영하는 월요일, 화요일 저녁마다 아이의 육아를 자처하며 나의 드라마 시청 시간을 보장해 주었다. 그렇게 나는 드라마〈선재 업고 튀어〉를 본방 사수하며 행복한 철을 보냈다. 마음 놓고, 마음 편히 TV를 보지도 못했던 내가 TV를 보면서 기분 좋은 에너지를 가득 충전하는 경험을 한 것이다.

오랜만에 TV를 보면서 리프레시되는 경험을 한 뒤, 나는 내가 현재 나의 삶에 너무 힘을 주고 살았구나 하는 생각이 들었다. 나의 아이와 남편, 집안 살림, 양가의 크고 작은 일에 얽매여 나는 그동안 이런 소소한 즐거움도 잊어버린 듯했다. 내가 우두커니 TV를 보고 있을 시간보다 더 바쁘고, 중요한 일들이 가득한 일상을 살아내고 있었나 보다.

하지만 TV는 내가 어릴 적부터 나의 무료한 일상을 채워주던 친구이자 방송작가라는 꿈을 구체화하게 도와준 매개체였다. 토요일 저녁마다 통금 약속처럼 나를 집으로 불러들인 MBC〈무한도전〉, 휴먼 다큐멘터리 작가를 꿈꾸게 만든 KBS〈인간극장〉, 세상 돌아가는 사정이 궁금해 하루에 한 번은 무조건 시청한 뉴스까지…. TV는 내가 대중문화를 배우고, 세상을 알아가고, 꿈을 꾸게 했다.

내가 아이를 키우기 전까지만 해도 TV는 나의 '소확행' 중 하나였다는 사실을 이제야 깨달았다. 새삼 TV에 대한 인식이 바뀌고 나니, 삶에 조금은 숨통이 트이는 기분마저 든다. 가끔은 나 자신이 즐거운 일, 내가 행복해지는 일에 나의 시간을 투자해도 좋지 않을까. 혼자 시간적 여유가 있을 때, 나의 행복을 위해 할 만한 일이 또 어떤 것들이 있을까 조금 더 고민해 보기로 했다.

이야기를 참 좋아하는 나는 다양한 장르의 소설뿐 아니라 TV 드라마 외에도 영화를 좋아했다. 나는 영화를 고를 때 장르보다는 감독의 인터뷰, 출연 배우, 줄거리 등을 참고하는 편이라 장르를 막론하고 내가 보고 싶은 영화는 극장에서 관람하는 것을 좋아한다. 영화적 스케일을 신경 쓰지 않다 보니, 상업영화 외에 독립영화도 두루 섭렵했던 나였다. 임신 중에도 나 혼자서 만삭인 배를 감싸 쥐고 일주일에 한 번은 영화를 보러 다녔던 기억이 있다. 그런데 가장 최근에 영화관을 찾아 내가 보고 싶은 영화를 본 적이 언제였더라…. 아주 까마득하다. 안타깝게도 내 머릿속에는 아이와 함께 관람한 애니메이션밖에 떠오르질 않는다.

너도 '가끔은' 행복해도 괜찮아.
너도 '가끔은' 여유 있게 살아도 괜찮아.
행복을 너무 불안해하지 말렴.

- 김창옥 교수

김창옥 교수의 말처럼 우리는 어쩌면 행복을 불안해하며 살았던 것은 아닐까. 정신없이 바쁜 일상에서 우리는 나 자신을 위한 시간이 필요하다. 분주한 삶에 이리저리 치이는 엄마여도 분명 우리의 삶은 행복해야 한다. 때로는 〈선재 업고 튀어〉 정도는 괜찮지 않을까? 때로는 용산 CGV

IMAX에서 영화 한 편도 좋지 않을까? 남자배우를 보며 내 눈이 하트로 가득 찰 수도 있겠지만, 나이 들어 주책맞아 보일지언정 내가 행복하다면야 충분히 그 시간은 나에게 가치가 있다. 그 시간을 통해 얻은 나의 행복은 나의 하루, 나를 둘러싼 모든 것에 긍정적인 효과를 불러올 것이다. 고정관념과 죄책감을 버리고, 나의 시간 안에 더 큰 행복을 꾹꾹 담아보자.

05.
케케묵은 새해 목표
'돈 모으기' 성공하려면?

"아이온큐, 전날보다 40% 떨어졌어!"

큰일이다. 간밤에 무슨 일이 벌어진 걸까. 나는 2년 전에 한창 주식 공부하며 당시에 가장 주목받고 있던 양자 컴퓨터계의 대장주라 불리는 미국의 양자컴퓨팅 기업 아이온큐에 대해 알게 됐다. 양자 컴퓨터는 기존 컴퓨터와 달리 양자역학의 원리를 기반으로 기존 컴퓨터보다 훨씬 더 복잡하고, 많은 계산을 동시에 수행할 수 있을 것으로 기대되는 기술이다. 이 때문에 양자컴퓨터의 개발을 위해 구글, 마이

크로소프트, IBM 등 대기업뿐 아니라 모든 업계가 주목하고 있다고 해도 과언이 아니다. 특히 내가 투자한 기업 아이온큐는 양자컴퓨터를 세계 최초로 상용화해 판매하는 기업으로 양자컴퓨터라는 개념이 등장할 때부터 큰 주목을 받아 급성장을 이루었다. 2023년 1월, 4달러에 머물던 아이온큐의 주가는 최근 50달러까지 상승하기도 했다. 나는 여력이 될 때마다 아이온큐 회사 주식을 야금야금 모으고 있었는데, 이게 무슨 날벼락인가. 간밤에 아이온큐의 주가가 40%가량 폭락한 것이다. 갑작스러운 아이온큐의 주가 폭락에는 전날이었던 1월 7일, 미국 엔비디아의 최고경영자(CEO) 젠슨 황이 있었다. 그가 유용한 양자컴퓨터가 나오기까지는 20년이 걸릴 수 있다는 의미의 공개적인 발언을 하면서 아이온큐를 포함한 양자컴퓨터 관련해 여러 종목의 주가가 내려가고 말았다.

아직 나의 주식 잔고 창에서 아이온큐는 하락을 뜻하는 (-)파란 불은 들어오지 않았지만 큰 폭으로 하락한 주가를 보면서 나는 속이 타들어 갔다. 동시에 내 마음속에는 온갖 궁금증과 유혹이 스멀스멀 자라난다. 젠슨 황의 말처럼 20년 이상을 기다리며 투자할 것이냐, 지금이라도 이익을 얻은 후에 다시 때를 지켜볼 것이냐…. 나는 고민 끝에 주식 창을 덮었다. 일단 주식은 버티는 자가 승리한다는 개똥철학을 믿어보기로 했다.

내가 주식을 시작하게 된 건 코로나 팬데믹 때였다. 이때 당시에는 주위 사람들과 안부로 일상을 물으면 너도, 나도, 온 국민이 다 하고 있다는 주식 열풍이 불어닥쳤던 바로 그때다. 국내 주식과 미국 주식뿐 아니라 코인으로 큰돈을 벌었다는 지인의 연락도 종종 받을 수 있었다. 결혼 후 이때까지 저축, 보장성 보험, 적금 등 안정적인 투자만 해왔던 우리 부부는 함께 국내와 미국 주식 투자를 시작했다. 우리 부부는 투자에 앞서 정해진 금액 안에서 투자할 것과 투자 결과를 공유할 것 등을 규칙으로 정했다. 매일 각자 주식 투자 관련 책과 유튜브 강의를 듣고, 주식을 들여다봤다.

그 결과, 나는 내 인생 첫 주식 투자를 통해 짭짤한 수익을 맛보았다. 당시 나의 비상금 삼아 모았던 돈을 국내 코로나 키트 개발 업체에 투자해 투자금 뒤에 '0' 하나 더 붙는 기적이 일어난 것이다. 수익을 보고 나니, 나는 소심한 심정에 조금 더 과감하게 투자하지 못한 것을 후회했지만 그래도 마냥 기뻤다. 이익을 얻은 날에는 마치 월급이라도 받은 양 그날 저녁에는 엄마가 번 돈으로 시켰다며 맛있는 치킨을 먹기도 했다. 주식 투자를 통해 한 푼, 두 푼을 부풀리는 재미를 맛보면서 내가 조금이라도 돈을 벌고 있다는 사실이 나에게 자긍심으로 쌓여갔다. 그도 그럴만한 것이 출산 때부터 나의 경력은 멈춤 상태고, 여태까지 남편의 수입이 전부인 외벌이 가정으로 살아왔던 탓이다. 내가 이 가정에 경제적으로 보탬이 된 게 언제인지도 까마득한데, 오랜만에 그것도 주식으로 생겨나는 수입이 어찌나 반갑던지….

**"여보야, 나 이거 사도 돼요?
이거 지금 가격이 엄청 저렴한 거예요."
"제발! 물어보지 말고 그냥 사요!"**

어느새 나는 물건을 사기 전 남편의 지출 동의를 기다리는 사람이 돼버렸다. 내가 지출하는 것은 대부분 식품, 생활용품, 아이와 관련된 물품 등이 전부지만 왠지 남편에게서 지출 허락을 받아야 마음이 편했다. 하지만 남편은 내가 하는 말 중에 허락받는 말이 제일 싫단다. 언제나 남편은 내게 생활비를 지출하면서 절대 자신의 눈치를 보지 말라고 당부했다.

하지만 남편의 노고가 담긴 우리 가정의 유일한 수입인 것을 알기에 생활비 카드를 결제 단말기에 통과시키는 찰나의 순간에도 미안한 마음이 드는 건 어쩔 수 없다. 남편에게 미안함을 동기 삼아 나는 나만의 수익 창출을 위한 고민이 시작됐다. 그러던 중 내게 알짜정보를 가득 안겨 준 책이 있다.

"미리 시간과 에너지를 투자해서 자신이 직접 일하지 않아도 돈이 들어오는 시스템, 그게 바로 파이프라인이다. ... 어떤 온라인 부업을 해봐야 할까요? 라고 묻는다면 답은 정해져 있다. 일단 어떤 것이든 직접 해봐라."
- 곽지현 《이 책은 돈에 관한 동기부여 이야기》

저축부터 앱테크, 무 지출, 체험단 등 '짠테크' 비법이 가득 담긴 책 《이 책은 돈에 관한 동기부여 이야기 (돈에 관해 어떠한 노력도 하지 않는 너에게)》이다. 책을 보려다 말고 부제를 읽는 순간 정곡을 찔린 기분이 들지 않는가. 이 책의 저자 곽지현 씨는 SBS〈생활의 달인〉에 절약의 달인으로 출연했던 주인공이다. 최저시급을 받으면서도 24세가 된 그녀는 자신이 목표했던 5년보다 훨씬 앞당긴 4년 2개월 만에 1억 원을 모아 화제가 되었었다. 또한 99년생인 저자는 최연소 아파트 청약에 당첨되었고, 2년 뒤 또다시 1억 원을 모았단다. 저자에 대해 알게 되면 알게 될수록 놀라운 이 책에는 저자의 경험을 통해 1억을 모으기까지 돈을 모으는 목표를 세우는 방법부터 실행법까지 아주 구체적으로 나와 있다. 정말 돈을 이렇게도 절약할 수 있구나 싶은 기발함과 저자의 철저한 실행력이 독자들에게 도전 정신을 절로 들게 만든다.

책을 통해 나는 생활 속에서 실천할 수 있는 돈 모으는 5가지 실행 계획을 세웠다.

2025년 돈 모으는 5가지 실천

1) 가계부 작성을 통해 내 지출과 수입 파악하기

단순히 기록 차원에서 작성하는 것이 아니라 매달 예산을 파악하여 지출을 관리하고 통제하는 것을 목표로 한다. 계획적으로 예산을 짜고, 이를 반영한 소비생활을 실천하도록 한다. 매달 항목별 최대 지출상한액을 설정하고, 이전 달보다 10,000원이라도 줄여가도록 노력한다. 스트레스와 삶의 질 하락할 여지가 있다면 무 지출을 목표로 하지 말고, 영리하게 최소한의 지출을 통한 기쁨을 느껴보자.

2) '선 저축 후지출' 시스템 구축하기

내가 필요한 만큼 돈을 먼저 지출하고, 남는 돈은 저축한다는 개념은 돈을 모으는 사람에게는 적합하지 않다. 남는 돈을 저축하는 것은 카카오뱅크나 토스 등 온라인 뱅킹에 있는 저금통 통장을 활용해 1,000원 이하의 잔돈을 모아가는 것은 기본적으로 활용하기로 하자. 내가 정말 모으고 싶은 돈의 목표를 설정했다면 수입이 생기자마자 우선으로 따로 이체하여 관리하며 절대 그 통장은 건드리지 않기로 한다.

3) 경조사 비용과 비상금 따로 모으기

우리 가족뿐 아니라 양가 부모님도 점차 병원을 찾는 일이 늘어나고, 생각지도 않은 질병에 갑작스러운 지출이 자연스럽게 발생하고 있다. 또 어느덧 결혼식보다 장례식을 더 많이 찾게 되는 나이가 아닌가. 매달 예산 계획 안에 경조사비와 비상금 항목을 따로 두어 뜻하지 않은 지출 때문에 어려움을 겪지 않도록 대비해야 한다.

4) 파이프라인 만들기에 노력하자

- 전업주부인 나에게도 돈이 돈을 불러오는 구조가 필요하다. 나만의 수익을 창출하는 방안을 고심해 봐야 한다. 적은 돈이라도 지속적인 부수입이 훗날 굵직한 흐름으로 돌아올 수 있다. 7년간 방송작가로 일한 경험과 내가 가지고 있는 자격증(사회복지사 1급, POP 예쁜 손 글씨, 한자 능력검정 3급) 을 활용할 방안을 찾아보자. 우선 당장 나에게는 첫 출간을 통해 부수입의 주춧돌을 삼을 것이다.

5) 주식 투자, 앱테크에 더 관심 두기

세계적으로 경기 불황이 이어지면서 국내 경제 상황도 점점 좋지 않을 것이라는 부정적인

전망이 쏟아지는 요즘이다. 국내외 경제 상황에 꾸준히 관심을 두고, 관련 공부를 지속해야 한다. 노후 대비를 위해 매년 연금저축을 쌓아가고, 틈틈이 수익률을 관리하자.

또한 여태까지 귀찮다고 그만두었던 앱테크를 다시 시작해 보자. 하루 10분이면 충분하다. 영수증 적립과 소비자 설문조사 앱 '엠브레인'과 영수증 적립 플랫폼 '네이버 마이 플레이스'는

비교적 접근성이 좋은 편이다. 음식점이나 문구점, 생활용품점에서도 네이버 리뷰를 작성하면 서비스 음료나 포인트 등을 주는 곳이 있으니, 혜택은 배가 된다.

"사람의 일생은 돈과 시간을 쓰는 방법에 의하여 결정된다.
이 두 가지 사용법을 잘못하여서는 결코 성공할 수 없다."
- 다케우치 히토시

지난 1월 15일에 하나은행 하나금융연구소가 발표한 '대한민국 금융소비자 보고서 2025'에 따르면 기혼 10가구 중 8가구는 노후 자금 준비가 부족하다고 느끼는 것으로 조사됐다. 또한 총자산이 20억 원 정도 있어야 노후 대비가 충분하다고 한다. 돈과 시간을 어떻게 관리하느냐는 우리 삶의 질과 직결되는 문제다. 돈이라는 것이 있다가도 없고, 없다가도 생긴다는 우스갯소리가 있지만 필요한 때마다 지출해야 할 돈이 없을 때의 난감함이란 이루 말할 수 없을 것이다. 이 글을 읽는 독자들의 형편은 어떨지 모르겠다. 하지만 한 번쯤 나의 노후는 잘 준비되고 있는지 점검하는 시간을 가져보면 좋겠다. 절약과 투자는 지금 이 순간부터 하는 것이 가장 빠르다!

06.
아들이 불러온
엄마의 도전!

"안전할 때, 안전 한자는 뭐지?"
"편안할 안, 온전할 전."
"교육할 때, 교육 한자는 뭐지?"
"가르칠 교, 기를 육! 우와! 오늘 나 100점 맞는거 아니야?"

아이가 한자 자격증 시험을 치르러 가는 길. 우리 차 안은 막바지 벼락치기가 한창이다. 어느덧 아들은 세 번째 한자 자격증 시험을 맞이했다. 1년에 한 번씩, 마치 대학수학능력시험을 치르는 것처럼 아이가 1년간 한자 공부를 한 결과를 꽃피우는 날이다. 아이가 한자 자격증 시험을 치르게 된 건 우연히 아이가 7살 때, 유치원에서 한자 자격증 8급 합격증을 들고 오면서부터였다. 아이는 합격증과 함께 한자 자격증 시험에 만점으로 통과하는 사람에게만 추가로 주는 우수상 상장도 받아왔다. 행여 어린 나이에 스트레스를 받지 않을까, 집에서는 한자 자격증 시험 이야기는 일절 하지 않았는데, 만점이라니…. 나는 얼떨떨하면서도 아이와 마음껏 합격의 기쁨을 누렸다. 그 후로 아이는 매년 한 단계 높은 한자 자격증에 도전하고 있다. 초등학교 1학년 때도 한자 급수 시험을 치르고 한 달 뒤, 우리 집엔 합격증과 함께 만점 우수상장도 도착했다. 아이는 매일 나와 함께 한자 공부를 하면서 때로는 지겨워하기도 하고, 잘 외워지지 않는 한자를 만나면 분노를 쏟아낼 때도 있다. 하지만 자신이 노력하면 좋은 결과를 만들 수 있다는 것을 이제 스스로 알기에, 연이은 합격의 기쁨을 기억하며 꾸준히 공부하는 대견한 아들이다.

"집에서 엄마표 공부 뭐 가르쳐?"
"연산이랑 국어랑 한자 자격증 공부랑 뭐 이것 저것 해요."
"벌써? 안 힘들어해?"

주변에서 아이가 집에서 어떤 공부를 하는지 물어올 때면 난 어김없이 핀잔을 들으며 대화를 마친다. 어린 나이에 벌써 자격증 시험에 매진하는 것 아니냐며 마치 내가 극성 엄마인 것처럼 주위의 걱정을 산다. 사실 이런 반응을 보이는 엄마들은 대개 두 부류이다. 이미 방과 후 프로그램이나 학원을 통해 대부분의 교육을 시키고 있어서 집에서 특별히 공부를 봐 주지 않는 상황이거나 혹은 저학년까지는 무조건 놀아야 한다는 확고한 신념을 가진 사람이다. 전자이든 후자이든 집에서 아이와 따로 공부하는 시간을 갖지 않으니, 그들의 눈엔 내가 벌써 자격증 운운하는 엄마로 보일지 모르겠다.

하지만 나는 내가 유난이라고 생각하진 않는다. 나는 그저 엄마로서 아이가 흥미를 느끼는 것, 성과를 보이는 일을 조금 더 확장해 나가는 중이라고 생각한다. 다른 사람과 비교하는 것이 썩 좋지 않다만 내 주위를 둘러봐도 객관적으로 내가 유독 공부를 많이 시키는 축에 들지도 않는 듯하다. 또래 다른 친구들의 사교육 이야기를 들을 때면 속으로 경악스러울 때가 더 많다. 우리 집에서 아이가 하루에 정해진 문제집을 다 풀어 나가는 데 걸리는 시간은 30분 미만. 그리 길지 않은 공부 시간이다. 아이가 학원에 다녀온 후, 간식을 먹으며 잠시 쉬었다가 저녁 식사 전까지 공부한다. 만약 오늘의 공부를 하지 않으면 공부를 마쳐야만 볼 수 있는 유튜브 이용권 15분이 사라진다. 초등학교를 입학하면서부터 지켜온 이 루틴은 지금까지도 어려움 없이 잘 지켜지고 있다. 아이가 학년이 올라가면서 내 마음속에서는 어떻게 하면 공부를 더 늘려볼까 내 욕심이 스멀스멀 올라오지만 아직은 잘 참고 있다. 내 목표는 아이의 학습량을 늘리는 것이 아니라 매일매일 스스로 해야 할 일을 했을 때 얻는 성취감과 아이가 그 시간을 지켜내는 인내를 기르는 것임을 매일 명심하는 중이다.

> "수학여행 가정통신문에 '중식 제공'을 보고 '왜 중식(중국 요리)을 제공하냐'고 하더라고요.
> '교과서는 사서 선생님께 반납하세요'라는 글을 보고 교과서를 사서 반납하는 일이 있었습니다."
>
> – tvN〈유 퀴즈 온 더 블록〉 204회
> 조병영 한양대 국어교육과 교수 인터뷰 중에서

tvN〈유 퀴즈 온 더 블록〉 프로그램에 출연하신 조병영 한양대 국어교육과 교수님이 밝힌 일화다. 그리고 지난 8월 29일, 교육부와 국가평생교육진흥원은 '제4차 성인문해능력조사' 결과를 발표했다. 조사 결과에 따르면 기본적인 읽기, 쓰기. 셈하기 등은 할 수 있으나 문해력이 낮아 이를 일상생활에 적용하는 데 어려움을 겪는 성인이 231만 명이라고 한다. 충격적인 수치다. 우리 사회에 책을 읽는 사람이 점차 줄어들면서 문해력을 일상생활에 적용하는 수준에 도달하지 못하는 성인이 많다는 것이다. 씁쓸하지만 이것이 현대인이 가진 문해력 수준의 현주소다. 당장 나부터도 책 읽는 시간이 현저히 줄었고, 책보다는 각종 영상 매체를 통해 정보를 얻고 여가 시간을 보내는 일이 많아졌다. 책 보다 간편하고, 빠르고, 내용이 쉽다는 장점 때문이다. 반면 책을 통해 얻을 수 있었던 문해력과 감수성은 점점 사라져 가고 있을지도 모르겠다.

다만 '어느 쪽이 좋다, 이쪽이 낫다'라고 단편적인 답을 내릴 문제는 아니라고 생각한다. 하루가 다르게 빠른 속도로 변해가고 있는 시대에 맞춰 생활 방식은 물론 유연하게 변화를 맞이해야 도태되지 않을 테니까 말이다. 하지만 그렇다고 아이에게 '지금은 AI 시대니까 이걸로 공부해'라며 태블릿만 쥐어 주기엔 스스로 석연찮은 면이 있다. '나 때는 이렇게 공부해서 그나마 이 정도의 문해력인데…' 싶은 아쉬운 마음이 남아서다. 이것이 아이의 한자 공부를 내가 쉽게 포기하지 못하는 이유이기도 하다. (물론 엄마의 성향에 따라 교육관이 다르다는 것을 인지하며, 각자의 교육 철학을 존중한다) 그래서 아이가 유치원에서 한자 자격증 시험을 본다고 했을 때, 난 내심 반가웠다. 나도 초등학교 시절 한자 공부에 빠져있던 때가 생각나서다.

"하늘 천, 따 지, 검을 현, 누를 황, 집 우, 집 주"

초등학교 4학년 때, 나는 처음으로 서예학원에 갔다. 할아버지 원장님께 붓글씨도 익히고, 천자문을 외우며 〈논어〉, 〈맹자〉를 공부했다. 지금 와서 생각해 보니 그때 배운 구절들이 주옥같은 깨달음의 집합체인데, 당시 초등학생에게는 이게 무슨 말인지 이해될 턱이 없었다. 그저 내 옷에 먹물이 튀지 않게 조심스럽게 벼루 한가득 먹을 가는 데에 더 집중했던 나다. 그래도 서예학원을 3년간 다니며 내게 남은 제일 큰 성과는 한자 급수 자격증이었다.

나는 1년에 두 차례씩 단계를 높여가며 한자 자격증 시험을 도전했다. 그리고 초등학교를 졸업하기 전 사단법인 한국어문회에서 발급하는 공인 민간 자격 준 3급 시험에 합격했다. 약 2,500자 정도의 한자를 읽고, 쓰는 급수였다. 덕분에 나는 중학교, 고등학교 한문 시간에 따로 공부하지 않아도 좋은 성적을 얻을 수 있었다. 언어 영역을 공부할 때도 고전문학에 등장하는 대부분의 한자어를 옥편 없이 해석할 수 있어서 공부 시간을 단축할 수 있었다. 생소한 단어라도 앞뒤 맥락과 한자를 떠올리면 비슷하게나마 이해할 수 있다는 것은 굉장한 이점이었다. 김선영 작가의 〈어른의 문해력〉 책에 따르면 우리말 중 한자어의 비율이 57%라고 한다. 우리말에는 순우리말인 고유어나 혼종어, 외래어보다 한자어가 가장 큰 비중을 차지한다는 것이다. 따라서 한자어에 능통하면 우리말을 더 쉽게, 더 잘할 수 있는 것 아닐까?

한편, 내가 초등학교까지 한자 자격증 시험을 봤었다는 사실을 알게 된 아이는 '지금 나를 엄마처럼 공부시키려는 거야?'라며 투정 아닌 투정을 부리기도 한다. 하지만 아이는 '내가 엄마보다 더 많이 배울 거야!'라며 금세 승리욕에 불타오른 모습을 보인다. 엄마로서 대단히 반가운 승리욕이 아닐 수 없다. 사실은 어쩌면 이 모든 게 정말 내 욕심일지도 모르겠다. 그래도 어릴 때 언어를 공부하는 것이 얼마나 유리하고 효율적인지 알기에, 아들의 공부는 쉽게 포기되지 않는다. 한자는 그 자체로 특정 언어가 되는 것은 아니지만 우리말의 큰 비중을 차지하기도 하고, 중국어나 일본어를 배울 때도 보다 쉽게 접근할 수 있다는 매력적인 장점도 있기 때문이다.

> 知之者不如好之者, 好之者不如樂之者.
> 배움의 좋은 점을 아는 사람은 그것을 좋아하는 사람보다 못하고, 좋아만 하는 사람은 그것을 즐기는 사람보다는 못하다.
> - 임성훈 《살면서 꼭 한 번은 논어》

〈논어〉의 한 구절이다. 우리가 흔히 사람은 평생 배워야 한다고 말한다. 하지만 배우는 것에서 그치지 않고, 배우는 것 자체를 좋아하는 데다가 즐거워하는 사람이 되는 것을 목표 삼아보는 것은 어떨까. 아이의 한자 공부를 함께 하면서 이제 나도 한자를 다시 배워보면 좋겠다는 학습 욕구가 생겨나는 요즘이다. 마침, 한국어문회에서 주관하는 아이의 한자 급수 시험을 접수하고, 홈페이지를 살펴보다가 한자 지도사 자격증 시험이 있다는 것을 알게 됐다. 한자 급수 시험과 마찬가지로 사단법인 한국어문회에서 주관하는 시험 중 하나로, 1년에 4차례 시험이 진행되고 있다. 한자 지도자 자격증은 한자어를 지도할 수 있는 전문 지식을 갖추고, 한자 교육프로그램을 분석 및 개발과 평가를 할 수 있는 한자 지도사를 배출하기 위한 민간자격증이다. 배급 한자 수에 따라서 초·중·고급으로 나뉘며, 추후 학교나 사설 교육기관, 기업체 등에 취업해 한자 교육을 수행할 수 있는 자격을 갖는 것이다. 이제 내년 여름이면 아이는 한자 자격증 준 6급에, 나는 한자 지도사 자격증에 도전해 볼까 한다.

아들의 도전이 엄마의 도전을 불러왔다. 전업주부로 살던 내 인생에 이 얼마만의 공부인가. 정말 오랜만에, 그것도 다시 한자 공부라니… 아직 낯선 마음에 떨림과 설렘이 공존한다. 하지만 감사하게도 공부에 대한 걱정, 시험에 대한 스트레스보다는 공부하는 과정을 기대하는 마음이 더 크다. 내가 아이와 함께 공부하는 시간을 보내며 든든한 동지

애도 느끼고, 돈독한 유대감도 쌓아가는 소중한 기회가 되지 않을까 해서다. 함께 합격증을 받아 들 날을 고대하면서 매일매일 즐거운 배움을 이어 나가야겠다. 〈논어〉의 구절처럼 배움을 즐기는 사람이 되자!

07.
10년 차 엄마의
육아 신념 10가지

"○월 ○일, 오후 4시 48분. 산모 ○○○ 님의 아들이 탄생했습니다. 산모님, 축하드립니다!"

10년 전 어느 날. 자정 무렵 피곤한 남편이 먼저 잠자리에 들고, 나도 잠을 청하려는데 갑작스러운 통증이 느껴졌다. 정확하게 어디가 아프다고 표현할 수도 없는 위치에서 생전 처음 느껴보는 고통이었다.

'오늘 아기가 나오려는구나!'

나는 당분간 샤워를 못 할 거라는 생각에 곧바로 욕실에 가서 구석구석 열심히 씻었다. 샤워하는 중에도 보이지 않는 손이 내 배를 움켜쥐었다가 펴는 듯한 통증이 간간이 찾아왔다. 나는 미리 준비해 두었던 출산 가방을 꺼내와 출산 준비물을 하나하나 점검했다. 다시 침대로 돌아왔지만, 점점 잦아지는 통증 때문에 쉽사리 잠에 들 수 없었다. 옆으로 누운 채로 휴대전화 메모장을 켜두고, 통증의 지속 시간과 강도를 기록하기 시작했다. 나는 이미 육아서를 통해 배운 것처럼 강도 높은 통증이 5분 내로 반복될 때까지 기다릴 작정이었다. 통증은 점차 참을 만한 수준에서 온몸을 꼼짝 못 할 정도로 강해졌고, 그 통증은 10분마다 나를 덮쳤다. 때마침 남편의 휴대전화에서 기상 알람이 울렸다.

"여보, 일어나요! 우리 아기 만나러 가요!"

그렇게 헐레벌떡 남편과 함께 병원을 찾은 시각이 오전 8시. 의료진이 내진을 진행한 결과, 아직 경부가 2cm밖에 열리지 않아 조금 더 기다리든지, 집에 다녀오란다. 눈앞이 노랗게 변하고, 다리에 힘이 스르르 풀렸다. 난 이렇게 아픈 채로, 집으로 돌아갈 수 없었다. 곧바로 입원 절차를 마치고, 나는 무통 주사를 맞게 됐다. 그런데 그 무통 주사의 효과란 참으로 어마어마했다. 나를 옴짝달싹 못 하게 만들던 통증이 하나도 느껴지지 않은 것이었다. 나는 그 상태로 자궁이 열리길 기다렸지만, 그 속도는 너무 더뎌지고 말았다. 어느새 내 담당 선생님의 오후 진료 시간이 마쳐가고, 나는 선생님이 퇴근한 이후에 아기가 나올까 봐 노심초사하게 됐다. 담당 선생님도 초조한지 내 대기실을 들락날락하며 상태를 살피다가 결국 양수를 터트리고 곧바로 자연분만 출산을 진행하기로 했다. 퍽 하는 소리와 함께 양수를 터트리고 나는 출산 방으로 옮겨졌다. 난 있는 힘껏 힘을 주는 와중에 아기가 처음 듣는 소리가 내 비명이면 안 되겠다는 생각으로 입만 벌린 채 소리 없는 비명을 질렀다. 그리고 아기는 무사히 태어났다. 장장 16시간의 산고 끝에 만난 귀한 아기다.

볕이 따뜻해지는 봄이 되면 나는 어느새 엄마 생활 10년 차에 접어든다. 나는 아직도 내가 출산하던 그날의 날씨, 대화까지 모든 게 생생한데, 벌써 10년이라니…. 세월 참 빠르다는 말이 이럴 때 쓰는 말이구나 새삼 느낀다. 나의 한쪽 팔에 감싸안긴 채 쪽쪽 모유를 먹던 아이는 무럭무럭 자라나 어느덧 10살이다. 바운서 위에서 꼬물꼬물하던 시절이 엊그제 같은데, 이제는 내가 온 힘을 다해도 도무지 아이를 번쩍 들어 올릴 수 없다.

내 인생에 오늘이 오기까지 우여곡절 없던 때가 없었다.

나도 엄마가 처음이니 당연한 좌충우돌이었다. 하지만 아이와 함께한 나의 지난날 중 나에게 후회와 미련이 가득한 기억이란 없다. 얼마나 감사한 일인가. 어느덧 육아 10년 차를 맞으며 그동안 나만의 육아신념 10가지를 정리했다.

1) 엄마 자신을 탓하지 말자

육아 관련 TV 프로그램, 육아 코칭 유튜브, 육아 도서를 보다 보면 결국 이르는 결론은 하나다. 바로 엄마가 문제라는 것. 엄마가 바뀌면 아이가 바뀐다고 한다. 맞는 말이다. 하지만 그렇다고 해서 엄마인 나 스스로에게 비난의 화살을 돌려서는 안 된다. 나 때문에 아이에게 문제행동이 생기고, 아픈 일을 겪었다고 해서 엄마 자격을 운운하며 스스로 깎아내리지 말자. 아이 마음은 세상 최고의 흡수력을 자랑하는 스펀지다. 엄마의 낮은 자존감과 슬픈 감정은 아이에게 그대로 전가되기 마련이다. 엄마가 잘못이 무엇인지 깨달았다면 그것을 고치면 그만이다. 나의 행동을 돌이킬 때, 아이도 좋은 방향으로 변화할 것을 믿자. 영화〈바람과 함께 사라지다〉의 명대사처럼 내일은 내일의 태양이 뜬다. 오늘의 나는 잊고, 내일 새로운 마음으로 아이 앞에 서자.

2) 주위에 휘둘리지 말자

아이를 키우다 보면 자연스럽게 주변 엄마들의 다양한

육아 방법과 교육관을 접하게 된다. 모두 자기 자녀를 위해 최선을 다하는 엄마들의 노력일 테다. 다만 이러한 주변의 소리를 참고는 하되, 굳이 따를 필요는 없다. 때로는 내가 알지 못했던 주변 아이들의 특성을 알아갈 수도 있고, 내가 생각지 못했던 교육 정보를 얻을 수도 있지만 그 이상을 마음에 담지 말자.

내 아이는 내 아이의 성향에 맞게 엄마의 소신대로 아이를 키우면 된다. 주위에 끌려다니는 삶을 살다 보면, 점차 나의 아이를 다른 아이와 끝없이 비교하게 된다. 결국 아이도 엄마도 불필요한 경쟁의식에 휩싸이고, 끝내 배움의 과정보다 결과만 중시하게 될지도 모른다. 엄마의 욕심을 배제한 채 내 아이가 좋아하는 것, 내 아이가 잘하는 것에 선택과 집중을 다 하자.

3) 아이를 개별적인 인격체로 존중하자

엄마가 산고 끝에 엄마 배 속에서 태어났어도 아이는 독립적이고, 개별적인 인격체다. 아이는 엄마가 리모컨으로 조종하는 로봇도 아니고, 나의 지시만 잘 따르는 애완동물도 아니다. 아이도 아이만의 생각과 욕구가 있는 엄연한 사람이다. 그렇다고 모든 선택과 결정을 아이 뜻에 맞추라는 것이 아니다. 아이의 건강과 안전 관련한 문제가 아니고선 아이의 의견을 자주 물어보고, 함께 대화로 풀어 나가도록 하는 것이다. 우리는 어른으로서 아이에게 협박하거나 강요하지 않아야 한다. 아이가 무리한 요구를 하거나 잘못된 선택을 할 때에는 대화를 통해 이해시키면 된다. 아이와 부모가 대척점에 서는 것이 아니라 우리는 한 팀이라는 의식을 심어주고, 하나의 방향을 향하는 것이 중요하다.

가장 먼저 할 일은 아이의 감정을 충분히 읽어주는 것이다. '그래서 지금 마음이 속상하구나. 엄마도 너의 입장이라면 엄청 속상할 것 같아. 많이 힘들었지?' 감정을 읽어주고, 공감해 주었다면 그다음으로 해야 할 것은 규칙 설명하기다. 엄마는 너의 상황을 충분히 이해하고 있는데, 지금의 이 일은 네가 지금 학생으로서, 자녀로서 네가 해야만 하는 것임을 알려준다. 엄마가 규칙의 주체가 되는 것이 아니라 같은 동지로서 역할을 상기시키는 것에 중점을 둬야 한다. 엄마는 상황을 설명하고, 규칙을 이해시키는 안내자 역할에 충실하면, 아이는 한층 열린 마음으로 상황을 수긍하는 경험을 쌓아갈 수 있다. 엄마 말이니까 무조건 들으라는 강요가 아니라 경청과 공감을 바탕으로 아이와 대화를 나눠보자. 이를 통해 아이는 자신의 의견을 존중해 주는 엄마에게 신뢰감을 느끼고, 자기 자신에 대한 효능감과 자신감을 얻을 수 있다.

4) 육아의 목적을 잃지 말자

"육아의 궁극적인 목적은 자녀를 독립시키는 겁니다. 20여 년 자녀를 키우면서 자녀가 좋아하는 일을 하고 살 수 있도록, 아이를 독립시키는 과정에서 필요한 힘을 길러주는 게 부모의 역할입니다."

- 오은영 박사

오은영 박사의 말처럼 육아의 목적은 자녀를 독립시키는 데 있다. 아이가 부모의 보호를 벗어나 살아갈 나이가 됐을 때 어려움 없이 삶을 살아갈 수 있도록 가르치고, 필요한 힘을 기르도록 도와주는 데 부모의 역할은 그쳐야 한다. 자녀는 부모를 위해 살아가는 존재도 아님을 기억하고, 부모도 자녀에게 무조건적인 희생의 멍에를 지지 않도록 경계해야 한다. 독립할 때가 되면 자녀는 자녀 스스로 독립적인 인생을 살아가고, 부모는 이를 응원하며 살아가자. 부모도 자녀도 모두 건강하게 정서적인 독립을 이뤄야 함을 잊지 말자.

5) 나의 아이만 특별한 것이 아니다

고슴도치도 제 새끼가 제일 곱다는 우리나라 속담이 있다. 삐죽삐죽 가시가 잔뜩 돋아도 내 자식이라면 응당 사랑스러운 게 부모 마음이다. 하지만 나의 아이가 귀한 만큼 내 아이 옆의 아이도, 그 옆의 아이도 모두 귀한 고슴도치다. 학교나 학원 생활 중 내 아이가 갈등 상황에 놓인다면 어떤 행동을 취할 것인가? 먼저 내 아이의 말에 우선 귀 기울이고, 마음을 살핀다. 그다음에는 같은 공간에 있었던 다른 아이의 이야기도 객관적으로 들어보려는 노력이 필요하다. 내 아이의 말만 맹신한 채 대응하다 보면 사건의 요점도 잊고, 객관성도 잃고, 끝내 내 아이의 억울함이든 잘못이든 아무것도 해결되지 않을 수 있다. 내 아이의 잘못이 명백하다면 사과하는 용기를 가르치고, 내 아이가 피해를 겪었다면 적절한 사과를 받음으로써 부모와 자녀 모두 성장하는 계기로 삼자. 내 아이만 예쁘고, 잘난 존재가 아니라 세상 모든 아이는 귀하다. 아이마다 자신의 취향과 본성이 모두 다른 특별한 존재임을 기억하자.

6) 아이의 본성을 있는 그대로 받아들이자

나의 아이는 낯선 환경, 낯선 사람에 대한 긴장을 잘하는 편이다. 그래서 새로움보다 익숙함을 선호하고, 새로운 환경에 적응하는 시간이 필요하다. 하지만 아이는 나름 혼자 적응하는 시간 동안 아이는 열심히 주변을 관찰하면서 상황과 사람에 대한 이해도가 깊어진다. 적응 기간을 마치면 나의 아이는 누구보다 적극적이며, 유머러스하고, 주변 친구들에게 배려심 넘치는 매력을 선보인다. 나는 한 때 나의 아이를 사회성이 부족한 아이로 오해했다. 그저 아이가 우리 부부보다 조용하고, 낯가림이 심한 탓에 제 할 말도 못하면 어쩌나 싶은 나의 부질없는 걱정이 앞섰다. 아이가 초등학교에 입학한 후, 아이의 등교거부 문제로 나는 아이와 함께 놀이센터를 방문한 적이 있었다. 놀이치료 첫날, 난 상담가에게 호되게 혼이 났다. 엄마가 섣부른 걱정으로 아무 문제 없는 아이를 고생시킨다고 말이다.

내향적인 성향은 고쳐야 하는 문제점이 아니다. 낯가림은 아이가 자신을 지키는 하나의 방법이다. 말수가 많고, 외향적이라고 사회성이 좋은 것이 아니라 주변 사회를 제대로 이해하는 것이 사회성이 좋은 것임을 깨달아 간다. 엄마의 욕심과 걱정을 내려놓고, 아이를 있는 그대로 바라보며 인정하는 태도가 필요하다.

7) 아이에게 다름을 알려주자

유치원이나 학교 등 우리 주변에서는 생각보다 다양한 장애가 있는 친구들을 쉽게 찾아볼 수 있다. 경계성 ADHD부터 자폐스펙트럼과 같은 발달장애, 청각장애, 언어장애, 지체 장애 등 종류도 매우 많다. 그리고 청소년기를 거치면서는 성소수자에 대한 개념도 알게 될 것이다. 대개 아이들은 장애 아동을 만나게 되면 그 아이는 왜 그런 행동을 하는지, 어디가 아픈지 궁금해한다. 나는 그럴 때마다 아이가 외형적으로 갖는 선입견에 매몰되지 않도록 최대한 자세히 아이에게 설명해 주고자 한다. 장애는 그 사람의 잘못이 아니라는 것과 누구나 장애가 생길 수 있다는 것. 또한 장애가 있다고 해서 그 사람을 무조건 동정하지는 않도록 알려준다. 때로는 그런 동정 어린 눈빛도 당사자에겐 상처가 될 수 있기에 동정이 아니라 작은 관심만 가지라고 일러준다. 도움이 필요할 때 그 친구들 가까이에서 기꺼이 도움의 손길을 건넬 수 있도록 따뜻한 마음으로 바라보도록 말이다. 살다 보면 장애가 있는 친구뿐만 아니라 자신과 생활 모습, 가정환경, 가치관이 다른 친구를 더 많이 접하게 될 것이다. 이때마다 무조건 자신을 중심으로 내가 맞고, 너는 틀렸다가 아니라 우리는 서로 다르다는 점을 이해하도록 도와주자. 상대방의 다른 점을 이해하고 포용할 때 아이의 마음은 더 넓어질 것이다.

8) 긍정의 언어를 사용하자

부전자전, 아이는 부모의 거울이다. 등 아이가 부모를 그대로 닮는다는 말을 많이 들어봤을 것이다. 아이를 키워보니, 정말 그런 경우가 많았다. 아이는 외면적으로나 내면적으로나 말투, 몸짓, 생활 습관, 자주 사용하는 단어까지 그 부모를 빼닮아간다. 우리 아이 주변에는 학원 개수와 아파트 평수로 빈부를 평가하는 아이도, 특정 자동차 브랜드를 선호하는 아이도, 얄미운 짓만 골라 하고 무조건 발뺌하는 아이도 있다. 아이를 보면 만나보지 않은 그 부모의 성향까지 엿볼 수 있다. 이토록 부모를 닮아가는 아이라니, 부모는 아이 앞에서 항상 경각심을 가질 수밖에 없는 대목이다.

특히 아이가 쉽게 습득하는 언어 사용에 관해 주의를 기울여야 한다. 가정에서 비아냥거림이나 반어법으로 상대방을 놀리는 말투, 폭력성을 내포한 비속어는 절대 사용하지 않도록 하자. 가급적 이러한 표현이 등장하는 TV 프로그램이나 유튜브 시청을 자제시키는 것이 현명하다. 가정에서 부모가 먼저 아름답고 긍정적인 언어를 사용하면 아이 또한 긍정적인 언어를 사용함으로써 아이의 마음이 아름답게 자라날 것이다.

9) 가정에서 반드시 인성을 교육하자

인성교육은 아무리 강조해도 지나치지 않는다. 우리나라 인성교육진흥법 중 8대 덕목은 존중, 책임, 협동, 소통, 정직, 배려, 예, 효이다. 길거리에 사탕 껍질을 버리지 않는 것, 어른 앞에서 공손한 태도를 유지하는 것, 친구의 괴롭힘에 순응하지 않는 것 모두 인성교육에 포함된다. 한 인간이 자신의 삶 속에서 더욱 건강하고, 올바른 품성을 가짐으로써 공동체 사회와 더불어 살아갈 수 있는 능력을 키우는 것이다. 한 아이가 초등학교에 진학하여 또래 집단 사회에 속하기 전에 가정에서부터 바른 인성을 가질 수 있도록 지도하는 것은 전적으로 부모의 몫이다. 주변 사람을 배려하고 베푸는 마음, 옳고 그름을 판단하고 그에 상응하는 행동을 하는 것 모두 가정에서 먼저 배워야 한다. 특히 나는 사람의 기본 도리로 가장 강조하는 것이 바로 인사다. 사람과 만났을 때 인사하고, 미안할 때 사과하고, 고마울 때 감사하는 것은 모든 사람과의 관계에서 기본이 되기 때문이다. 부끄럽더라도, 인사할 때를 놓친 것 같더라도 인사는 일단 하는 편이 좋다. 인사는 긍정적인 사고와 삶의 여유를 불러오는 따뜻한 주문이다.

10) 마음껏 사랑하자

"지금, 존재만으로 사랑받고 사랑하고"

우리 집 가훈이다. 한 여자와 한 남자가 가정을 이루고, 그 부부 사이에서 사랑의 결실로 귀한 생명이 태어난 것. 이것은 결코 우연이 아니다. 오히려 기적에 가까운 일이다. 나는 우리 가족이 한 가정으로 함께 살아가는 동안 언제든 서로를 향한 사랑이 충만하길 바란다. 가정 외의 사회에서 온갖 어렵고, 힘든 시련을 겪더라도 우리 가정에서는 서로를 있는 모습 그대로 이해하고, 존중하고, 사랑하면 좋겠다. 우리 가족이 함께하는 지금, 이 순간은 세상 무엇과도 바꿀 수 없으며, 두 번 다시 찾아오지 않기에 하루하루 순간마다 최선을 다해 사랑하고 싶다. 부모의 아낌 없는 사랑을 받은 아이는 자신도 사랑할 줄 알고, 주변을 사랑할 수 있는 넉넉한 마음을 가지리라 믿는다. 언제 어느 때라도 아이를 사랑으로 품어주는 부모가 되자.

5장

아이의 독립 이전에
엄마의 독립이 먼저다!

한가지 고민이 생겼다. 나의 시간을 조금 더 가치 있게 꾸리고 싶다는 고민이다. 앞으로 아이가 초등 고학년이 되고, 나의 도움이 필요한 때가 점차 줄어들면 나는 내게 주어진 시간을 어떻게 살아가는 것이 좋을까.

01.
엄마 님이 오전 퀘스트를 완료했습니다!

"어디 일 다니세요?"
"아뇨. 그냥 집에 있어요."
"전업 주부요? 와, 너무 부러워요!"

          미용실에서 머리를 하며 헤어디자이너와 이런저런 이야기를 나누다 보면 자주 나오는 주제가 있다. 직장 없이 집에서 전업주부로 살아가는 삶은 과연 부러운 일일까? 많은 이들이 그런 반응을 보이곤 한다. 물론 어떤 의미에서 부럽다는 말인지 이해하지 못하는 건 아니지만, 매일 아침 서둘러 출근하지 않아도 된다는 점, 상사의 지시나 간섭 없이 나만의 시간을 보낼 수 있다는 점이 과연 그렇게 부러워할 만한 일일까 싶다.

출퇴근 압박이 없다는 것 하나만으로 전업주부를 직장인의 굴레와 무관한 인생으로 단정짓는 것은 큰 착각이다. 더구나 그렇게 말하는 사람들 중에는 나를 단순히 수입도 없이 놀고먹는 사람으로 여기는 듯한 시선도 있다. 그런 생각에 억울하고 살짝 서러운 마음이 드는 건 어쩔 수 없다. 그렇다고 전업주부가 워킹맘보다 더 위대하다거나 대단하다고 말하고 싶은 건 아니다. 다만 전업주부 역시 직장인처럼 치열한 하루를 살아내며, 자신의 열정을 다해 버텨내고 있다는 사실을 전하고 싶을 뿐이다. 전업주부 10년차에 접어든 나의 하루, 그 시간을 이제 다시 한 번 되짚어보려 한다.

오전 7시

"엄마, 굿모닝!"

매일 아침, 일찍 일어나는 아들이 우리 가족 중 가장 먼저 하루를 시작한다. 다정한 아들은 안방 문을 활짝 열고 환한 인사로 나를 깨운다. 아들이 세수하러 화장실에 간 사이, 나는 황급히 일어나 미지근한 물 두 컵을 준비한다. 한 컵은 내가 마시고, 다른 한 컵은 유산균과 함께 아들에게 건넨다.

물을 다 마신 아들에게는 곧바로 홍삼 파우치에 빨대를 꽂아 건넨다. 이어서 나는 서둘러 아침 식사 준비에 돌입한다. 동시에, 아들 방에 밤새 켜져 있던 수면등과 가습기, 온열매트의 전원을 끄는 것도 내 아침 루틴의 일부다.

① 오전 7시 30분

아들이 아침 식사를 하기 전에, 먼저 세수한 얼굴 상태를 확인하고 로션과 선크림을 바르도록 한다. 요즘 들어 어찌나 귀엽게 고양이 세수를 하는지, 매일 아침 눈곱이 그대로 붙어 있는 아들이다. 차분해 보이지만, 영락없는 남자아이다. 이렇게 얼굴 정돈을 마친 뒤에 식사를 해야 한다. 아침 식사와 순서가 바뀌면, 먹던 김 조각이 로션과 함께 얼굴에 버무려지는 대참사가 벌어질지도 모르기 때문이다. 아들이 식사하는 동안, 나는 우리 집에서 가장 나이 많은 '큰아들'인 남편을 깨운다. 남편은 나보다 나이도 많고, 사회생활도 훨씬 오래 했건만, 언제나 아침이 가장 버거운 사람이다. 아침잠이 많은 그는 결혼 12년 차인 지금까지도 매일 여러 개의 알람에도 스스로 일어난 적이 없다. 그래서 나는 매일 그를 깨우고, 화장실에 들어가는 것까지 확인해야 한다. '큰아들'이라는 말이 절로 나온다.

🕗 오전 8시

"엄마, 아침 식사도 베리 굿~!"

느긋하게 식사를 마친 아들은 자신이 사용한 식기를 직접 설거지대로 옮겨놓는다. 이어서 오늘 학교에서 배울 내용과 학원 수업 계획을 확인한다. 그 사이 나는 매일 아침처럼 미세먼지 농도를 체크하고, 새 마스크를 아이 마스크 끈에 걸어준다. 보온병에는 물을 채워 넣고 어깨끈도 연결해 둔다. 아이의 교과 활동을 고려해 오늘 입을 적당한 옷도 미리 꺼내 놓는다. 아이는 물통 잠금장치와 휴대전화의 진동 모드를 스스로 확인한 후, 가방에 챙겨 넣고 옷을 갈아입기 시작한다. 나 역시 그 사이 처음으로 화장실에 들어가 세수를 하고, 서둘러 운동복으로 갈아입는다.

🕗 오전 8시 30분

야호! 드디어 등교 시간이다. 어느새 아침 식사를 마치고 출근 준비를 끝낸 남편도 외출 채비로 분주하다. 아빠와 아들은 나란히 현관문을 나선다. 준비성이 철저한 아들은 엘리베이터를 타면서도 오늘의 방과 후 일정을 복기한다. 엘리베이터 문이 천천히 닫히고, 드디어 나만의 시간이 시작된다. 갑작스레 고요해진 집안을 커피머신 소리로 채우며, 거실 창 앞에 서서 멀어져 가는 아들의 뒷모습을 바라본다. 부디 오늘 하루가 아무 탈 없이 즐겁고, 감사함으로 가득하길….

🕘 오전 9시

운동하는 날 아침엔 지방 연소를 돕기 위해 아메리카노 한 잔을 마신다. 땀 흘리며 달릴 때면 옆구리에 피부가 찢어지는 듯한 통증이 느껴지기에, 커피 외에는 아무것도 입에 대지 않는다. 커피를 호로록 마신 뒤에는 아침 필사를 시작한다. 허리를 반듯하게 펴고, 차분한 마음으로 성경을 한 글자 한 글자 정성껏 써 내려간다. 매일 하는 일인데도 매일 꾀가 나는 걸 보면서 인간의 나약함을 여실히 느끼는 아침이다. 필사를 마친 뒤에는 설거지대에 쌓인 가족들의 아침 식사 흔적을 정리한다. 여유가 생기면 밀린 연락을 돌릴 시간. 간밤에 별일 없었는지 엄마 안부를 묻고, 아이 학원에 문의 사항도 남기며, 아이와 일정을 함께하는 친구 엄마와 잠시 수다를 나눈다.

🕙 오전 10시

노트북을 열어 내가 좋아하는 팝송 모음을 재생한 뒤, 인터넷 뉴스를 검색한다. 나는 날씨를 비롯해 정치, 경제, 문화, 연예, 스포츠 등 전반적인 뉴스를 꼼꼼히 살펴보는 편이다. 당장은 나와 무관해 보여도, 잡다한 정보는 스몰토크의 소재가 되기도 하고 아이의 궁금증을 해결해 주는 데 도움이 되기도 한다. 간밤에 연재한 브런치스토리에 달린 라이킷이나 댓글도 확인하고, 좋아하는 작가들의 브런치 글도 정독한다.

오전 10시 30분

벌써 운동하러 갈 시간이다. 운동복을 입고, 에코백에 운동화와 텀블러를 챙겨 집을 나선다. 목적지는 아파트 앞 헬스장 GX실. 어느새 빽빽하게 들어찬 강의실에서 강사를 따라 열심히 몸을 흔들어본다. 다이어트 댄스라고 얕봤다간 큰코다친다. 간헐적 단식으로 이미 에너지는 바닥났지만, 다이어트를 향한 의지를 불태우며 끝까지 최선을 다해 움직인다. 간혹 평소 좋아하던 노래나 익숙한 안무가 나오면 아주 럭키! 더욱 신나게 춤을 추며 스트레스를 날려버린다.

오후 12시 30분

운동을 마치고 근처 가게에 들러 장을 본다. 과일을 사랑했던 외할머니를 닮아 하루에 두세 가지 이상의 과일을 먹는 아들을 위해, 값비싼 과일도 매일 장보기 목록에서 빠지지 않는다. 과일을 자주 사다 보니 최근에는 새로운 쇼핑 방법도 알게 되었다. 바로 카카오톡 메신저의 오픈채팅방이다. 동네에서 잘 알려진 과일 가게들이 프랜차이즈화되면서 각 지점마다 독립적인 오픈채팅방을 운영하는데, 이곳에서는 매일 아침 그날의 할인 품목이 올라오고, 정해진 시간에 맞춰 선착순 댓글 예약을 받아 과일을 판매한다. 계절에 따라 과일 품목이 달라지기 때문인지, 요즘엔 과일뿐만 아니라 밀키트, 다양한 채소, 냉동 해산물류까지 취급하며 손님을 끌어들인다. 나는 정해진 시간마다 미리 예약해 둔 상품들을 챙겨 집으로 돌아온다.

집에 돌아온 나는 장 본 물건을 정리하고, 세탁기를 돌리며 허겁지겁 나만의 점심 식사를 준비한다. 나에겐 하루의 첫 끼니이기에 더욱 소중하다. 혼자 식사하며 TV를 보는 것이 건강에 좋지 않다는 걸 알면서도, 아직 그 습관을 고치지 못했다. 맛있는 점심을 먹으며 좋아하는 OTT 콘텐츠를 시청하며 잠시 숨을 고른다.

이렇게 나의 오전 시간이 마무리된다. 시간은 누구에게나 공평하게 흐르고, 가만히 숨만 쉬어도 지나가기 마련이다. 나의 일과를 자세히 적고 보니 왠지 속이 훤히 들여다보이는 것 같아 부끄럽기도 하다. 나보다 더 분주하게 1분 1초를 쪼개 살아가는 이들도 많을 것이다. 이쯤 되니, 나의 일과를 알게 된 독자들은 어떤 생각을 할지 문득 궁금해진다. 어떤 이는 이 일상이 특별하지 않다고 느낄 수도 있고, 또 어떤 이는 너무 바빠 보여 당황스러울지도 모르겠다.

하지만 나는 어느덧 엄마 경력 10년 차, 짬밥이 제법 쌓인 과장급 경력직 엄마다. 지금 나는 우리 가족에 꼭 맞는 타임라인과 내 나름의 기준에 따라 매일 나만의 일정을 알차게 소화하고 있다. 나 역시 직장인처럼 반복되는 일상 속에서 가장 중요하게 여기는 것은 '워라밸'이다. 엄마인 나에게도 일과 삶의 균형은 아주 중요하다. 가정을 일터라고 부르긴 어렵지만, 전업주부인 내게 가정은 삶의 중심이자 가족 돌봄의 출발점이다. 그래서 자연스레 가장 많은 시간을 그곳에 쏟게 된다. 그리고 그 가정 안에서의 나의 삶 또한 나만의 행복을 이루는 시간이 보장되어야 한다. 가정을 잘 돌보는 엄마가 되기 위해서는, 엄마의 일상에도 쉼표와 마침표가 적절히 배분되어야 한다. 모든 순간에 파이팅이 넘칠 수는 없고, 모든 순간을 안락하게 보낼 수도 없다. 그저 순간마다 엄마로서, 아내로서 최선을 다하고, 동시에 가족만큼 나 자신도 소중히 여기는 사람이 되는 것. 그것이 나의 목표다. 이왕 이렇게 오전 일과를 돌아본 김에, 오후의 일상도 한 번 점검해 봐야겠다.

02.
엄마 님이 오후 퀘스트를 완료했습니다

🕐 오후 1시 30분

점심 식사의 흔적을 치우고, 간단히 청소기를 돌린다. 벌써 아이의 하교 시간이다. 나는 집에 돌아온 아이에게 간단한 간식을 건네고, 아이와 대화를 나눈다. 학교에서 잘 지냈는지, 점심은 맛있게 먹었는지 물어보면, 신이 난 아이는 내가 더 자세히 묻지 않아도 재미있었던 에피소드를 폭포수처럼 쏟아낸다.

🕑 오후 2시

아이는 학원 가방을 챙겨 떠나고, 다시 나만 집에 남는다. 때마침 울리는 세탁기 종료 알림에 곧바로 건조기를 가동하고, 나는 식탁 위 노트북 전원을 켠다. 안경을 깨끗하게 닦고, 분주했던 마음을 정돈하며 나만의 글을 쓸 시간이다. 오늘은 어떤 말을 쓸까, 잠잠히 고민해 본다. 감명 깊게 읽은 책 이야기, 예전에 겪었던 에피소드, 요즘의 깨달음들…. 하나씩 꺼내어 메모하고, 이야기 흐름에 맞춰 구성한다. 하루 중 오롯이 나 자신에게만 집중하는 유일한 글쓰기 시간. 글을 쓰면서 불분명했던 감정들이 정리되고, 앞으로의 나날을 향한 새로운 다짐이 피어난다.

🕠 오후 5시

학원을 마친 아이가 집에 돌아온다. 나는 저녁 식사를 준비하며 아이와 학원 생활에 대해 이야기 나눈다. 아이는 내가 무엇을 하며 하루를 보냈는지, 오늘은 어떤 춤을 배웠는지까지 세심히 관심을 보인다. 이런저런 이야기를 나누는 동안 아이는 샤워를 하고, 나는 아이의 머리를 말려준다.

아이는 간단한 간식을 먹으며 엄마표 공부를 시작한다. 나란히 앉아 수학 문제집을 풀고, 이어서 연산, 독해, 한자 자격증 문제집까지 뚝딱 해치운다. 어려운 공부를 하는 날엔, 갑자기 치킨을 먹고 싶다며 귀엽게 응석을 부리기도 한다. 나는 못 이기는 척 "오늘 어려운 거 열심히 했으니 제일 맛있는 걸 먹자"며 아이를 토닥여 준다. 맛있는 음식을 상상하며 헤실헤실 웃는 아이의 모습에 나도 절로 웃음이 난다.

6시 30분

배고픈 아이를 위해 먼저 저녁상을 차린다. 고된 하루를 보낸 아이를 위해 고기반찬 한 가지는 기본, 코피가 잦은 아이를 위한 연근조림, 뼈 건강을 위한 멸치볶음, 그리고 김과 김치는 우리 집의 필수 메뉴다. 나는 아이 맞은편에 앉아 말동무가 되어준다. 하지만 즐겁게 대화하던 중, 나도 모르게 "골고루 먹어라", "그렇게 먹으면 짜" 같은 잔소리가 툭 튀어나와 아이의 아랫입술이 삐죽거릴 때도 있다. 그래도 아이는 끝내 모든 반찬을 싹싹 비워낸다. 그 모습을 볼 때면 오늘 하루 '엄마'로서의 소임을 다한 듯한 뿌듯함과 성취감을 느낀다.

저녁 7시 30분

아이가 잠시 쉬는 동안 나는 남편의 퇴근 시간에 맞춰 부부의 저녁 식사를 준비한다. 매운 음식을 좋아하는 우리 부부는 아이가 함께 먹을 수 없는 빨갛고 매운 반찬들을 따로 챙긴다. 남편이 직장에서 돌아오면 곧바로 부부만의 저녁 시간. 하루 동안의 이야기를 주고받다 보면 식사가 끝나도 쉽게 식탁을 벗어나지 못한다.

ᄀ 저녁 8시 30분

식사를 마친 남편이 씻는 동안, 아이는 아빠와의 놀이 시간을 기대하며 책을 읽거나 학원 숙제를 한다. 나는 아이에게 종합비타민, 칼슘, 루테인 등 영양제를 챙겨주고, 학원 숙제를 채점하며 풀이를 도와준다. 하루 종일 열심히 살아온 남편과 아이는 어느새 한마음이 되어 논다. 윷놀이나 보드게임, TV에 연결된 게임기, 또는 휴대폰 게임 앱으로 서로 대결을 펼친다. 게임을 좋아하는 두 남자의 진검승부엔 종종 한쪽이 삐치거나 눈물을 쏟는 일도 벌어진다. 난 분명 아들 하나만 낳았는데, 두 아들이 매번 다투는 모습 같다. 친구 같은 아빠가 되겠다는 남편의 꿈은 노력 없이도 이미 실현된 듯하다.

ᄀ 저녁 9시 30분

아이가 양치와 치실을 하고, 성경 묵상을 마치면 이제 잠자리에 들 시간이다. 아이는 요즘 잠들기 전 전자책으로 야구 서적을 들으며 잠을 청하고 있다. 잠들 때까지 책 듣고 싶대서 틀어준 건데, 이게 웬걸. 내용에 몰입할수록 잠들기는커녕 자기 방 침대에서 벌떡 일어나 야구 이야기 삼매경에 빠지는 바람에 난감한 요즘이다.

밤 10시

휴— 드디어 아이가 잠들었다. 이제는 우리 집의 독보적인 '큰아들', 남편과의 대화 시간이 찾아온다. 저녁 식사 중 다 못한 회사 이야기, 양가 부모님 소식, 일상의 소소한 에피소드들을 나눈다. 고민도 걱정도 함께 나누다 보면 어느새 마음이 한결 가벼워진다.

밤 10시 30분

우리 가족 모두가 각자의 방에 있는 시간. 남편은 서재에 들어가 책을 읽거나 일기를 쓰며 하루를 마무리하고, 나도 안방 침대에 누워 쉼을 누린다. 몇 년 전 다리 수술 후 남편이 장만해준 태블릿 거치대는 이때야말로 진가를 발휘한다. 육아 유튜브 영상, 육아서 작가의 강연, 다이어트 요리와 운동 영상까지 보고 나면 시간은 순식간에 흐른다. 하루 중 내가 쉬는 이 시간이 가장 빠르게 지나가는 것 같은 기분, 정말 기분 탓일까.

① 밤 12시

우리 부부는 나란히 침대에 누워 잠을 청한다. 침대 위에선 조용한 눈치 싸움이 시작된다. 바로 상대보다 먼저 잠들기 위해서다. 서로 배려심 많고 양보도 잘하는 부부지만, 이 경쟁만큼은 치열하다. 한창 이야기를 나누다가 상대가 먼저 잠들어버리면, 남은 쪽은 오히려 잠이 달아나기 때문이다. 상대를 못 자게 하려고 마사지를 핑계로 장난을 치거나, 갑자기 물 심부름을 시키기도 한다. 그러다 어느새 곁에서 전해지는 따뜻한 온기에 마음이 편안해져, 두 눈을 감는다.

이렇게 나의 하루가 마무리된다. 육아 10년 차, 분주함과 여유가 공존하는 나날. 특별한 일이 없는 한, 월요일부터 금요일까지 반복되는 일상이다. 처음으로 하루를 이렇게 글로 적어보니, 묘한 감정들이 교차한다.

그리고 문득, 하나의 고민이 떠오른다. '나의 시간을 더 가치 있게 꾸릴 수는 없을까?' 초등 고학년이 되어 아이가 점차 내 손을 덜 필요로 하게 된다면, 그 시간 동안 나는 어떻게 살아가야 할까? 처음 아이를 어린이집에 보냈을 때처럼, 나는 또다시 삶의 방향을 고민하게 된다. 지금은 아이의 마음을 헤아려 전업주부로 지내고 있지만, 언젠가는 이 삶의 형태에도 변화가 찾아올 것이다. 경력 단절 10년 차인 나도 언젠가는 꿈을 향해 다시 도전하는 날이 오리라는 막연한 설렘이 가슴 깊은 곳에서 피어오른다. 그때를 위해, 오늘의 일상을 더욱 감사히 살아내고 싶다. 기회가 왔을 때 주저 없이 나를 빛낼 수 있도록.

오늘의 나를 사랑하며, 오늘도 멋진 하루로 가꿔보자!

03.
단단한 멘탈을 가진
엄마가 될 테야!

"엄마, 귀신이 나올 거 같아서 너무 무서워요."
"응? 귀신? 우리 집에 귀신 없어~"
"정말 없어요? 갑자기 튀어나오면 어떻게 해요?"
"엄마가 사랑하는 아들을 지켜줄 거야! 걱정하지 마!"

어느 날부터 우리 집에는 느닷없이 귀신 경계령이 내려졌다. 아이가 학교에서 허세 부리는 남자아이들 사이에서 주워들은 귀신 이야기가 문제였다. 친구들의 이야기를 들을 때는 조마조마한 마음을 숨긴 채 의연하게 듣지만, 귀갓길이나 잠들기 전에는 무서운 이야기들이 생생히 떠오르는 듯하다. 학교나 학원에서 혼자 돌아올 때, 찬 바람이 불거나 우산을 써야 할 때도 예외는 없다. 귀갓길에는 반드시 엄마와 통화하며 집에 들어와야 안심하는 아들이다. 잠들기 전에는 침대에서 뒤척이다가 방 벽에 걸린 사진 배경이 무섭다며 액자를 모두 치운 지도 며칠이 지났다. 이제는 집에서 놀다가도 제일 끝방인 서재에는 혼자 들어가길 주저한다. 아이의 무서움은 점점 커지고 있다. 이러다 괜찮아지겠지 싶었는데, 내가 너무 안일하게 생각했던 걸까? 매일 아이와 눈을 맞추며 "우리 집엔 귀신이 없다"고 거듭 말해주지만, 아이의 공포심은 여전히 현재 진행형이다. (그래도 나는, 아이가 곧 이 공포를 이겨낼 거라 믿고 있다.)

요즘은 아동도서, 애니메이션, 게임 등에서 귀신이나 좀비를 소재로 한 콘텐츠가 넘쳐난다. 유치원생도 애니메이션이나 게임을 통해 귀신을 접하고, 도서관 인기 도서 목록에는 귀신 관련 어린이 소설과 만화책이 늘 포함된다. 실재 여부를 분별하기 어려운 나이임에도 자극적인 소재에 무분별하게 노출되는 현실이 안타깝기만 하다.

> "엄마, 이 세상에 귀신은 진짜 없어요? 친구가 진짜 귀신 봤다고 했어요! 책에도 있고요!"
> "진짜? 엄마는 아직 귀신을 본 적이 없어서 그런가,

귀신이 있는지 없는지 잘 모르겠네."

사실, 거짓말이었다. 아이에게 미안하지만, 실은 나도 귀신은 존재한다고 믿는다. 아직 직접 본 적은 없지만, 내가 믿는 성경에 귀신이 등장하니 사람에게 해가 되는 악한 영이 있다고 생각하는 것이다. 그러나 귀신을 무서워하는 아이에게 그 존재를 곧바로 인정해버리면, 아이가 더 큰 공포심에 휩싸일까 염려되어 불편한 진실은 잠시 미루기로 했다. 아이가 기독교 신앙 안에서 자란다면, 언젠가 나처럼 성경 속 보이지 않는 존재들을 자연스럽게 이해하게 될 것이다. 아이의 공포와 불안을 마주하니, 문득 떠오른 건 나의 불안이었다. 내가 지닌 불안한 기질을 아이에게 고스란히 물려준 건 아닐까 하는 자책감이 따라왔다.

**"선생님 한테 솔직히 말해줘~
희민아, 혹시 어디서 무서운 일을 겪은 적이 있었니?"**

내가 중학교 1학년 때였다. 그해 학교에서 중1 학생들을 대상으로 실시한 심리검사에서 나는 의외의 1등을 차지했다. 성적이 아닌, 불안 점수로 전교 1등이었다. 담임 선생님은 하교 후 나를 따로 불러 위험한 일을 겪은 적이 있는지, 가정에서 무서운 일이 있었는지 자세히 물어보았다. 하지만 나는 특별히 기억에 남을 만한 무섭거나 위험한 일을 겪은 적이 없었다. 오히려 지루할 만큼 평탄한 삶이었다. 선생님은 검사 결과와 당황스러워하는 나를 번갈아 보며, 나중에 꼭 하고 싶은 이야기가 생기면 자신을 찾아오라는 말을 남기고 상담을 마쳤다.

집으로 돌아오는 길, 나는 억울한 마음에 내 불안을 부모님의 애정결핍 탓으로 돌려보기도 하고, 대가족인 가정환경 탓으로도 돌려보았다. 하지만 아무리 생각해도 불안의 원인은 거기 없었다. 부모님의 걱정을 살까 싶어, 나는 검사 결과를 말하지 않았다. 그저 사춘기 시절 우연히 치른 그 검사는 내 마음속 불안을 처음으로 인지하게 한 계기가 되었다. '과연 내 안의 불안과 공포는 어디에서 왔을까?' 시간이 흐른 뒤에야, 나는 그 답이 내 안에 있었다는 것을 알게 되었다.

나의 불안은 완벽주의에서 비롯된 것이었다. 엄마는 내가 아홉 살이 되던 해, 집에서 다른 가정의 아기를 돌보는 일을 시작했다. 어려운 살림에 조금이라도 보탬이 되기 위해 시부모를 모시며 살림을 돌보는 와중에도 육아도우미까지 겸한 것이다. 나는 자연스럽게 일찍 자립심을 갖게 됐다. 마침 그 해 처음으로 학급 회장도 맡았고, 집에서 도보로 10분 거리의 학교와 학원을 혼자 오갔다. 엄마의 손길이 점점 줄어들었고, 나는 매일 입을 옷과 머리 모양까지 스스로 챙겼다. 그렇게 하며 마음속에 새긴 생각 하나.

"그래, 난 혼자서도 잘할 수 있어!"

엄마의 사정을 이해하면서부터, 나는 엄마가 도와주지 않아도 혼자 잘 해내겠다는 다부진 의지에 사로잡혔다. 학교를 마치고 돌아오면 신발도 벗지 않은 채 현관 앞에 엎드려 그날의 학교 과제를 모두 끝내던 시절이었다. 넓은 이마에 반곱슬머리를 가진 나는 잔머리가 나오는 게 싫어 머리띠로 머리를 바짝 치켜올렸고, 덕분에 '황비홍'이라는 별명을 얻기도 했다. 학업이든 교우관계든 언제나 완벽과 깔끔을 추구했고, 어떤 일이든 시작하기 전엔 항상 최악의 상황을 먼저 떠올리는 습관도 이때부터 자리 잡았다. 그 최악을 현실에서 마주하지 않기 위해 더 열심히 노력했다. 매년 엄마가 담임 선생님과 상담을 마친 후, "너무 모범생이라 딱히 할 말이 없으시대"라는 엄마의 말을 나는 내 방식대로 위안 삼곤 했다.

애석하게도, 요즘 내 아이를 보고 있으면 나의 어린 시절이 겹쳐 보인다. 닮지 않았으면 하는 기질까지 꼭 닮아가고 있다. 통제할 수 없는 상황을 불편해하고, 실패를 두려워하는 내 모습이 아이에게서 그대로 비친다. 아이의 조심성 많고 낯가리는 성향도 완벽주의에서 비롯된다는 걸 여러 육아서를 통해 알게 되었다. 귀신을 무서워하는 것 역시, 사전에 알 수 없고 통제할 수 없는 영역에 대한 두려움 때문이다. 아이는 그런 두려움을 또래보다 훨씬 더 크게 느끼는 것이다. 나 역시 어릴 적부터 방송작가로 일하던 시절까지 완벽주의에 사로잡혀 있었고, 그 집착을 비로소 출산을 계기로 내려놓게 되었다. 내 아이도 언젠가는 이 무게를 덜어낼 수 있을까.

며칠 전, 아이는 또다시 우리 집에 귀신이 나올 것 같다며 두려움을 털어놓았다. 나는 아이의 마음에 공감하고, 한 가지 해결책을 제안했다. 이왕 이렇게 된 거, 너만의 귀신 이야기를 책으로 만들어보자고. 곧바로 무지 그림책을 구매했고, 표지부터 속지까지 아무것도 없는 그 책에 아이는 스스로 지어낸 귀신 동화를 쓰고 그림도 그리기로 했다. 아이가 일곱 살 무렵 같은 방식으로 자기만의 책을 만든 경험을 살려, 이번엔 귀신이 주인공인 동화책을 만들기로 한 것이다. 혹시나 계속 귀신 생각에 매몰되지 않을까 걱정했던 내 마음과 달리, 아이는 싱글벙글 웃으며 이야기를 술술 풀어냈다. 공포에 사로잡혔던 아이의 얼굴에는 어느새 흥미진진함이 가득했다.

"이 또한 지나가리라"

아이의 이야기를 다 듣고 나서, 나는 아이에게, 그리고 나 자신에게 이렇게 말했다. 시간은 치유의 힘을 가지고 있다. 다만 그 고통에만 깊이 빠지지 않고 자신의 상태를 인식할 수 있다면, 더 이상 희망이 보이지 않을 때라도 시간은 우리를 앞으로 나아가게 한다. 나의 불안과 공포에서 비롯된 완벽주의가 옅어졌듯, 환경이 달라지며 나아졌던 것처럼 아이의 귀신에 대한 공포도 시간이 지나면 분명 나아질 것이다. 아이가 더 자라면 언젠가 "내가 그런 적 있었어?" 하고 웃는 날이 올 것이다. 인생의 시련도, 인간관계의 어려움도 마찬가지다.

나의 기질과 심리 상태가 아이에게 고스란히 전이된다는 사실을 생각하면, 육아에 있어 엄마 자신의 상태를 꾸준히 들여다보는 노력은 필수적이다. 엄마의 불안을 닮아가는 만큼, 자신감이나 자존감, 성취감 또한 아이는 엄마를 닮아갈 것이다. 처음부터 강한 멘탈을 갖기는 어렵지만, 멘탈도 근육처럼 단련될 수 있다는 말을 믿어보자. 시간의 도움을 받으며 스스로 문제를 해결하는 경험을 쌓아간다면, 어떤 풍파 속에서도 흔들리지 않는 단단한 멘탈을 갖게 될 것이다. 아이를 위해서, 그리고 나 자신을 위해서 단단한 멘탈을 가진 엄마가 되자.

04.
아이 독립 이전에
엄마 독립이 먼저다!

"사랑하는 제 두 아들에게 고마워요. 저를 일하게 만든 아이들이거든요. 아들들아, 이게 엄마가 열심히 일한 결과야."
- 배우 윤여정,
제93회 아카데미시상식 여우조연상 수상소감 중에서

배우 윤여정 씨는 엄마로서의 역할을 충실히 하면서도 자녀들에게 귀감이 되었고, 동시에 스스로의 가치를 빛낸 진정한 롤모델이다. 그녀가 이룬 '엄마의 자립'을 떠올릴 때마다 나는 깊은 찬사를 보낸다. "엄마의 자립"이라는 표현, 어떻게 들리는가. '엄마'와 '자립'이라는 단어가 아직 어색하게 느껴지거나, 엄마도 과연 자립해도 되는 걸까 하는 의문이 들 수도 있다. 하지만 내가 말하는 '엄마의 자립'은, 엄마라는 역할을 내려놓은 채 이루는 여성의 독립을 뜻하지 않는다. 엄마로서의 책임과 의무를 다하면서도, 스스로의 꿈과 목표를 향해 나아가는 삶을 의미한다.

하지만 실제로 아이를 키우다 보니, 어느새 엄마의 세계는 아이로 가득 차 있었다. 어쩌면 전업주부였기에 더 빠르게 내 모든 것이 아이에게 맞춰졌는지도 모르겠다. 인식하지 못한 사이, 하루의 시간과 소비 패턴, 걱정거리까지 아이로 가득 채워졌다. 인간관계도 마찬가지였다. 어느 순간 나는 내 이름을 잊고 살았다. 새로운 사람을 만나도 "안녕하세요, 양희민입니다"보다는 "○○ 엄마예요"라는 인사가 익숙했다. 나와 성향이 맞는 사람보다, 아이와 친한 친구의 엄마와 더 긴밀히 지내게 되는 경우도 많았다. 어느덧 나보다 아이가 '나'를 대표하게 되었고, 그 현상은 너무도 자연스럽게 내 삶에 스며들어 있어 지금껏 깊이 고민해본 적이 없었다. 엄마라면 누구나 겪는 일이라고 여겼기 때문이다.

하지만 요즘 들어 나는 이 당연했던 현상을 새롭게 바라보기 시작했다. 계기는 헬스장 GX 프로그램. 아이 없이, 오직 나만의 건강관리와 취미를 위해 만난 사람들과의 교류는 새로운 경험이었다. 나는 더 이상 누구의 엄마가 아닌, 다이어트 댄스를 수강하는 39세의 여성일 뿐이었다. 아이와 무관하게 형성된 인간관계는 오랜만이라 낯설었지만, 그만큼 나 자신으로 맺는 관계가 얼마나 드물었는지를 새삼 실감하게 했다. 또래 언니들과 웃고 떠들며 함께 땀 흘리는 시간 속에서 엄마로서 맺는 관계와는 다른 자유로움과 즐거움이 피어났다. 나는 이 관계를 통해, '엄마'인 나와 '한 사람'으로서의 나를 분리해 바라볼 수 있었다.

마침 아이도 점차 가정 밖에서 보내는 시간이 늘어나고, 엄마의 손길이 덜 필요해지는 시기였다. 아이와 함께하지 않는 시간이 늘수록, 나는 진짜 '나'를 위한 삶을 고민하게 되었다. 아이가 독립할 때, 엄마인 내가 아이에게 의존하거나 붙잡지 않기 위해서라도, 엄마인 나 또한 나만의 독립을 통해 삶을 확장해가야 한다.

어느새 아이는 10살이 되었고, 나는 마흔을 앞두고 있다. 애착의 시기를 지나 훈육의 한복판에 서 있는 지금, 이젠 자립을 준비할 시간이다. 아이가 성인이 되어 정서적·경제적으로 완전히 독립하기까지 바른 육아를 실천하려면,

부모는 아이의 발달 단계를 잘 인지해야 한다. 흐르는 시간 앞에 지나간 시기를 붙잡을 수도 없고, 부모가 힘들다고 성장 단계를 건너뛸 수도 없다. 홍순범 교수의 책을 통해 아이의 성장 과정을 배우고 마음을 다잡아보지만, '자립'이라는 말은 여전히 나에게 가장 어려운 과제로 남아 있다.

> "부모의 변신은 무죄입니다. 아니, 변신하지 않으면 유죄입니다. ... 아이를 키울 때도 육아의 규칙이 바뀌는 시기가 있습니다. 규칙이 바뀌면 그에 맞게 부모도 변신해야 합니다. 그러려면 언제 어떻게 육아의 규칙이 바뀌는지 알고 있어야 합니다."
>
> – 홍순범 《엄마의 첫 공부》

요즘 아이들은 무엇이든 우리 세대보다 빠르다는 말을 자주 듣는다. 배움의 속도도, 고차원적인 기술도 우리는 따라가기 벅찰 때가 많지만, 아이들은 눈 깜짝할 사이에 적응하고 익혀버린다. 부모 세대가 카카오톡 메신저를 주로 사용할 때, 아이들은 인스타그램 DM으로만 소통한다고 한다. 그래서 카카오톡은 부모님이나 학원처럼 어른들과의 소통 수단으로 인식된다고. 이렇다 보니 요즘 청소년들은 인스타그램을 가장 많이 사용하고, 팔로워 수가 많은 소위 '인싸' 친구들이 세대 문화를 주도한다. 반면, 팔로워 수가 적거나 인스타그램을 사용하지 않는 아이들은 소외감이나 박탈감을 느끼며 사회적 문제로까지 이어지기도 한다.

이처럼 모든 것이 빨라진 요즘 아이들은 사춘기 시기마저 앞당겼다. 한때 대표적인 사춘기 시기로 불렸던 '중2병'은 이제 옛말이 되었고, 요즘에는 '초4병', '초5병' 이야기도 심심찮게 들린다. 고작 11살, 12살에 사춘기라니! 곧 내 아이의 이야기가 될지도 모른다는 생각에 놀랍고도 두렵다.

"우리 아들이 그러는데, ○○이는 너무 착해서 사춘기가
 안 올 것 같대~"
"딸한테 들었는데, 여태까지 ○○이가 화내는 모습은 한
 번도 본 적이 없다더라?"

주위에서는 순하고 착한 아들로 칭찬이 자자한 내 아이. 하지만 점차 자아가 자라면서, 엄마가 단단히 박아둔 울타리를 스스로 열게 될 그 시기, 과연 아이는 어떤 모습일까? 그리고 그 과정을 지켜보는 나는 어떨까? 활짝 열린 울타리 앞에 서서 아이의 자립을 조용히 응원하고 기다릴 수 있을까?

머릿속엔 사춘기 육아 이론이 가득하지만, 정작 내 마음이 그 변화에 유연하게 적응할 수 있을지는 솔직히 자신이 없

다. 방문을 쾅 닫고 들어가는 아이의 뒷모습을 보며 상처받지 않을 자신은 없다. 우선 차오르는 눈물부터 꾹 참고 보자.

마흔을 앞둔 지금, 나는 나만의 독립을 고민한다. 그것은 나와 가족의 행복을 함께 고려하는 정서적·경제적 자립의 길이어야 한다. 멈춰버린 듯한 사회적 위치에서 벗어나 안주하는 삶이 아니라, 새로운 도전을 꿈꾸는 삶. 번데기 껍질을 벗고 화려한 날개를 펼쳐 날아오르는 나비처럼, 나 또한 가정만을 지켜오던 자리에서 용기를 내어 다시 날아오를 것이다.

엄마는 가정에서 막중한 역할을 맡은 구성원이다. 오랜 시간 자녀와 함께하는 주 양육자이며, 가족의 건강을 위해 영양가 있는 식사를 준비하고 청결한 환경을 유지한다. 무엇보다 엄마는 가정의 화합과 발전을 이끌고, 가족의 행복을 만들어가는 존재다. 그래서 엄마의 성장은 곧 자녀의 성장이 되고, 엄마의 도전은 자녀에게 대리 성취감과 동기부여가 된다. 발전하는 엄마를 지켜본 자녀는 더욱 긍정적인 태도로 자신의 독립을 준비할 수 있을 것이다. 아이도, 엄마도 이제 각자의 자리에서 행복을 향한 독립을 시작하자.

05.
혼자만의 시간도 연습이 필요해!

"하나님, 감사합니다. 오늘 저 방학 42일째에요.
오늘도 즐거운 하루 보내게 해 주세요."

식사 때마다 방학을 카운트하며 감사 기도를 드리는 아이의 모습에 피식 웃음이 났다. 그런데 어쩌지? 아직도 한 달이 남았다. 참 기나긴 겨울방학이다. 나는 점점 지쳐가고, 아이는 점점 활력이 넘치는 요즘이다. 아이의 학교는 작년 연말부터 새 학년, 새 학기가 시작되는 3월 첫째 주까지 무려 두 달이 넘는 방학 중이다. 그동안 열심히 학교생활을 해낸 아이가 자랑스러워 누구보다 알찬 방학을 보내게 해줘야겠다고 다짐했었는데… 그 다짐이 무색하게, 나는 점점 눈에 생기를 잃어가고 있다. '긴 병에 효자 없다'는 속담이 우리 집에서는 '긴 방학에 좋은 엄마 없다'로 통한다.

아이의 방학을 맞으며 가장 곤란해진 건 나의 운동 시간이다. 일상 속 유일하게 내 건강을 위한, 나 자신과의 약속 같은 시간이다. 그런데 하필이면 방학을 앞두고 아이의 귀신에 대한 공포심이 극도로 커진 상태라, 혼자 집에 두고 나서기가 더 걱정스러워졌다. 그렇다고 운동까지 포기할 수는 없었다. 다이어트 계획은 물론, 그나마 남아있던 저질 체력까지 잃을 것 같았기 때문이다. 결국 내가 찾은 해법은, 아이에게 집중할 만한 미션을 주고 운동을 다녀오는 것!

운동을 가는 날은 아침부터 분주하게 움직인다. 눈을 뜨자마자 아이의 아침을 차려두고, 곧바로 운동 갈 준비를 시작한다. 아이가 아침을 다 먹으면 엄마표 공부 시간이 시작된다. 먼저 함께 푸는 문제집을 풀고, 혼자 풀어야 할 문제집 분량은 따로 표시해 둔다. 아이가 공부하는 동안 먹을 간식도 미리 준비한다. 외투를 입고 집을 나설 때면 현관을 나서는 동시에 복도, 거실, 부엌의 불을 환하게 켜둔다. 마지막으로, 외출 전 가장 중요한 일. 아이와 눈을 맞추고, 우리 집에는 무서운 것이 없다고 신신당부한다. 운동은 시작도

안 했는데, 벌써 숨이 찬다.

**"엄마 운동 다녀올게! 문제집들 표시한 부분까지 다
공부하면 유튜브 보면서 간식 먹어~
아들, 우리 집에 무서운 거 없다~ 알지? 바이 바이!"**

여태까지 나의 아이는 내가 주차장에 잠시 다녀오거나 분리수거를 하러 나갈 때처럼, 5분에서 10분 정도만 혼자 있어 본 경험이 전부였다. 그래서 1시간을 아이 혼자 집에 남겨두는 일은 나도, 아이도 걱정이 앞설 수밖에 없었다. 아니나 다를까, 내 휴대전화는 집을 나서면서부터 운동 중에도 쉴 새 없이 울렸다. 운동을 하다 말고 뛰쳐나와 아이를 안심시키는 통화를 할 때마다 '현타'가 왔다. '이렇게 무서워하는 아이를 정말 혼자 두어도 괜찮은 걸까' 하는 생각이 머리를 맴돌았다.

하지만 역시 아이는 어른보다 적응이 빠르다. 요즘은 눈이 오거나 미세먼지가 심한 날, 내가 운동을 쉬겠다고 하면 아이가 먼저 놀라며 이 정도 날씨는 괜찮다며 빨리 나가라고 재촉한다. 혼자 있는 게 무섭지 않느냐고 물으면 유튜브 친구가 있어서 괜찮다고 대답한다. 참, 웃어야 할지 울어야 할지 모르겠다. 그래도 집에 혼자 있는 동안 스스로 공부도 마치고, 남은 시간을 즐겁게 보내는 아이가 대견스럽

기만 하다.

아이의 방학은 우리 가족의 일상 전반에 영향을 주고, 평온했던 나만의 일상에도 큰 변화를 일으킨다. 아이가 학교에 있는 동안 누려왔던 여유와 고요함은 잠시 안녕이다. 시도 때도 없이 "엄마!" 하고 부르는 소리가 들려오고, "오늘 뭐 먹어요?"라는 질문이 끊이지 않는다. 마치 내 시간 전체가 육아에 잠식당한 듯한 기분이다. 나는 어느새 연중무휴 24시간 운영되는 '아이 맞춤형 편의점'이 되어버렸다. 체력은 점점 바닥나고, 마음의 여유도 사라져 간다. 그러던 어느 날, 내가 즐겨보던 '아들연구소' 유튜브 채널에서 위안을 주는 강연을 만나게 되었다.

"내 머릿속에는 아들이 부르면 대답해 줘야 하고, 제대로 반응해 줘야 한다는 어떤 이상적인 얘기들 때문에 내가 시달리는 거야. 그러니까 어때요? 짜증이 계속 나는 거죠. 기본적인 통제감 이게 되어야 육아가 편안해요. 임팩트 있게 대하려면 (엄마가) 쉬는 시간을 세 배 이상 확보하는 기술부터 갖춰라! 내가 5분 제대로 놀아주려면 쉬는 시간 15분이 필요한 거예요. 이거에 대한 이해가 없는 채로 계속 아이가 요구하는 거 다 받아주려고 하니까 지치는 거예요."

- '아들연구소' 최민준 소장 유튜브 강연 중

그렇다. 나 혼자만의 시간은 육아를 위해서도 필요하다. 내가 혼자 시간을 보내는 동안 아이도 혼자서 충분히 시간을 보낼 수 있다. 무조건 내가 아이 반경 1m 안에 함께 있어야 할 필요도 없고, 빨리 대답하거나 무언가 해결해야 한다는 강박에서 벗어날 필요가 있다. 엄마와 아이가 각자의 시간을 보낸 뒤에 마주하면, 짜증이나 무기력 대신 사랑과 평화가 가득한 시간을 함께 보낼 수 있다. 그래서 나는 내게 주어진 시간을 어떻게 잘 보낼 것인지 늘 고민하고 있다.

엄마의 시간을 가치 있게 사용하기 위한 첫 번째 방법으로는 먼저 내가 가지고 있던 시간에 대한 개념을 바꾸려는 노력이다. 엄마의 모든 시간은 기회비용으로 가치를 따져보고, 스스로가 시간을 어떻게 활용할지 선택할 수 있다. 청소와 빨래, 장보기까지 모두 반드시, 지금 당장 실행해야 한다는 압박감에서 벗어나야 한다.

여기서 중요한 것은 무엇을 하기로 결정하든지 그 결정은 전적으로 나의 마음을 우선으로 고려해야 한다는 것! 그래야 나의 결정에 미련 없이 온 마음을 다할 수 있기 때문이다. 내가 아이에게 그림책 하나를 읽어주는 것을 우선순위로 삼았다면 그 10분 동안 내가 해야 할 집안일이 미뤄질 수 있다. 그럼에도 내가 우선순위 삼은 그 일을 후회하지 않고, 행복한 시간을 보냈다면 그것으로 만족하자. 어쩔 수 없이 떠밀려 하게 되는 수동적인 집안일과 달리 내가 능동적으로 나의 시간을 관리하고 활용하게 되면 삶의 질이 확연히 달라진다.

엄마라면 무조건 아이와 가정을 위해서 엄마의 시간을 사용해야 좋은 엄마라는 잘못된 인식을 깨부숴야 한다. 나에게 주어진 시간 중에 나를 위해 10분 낮잠을 택할 수도 있고, 5분 멍 때리기를 해도 된다. 엄마의 시간은 엄마 자신의 삶을 위해 사용할 때 비로소 엄마 마음이 한결 편안해짐을 느낄 수 있다. 그렇게 갖게 된 마음의 평화로 아이를 대하고, 가정일을 할 때 나는 더 여유 있고, 활력 넘치는 엄마로 살아갈 수 있다.

엄마의 시간을 가치 있게 사용하기 위한 두 번째 방법으로는 엄마인 나에게 집중하는 시간은 무조건 보장하자는 것이다. 엄마로 살아가면서 나에 대해 고민하고, 시간을 투자하는 일은 생각보다 많지 않다. 특히나 나는 전업주부의 일상을 보내며 나의 생활 반경은 육아와 가정일에서 크게 벗어나지 않는다. 내가 좋아하던 영화, 내가 즐겨듣던 음악 대신 극장에서는 아이와 함께 애니메이션을 보고, 집안에서는 아이가 응원하는 한화이글스의 응원가만 울려 퍼진다. 그렇다고 내가 불행하다거나 마음이 힘들다고 생각한 적은 없다. 그저 나의 취향대로 나의 행복만을 추구할 수 없는 게 엄마라는 잘못된 편견이 나를 단념하게 만들 뿐.

하지만 앞서 고민한 것처럼 나는 아이 맞춤 이전에 나

자신에게도 최선을 다해야 한다. 내가 좋아하는 것, 내가 하고 싶은 것들을 찾는 노력을 할 때, 비로소 이전보다 나를 더 사랑할 수 있게 한다. 아무 일도 하지 않고 눈을 감은 채 잠시 쉬어보는 것도 좋다. 휴대전화를 멀리하고, 온갖 정보와 연락 압박에서 벗어나 그냥 잠잠하게 가만히 있는 것만으로도 나에게는 휴식이 될 수 있다. 아이나 남편 없이 엄마 혼자 외출하는 경험도 좋겠다. 오랜만에 겪는 나 혼자만의 심심함이 생각보다 신선하고 즐거운 경험이 되기도 한다. 또 나 자신을 위한 시간 투자도 꼭 필요하다. 나의 건강을 위해 운동하는 시간, 나의 마음을 가꾸기 위해 글을 쓰는 시간 등 나만의 시간은 필수적이다. 나에게 집중하는 시간을 통해 나는 더 나은 엄마, 더 성숙한 사람이 될 수 있다.

"시간은 인간이 쓸 수 있는 가장 값진 것이다."
- 고대 그리스 철학자 테오프라스토스

예기치 않은 시간이 주어졌을 때, 누구나 순간적으로 당황할 수 있다. 그 시간을 수동적으로 흘려보내기보다는, 나 자신을 돌보는 방향으로 능동적으로 활용할 때 비로소 진정한 가치가 빛난다. 더욱 행복한 엄마로 살아가기 위해, 나에게 집중하고 나를 돌보는 시간을 의식적으로 만들어가자.

06.
마흔이 되기 전에
글쓰기를 잘했다!

올해 나는 서른아홉, 마흔을 코앞에 두고 있다. 이 시점에서 가장 잘한 일을 하나 꼽자면, 바로 글쓰기다. 다양한 주제로 글을 써오며 나는 잠시 잊고 지냈던 나의 기억들을 다시 들여다보게 되었다. 때로는 수치스러운 기억에 얼굴이 붉어지기도 하고, 어떤 때는 지금 생각해도 웃음이 나는 행복한 순간에 빠져들기도 한다. 그렇게 글 속에 하나하나 마음을 담다 보니, 어느새 길고도 긴 나의 이야기가 서서히 끝을 향해 가고 있다. 이제 글을 마무리할 시점이 되자, 부족한 점만 눈에 들어와 아쉬운 마음이 앞선다. 그럼에도 불구하고 가장 크게 드는 감정은, 이 모든 과정을 겪으며 여기까지 왔다는 것에 대한 감사다. 어설픈 문장력일지라도 이 에세이를 쓰며 오롯이 나 자신에게 집중할 수 있었다는 사실이 무엇보다 뿌듯하다. 어쩌면 이것이야말로 글쓰기의 힘이 아닐까?

나는 어려서부터 말보다는 글이 더 익숙한 아이였다. 각자의 일로 바빴던 가족들 사이에서, 나와 가장 많은 시간을 함께해 준 건 다름 아닌 책이었다. 내 방 한쪽 벽을 가득 채운 책들은 나의 가장 친한 친구이자 조용한 대화 상대였다. 책을 통해 다양한 어휘와 맞춤법을 익히고, 삽화를 따라 그리며 스케치하는 즐거움도 배웠다. 책의 마지막 장을 덮을 때마다 느꼈던 그 깊은 여운은 오랫동안 내 마음에 남아 사고의 폭과 감성의 결을 넓혀주었다. 나는 책과 함께 성장했고, 지금도 여전히 책을 통해 자라고 있다. 그리고 이제는, 나만의 책을 쓰고 싶어 다시 책으로 돌아가는 나 자신을 발견하고 있다. 나의 글쓰기 여정을 되짚던 어느 날, 문득 글쓰기에서 가장 큰 재미와 보람을 느꼈던 어린 시절의 한 장면이 떠올랐다.

지금으로부터 20여 년 전, 내가 중학생이었을 때의 일이다. 평소처럼 학교에서 돌아온 나는 라디오를 켰고, 나른한 오후를 깨우는 윤종신 DJ의 목소리가 들려왔다. MBC

FM4U 〈두 시의 데이트, 윤종신입니다〉였다. 나는 침대에 벌러덩 누운 채 한참 라디오를 듣고 있었는데, 직장에 간식을 선물해 주는 코너의 사연을 들으며 불현듯 아빠 생각이 났다.

당시 아빠는 IMF 여파로 실직을 경험한 뒤 힘겨운 시간을 보내고, 다시 취업한 지 얼마 되지 않았을 때였다. 언제나 근면성실했던 아빠는 적지 않은 나이에 새로운 분야로의 이직에 성공했다. 그 시절 유행하던 디지털카메라의 서비스센터에서 디지털카메라를 수리하는 업무였다.

어느 날, 나는 아빠 얼굴이 보고 싶어 혼자 버스를 타고 회사에 찾아간 적이 있다. 나이 쉰에 돋보기를 쓰고, 양손에 핀셋을 쥔 채 몸을 웅크려 작은 나사와 씨름하던 아빠의 모습에 눈물이 차올랐다. 나는 아무렇지 않은 척 아빠가 사준 짜장면 한 그릇을 깨끗이 비우고 집으로 돌아왔다. 그런 아빠에게 무엇이든 선물하고 싶다고 생각하던 찰나, 라디오에서 직장에 간식을 보내준다는 사연 코너를 들었다. 컴퓨터 앞에 앉아 〈두 시의 데이트〉에 사연을 보냈고, 얼마 뒤 MBC 라디오 제작진에게서 당첨 소식을 알리는 전화를 받았다. 간식은 당시 새로 출시된 맥*봉 치즈 맛 소시지 세 박스. 박스마다 12개씩 들어 있는 통이 총 세 박스, 엄청난 양의 소시지가 집으로 도착했다. 아빠는 이웃과 나눠 먹고도 몇 달을 소시지를 드셨다. 평소 간식을 무척 좋아하던 아빠였지만, 이상하게도 그 이후 아빠가 다시 소시지를 먹는 모습은 보지 못했다.

아빠는 내가 라디오에 사연을 보냈다는 걸 뒤늦게 알고, 다시 듣기로 그 사연을 찾아 들으셨단다. 평소 무뚝뚝했던 아빠는 "딸, 고맙다"는 짧고 담백한 말로 마음을 전했다. 그 진심을 알기에 나는 더없이 기뻤다. 처음으로 라디오에 보낸 사연이 우연히 채택되어, 아빠가 기뻐하는 모습을 본 그날의 뿌듯함은 아직도 내 마음속에 깊이 남아 있다. 그리고 그 일을 계기로, 독서만 좋아하던 내가 글쓰기에 흥미를 갖기 시작했다.

글쓰기의 즐거움을 알게 된 나는 자연스레 방송작가의 길로 접어들었다. 방송작가로 일하며 내 인생에서 가장 많은 양의 글을 썼고, 방송에 나갈 글을 쓰는 직업이다 보니 압도적인 글쓰기의 세계에 빠져들 수밖에 없었다. 그러나 글의 양이 늘어났다고 해서 즐거움까지 따라온 건 아니었다. 방송 대본은 자유로운 스타일로 쓸 수도 없고, 정해진 분량과 문장 구조에 따라야 했다. 나의 글쓰기는 다양한 제약 속에서 어렵고 까다로운 작업이 되어버렸다.

그 시절, 지금도 기억에 남는 조언이 있다. 방송 글은 "

첫째도 쉽게, 둘째도 쉽게, 셋째도 쉽게" 써야 한다는 말이다. 귀에 박히도록 들었던 그 조언은 나에게 '쉬운 글쓰기'라는 습관을 만들어 주었다. 내가 참여한 방송은 대부분 시사교양 프로그램으로, '모든 연령 시청가'나 '12세 이상 시청'이 많았다. 아무리 전문적인 내용을 다룰지라도, 어려운 한자어 대신 쉬운 단어를 쓰고, 차라리 문장을 나눠 설명하는 것이 더 나았다. 방송 시간도 정해져 있었기 때문에 군더더기 수식어는 과감히 생략하고, 핵심만 간결하게 전달하는 것이 중요했다. 짧은 문장, 쉬운 단어, 빠른 이해를 돕는 관용어를 적절히 활용한 글이 방송에서는 가장 좋은 글로 여겨졌다. 즉, 누구나 쉽게 이해하고, 사실을 명확히 전달할 수 있어야 방송 대본으로서 최고였다.

그렇게 글을 떠났던 나는, 9년 만에 다시 펜을 들게 되었다. 동네 책방 '최고그림책방'에서 정희정 작가의 브런치 글쓰기 수업을 들으면서였다. 매주 짧은 문단을 써 내려가며 조금씩 글쓰기 감각을 되찾았다. 한때는 두 번 다시 글을 쓰지 않겠다고 다짐했지만, 결국 다시 글 앞으로 돌아왔다.

이후 나는 브런치스토리 작가로 선정되어 매주 목요일 연재 글을 올리고 있다. 다시 글을 쓰면서 자연스럽게 방송작가 시절의 기억이 떠올랐다. 아무도 없는 사무실에 앉아 깜빡이는 커서만 멍하니 바라보던 시간, 내레이션 분량에 맞춰 글자 수를 하나하나 세며 대본을 쓰던 그 시절 말이다.

최근에서야 나는 방송 대본이든 브런치 스토리 글이든, 결국 내 글은 모두 같다는 결론에 도달했다. 지식을 뽐내는 어려운 단어나 번지르르한 미사여구는 아무 소용 없다. 내가 전하고 싶은 메시지가 분명히 드러나고, 독자의 이해를 넘어 공감까지 얻을 수 있다면 그 글이 가장 좋은 글이다. 내 글이 너무 쉬워서 가벼워 보일까 걱정한 적도 있었지만, 이제는 그렇지 않다. 일부러 어렵게 쓰려 애쓰지 않아도 된다. 그냥 누구나 쉽게 꿀꺽 삼킬 수 있는 글, 그게 바로 나의 글이다.

"글쓰기는 나를 발견하는 과정이다."

– 조안 디디온

아이가 학원에 가고 나 홀로 남는 시간, 이제 비로소 나는 글을 쓸 수 있다. 오롯이 나에게 집중할 수 있는 유일한 시간. 또 다른 나, 낯선 나를 만나기 위한 여정의 시작이다. 먼저 좋아하는 팝송을 틀고, 커피 한 잔을 내린다. 고소한 커피향과 감미로운 선율이 집 안을 채우면, 나는 노트북 앞에 앉는다. 오늘은 어떤 이야기를 써볼까. 이런저런 소재를 생각나는 대로 적어본다. 어떤 글감이든 내 안에서 떠오르면, 나는 순식간에 그날, 그때로 시간 여행을 떠난다. '참 행복했지.' 혹은 '그땐 그렇게 행동하지 말 걸.' 같은 되뇌임 속에서 다양한 감정의 물결을 마주하는 것이 글쓰기의 첫 걸음이다.

그리고 그렇게 떠오른 감정과 사건을 다시 곱씹으며, 현재의 나와 연결 지어본다. 과거의 그 일이 내게 어떤 변화를 가져왔는지, 또 주변에 어떤 영향을 끼쳤는지를 되짚는다. 담담하게 나의 말로 풀어내며 지금의 내가 느끼는 감정과 앞으로의 방향성까지 고민하게 된다.

신기한 건, 글을 쓰면서 나의 감정은 물론 삶 전체가 정돈되고, 조금 더 단단해진 나를 만나게 된다는 사실이다. 서툴렀던 과거를 반성하고, 희망을 느꼈던 순간의 감동을 다시 끌어안으며, 나는 점점 더 긍정적인 나로 자라고 있다. 글을 쓰는 일은 잊고 있던 나를 다시 찾아가는 여정이자, 그런 나를 사랑하는 방법이다. 어느덧 글쓰기는 내게 깊은 위로와 회복의 시간이 되었다.

그래서 나는 아직 글쓰기를 경험해보지 않은 이들에게 주저 없이 글쓰기를 권한다. 거창할 필요도, 어렵게 시작할 이유도 없다. 그저 솔직한 마음을 담는 것만으로도 글은 충분한 가치를 지닌다. 한 글자, 한 줄, 한 문단씩 천천히 써 내려가 보자. 글쓰기가 주는 힘은 분명 당신의 삶도 변화시킬 수 있다.

07.
나이 듦

> "실제로 (마흔을) 받아들이기 힘들지 않았어요.
> 근데 주변에서 힘들게 만들어요."

얼마 전, 아이와 함께 MBC 예능 프로그램 〈놀면 뭐하니?〉를 시청하던 중이었다. 출연자 중 방송인 주우재 씨가 곧 마흔을 맞는다는 이야기가 나왔다. 그러자 출연진들은 마치 짜기라도 한 듯 "마흔이 된 기분이 어떠냐"며 주우재 씨를 놀리기 시작했다. 이에 주우재 씨는 "아직 되어본 적이 없는데, 마흔이 어떨지 어떻게 아냐"며 담담하게 자신의 생각을 밝혔다. 그의 반응이 못마땅했는지, 주변에서는 한마디씩 거들며 웃음을 더했다.

"공자 왈, 불혹(不惑). 혹하지 않는 나이라고 하는데, 전혀 아니야. 여전히 혹해!"

"20대, 30대 때는 진짜 아무렇지 않았거든요? 근데 40대가 딱 넘어가면서 내가 나이를 들어간다는 걸 몸소 느껴요! 원래 안 다쳤는데, 내가 항상 하던 행동에서 다치기 시작해요."

"무엇보다 내가 40대가 되면서 체감적으로 '내가 이제 나이를 먹었구나'가 신체적인 변화부터 오거든요. 받아들이지 않으면 내가 그때부터 괴롭거든요. 그러니까 (40대를) 받아들여라!"

올해 내 나이 39살. 이제 곧 마흔 살을 앞둔 내 마음도 괜히 싱숭생숭해진다. 재미있자고 틀어놓은 TV인데, 난 '팩트 폭행'을 당하는 느낌마저 든다. 마흔이 된 주우재 씨에게 건네는 선배들의 한마디, 한마디가 내 마음에도 콕콕 박혀버렸다.

사실 나도 주우재 씨의 소회처럼 마흔이 되는 것에 관해 아무렇지 않았다. 나이를 먹는다는 건 누구도 막을 수 없고, 자신의 의지와 상관없이 흘러가는 세상에서 가장 자연스러운 이치 아닌가. 지난날을 되돌아봐도 난 나이에 크게 연연한 적이 없었다.

    내가 10대에서 20대가 될 때는 장학금을 타기 위해 부지런히 공부하면서 학점을 관리하고, 용돈벌이를 위해 아르바이트까지 하면서 분주한 일상에서 20대를 맞이했다. 20대가 되었다고 해서 딱히 내가 어른이 됐다는 느낌도 없었다. 하지만 미성년자를 벗어났기에 나의 모든 행동은 내가 책임져야 한다는 생각만으로 가득 찼다. 고등학교 담임 선생님처럼 마냥 나를 지켜봐 주고, 관리하는 어른의 존재가 없다는 사실이 나에게 자유보다는 책임감으로 다가왔다. 장학금과 취업을 위해서 스스로 관리해야 할 일은 차고 넘쳤다. 수험생 때도 못 느꼈던 시간이 부족하다는 압박감을, 20대를 맞이하며 느꼈던 나다.

    또 내가 30대를 맞이할 때는 한 손엔 기저귀, 한 손엔 젖병이 들려있는 초보 엄마일 때였다. 아기를 출산한지 얼마 되지 않아 30대를 맞으며 난 내 나이 서른에 신경 쓸 겨를이 하나도 없었다. 그저 내 나이와 상관없이 산후우울증으로 무기력함과 좌절감에 휩싸여 하루하루를 버텨낼 뿐이었다. 또래 친구들보다 때 이른 결혼과 출산으로 가까운 지인 중에는 육아 동지가 없었기에 항상 나와 함께하는 아기가 유일한 친구이자 마음의 위안이었다. 하지만 육아는 신체적으로나 정신적으로 힘에 부칠만한 일 아닌가. 내가 조금이나마 건강하게 이른 나이에 육아를 일찍 시작한 것이 다행이다 싶었다. 내 주변 미혼인 상태로 30대를 맞는 경우는 어떠한가. 대부분 연애와 결혼, 자기 경력을 위해 치열한 삶을 살아내며 그들 역시 정신없이 서른을 맞이한다.

이제 문제는 40대. 한해 한해 나이 먹는 것에 대해 크게 동요하지 않았던 나였다. 하지만 40대는 지금까지의 나이 듦과는 어딘지 다른 양상이다. 아이가 커가면서 내 삶에 여유가 생긴 덕분에 예전보다 덜 분주한 상태에서 마흔을 맞게 된 탓일까? 왜 유독 마흔 살을 먹는 것에 새로운 느낌이 들까? 이런 생경한 느낌은 비단 나만 느끼는 것은 아닌 듯하다.

이렇게 갈피를 모를 때, 결국 내가 의지하게 되는 것은 책이다. 나는 경험해 보지 못한 마흔의 세계와 그 의미를 책에서 찾아보기로 했다. 그러던 중 나는 마흔과 관련된 도서를 검색하다가 깜짝 놀랐다. 교보문고 홈페이지에 "마흔 책"이라고만 검색해도 '마흔' 관련 도서는 무려 천 권이 훌쩍 넘는다. 마흔에 읽는 철학·인문학 시리즈, 마흔에 하는 공부, 다이어트 등 다양한 분야의 '마흔을 위한 지침서'가 존재하는 것. 이처럼 세상에는 마흔을 고민하며 책을 쓴 사람도, 인생의 막연한 과제 앞에서 나처럼 해답을 얻고자 책을 찾는 사람 역시 많다는 증거다. 그렇다면 우리 인생에서 마흔이 갖는 의미란 무엇일까. 나는 책에서 그 힌트를 얻었다.

> "뒤를 보면 기특하고, 옆을 보면 욕심나고, 앞을 보면 까
> 마득해요."
> 마흔은 애매한 나이다. … 마흔은 수학처럼 완벽한 아름
> 다움을 추구할 것인지, 아니면 인문학처럼 나만의 해석
> 으로 아름다움을 추구할 것인지를 두고 갈림길에 서는
> 나이일지도 모른다. 수학처럼 살까, 인문학처럼 살까, 앞
> 으로 어떻게 살면 우아하고 당당할 수 있을까.
> — 한혜진, 《마흔을 앓다가 나를 알았다》

참 절묘한 통찰이다. 마음속으로 곱씹어 볼수록 깊이 공감이 된다. 나의 지난 삶을 떠올려보면 이제까지 수고한 나 자신이 대견해, 고생했다고 위로하고, 격려하고 싶은 마음이다. 이날에 이르기까지 내가 운 좋게 만났던 많은 기회와 내 삶을 풍성하게 만들어준 인연들도 더불어 감사할 따름이다. 그리고 현재 나의 삶에서 내 주변을 떠올리자면 난 내가 인식하기도 전에 나에게 비교를 당하곤 했다. 나보다 넉넉한 경제적 상황, 소위 잘나가는 사회적 지위, 노화가 빗겨간 외모까지… 대놓고 싸운 적 없지만 이미 난 패배한 느낌. 욕심도 사치라는 생각이 들 지경이다. 그렇다면 나의 미래에 대한 전망은 어떠한가. 부족한 노후 준비와 끝 모를 자식

걱정, 담대함마저 요구되는 부모님의 봉양까지 정말 까마득하다는 말이 절로 나온다.

저자는 말한다. 이렇게 애매한 것이 마흔이라고. 그래서 수학처럼 완벽한 아름다움을 추구할 것인지, 인문학처럼 나만의 아름다움을 추구할지 갈림길에 서는 나이라고 말이다.

결국 책이다. 나는 《마흔을 앓다가 나를 알았다》라는 이 책의 제목에서 마흔이 갖는 의미를 찾았다. 이렇게 나이 듦을 사유하는 일은 나를 알아가고, 나를 사랑하는 일이라고 말이다. 이렇게 생각을 정리하고 보니, 나이 듦은 내가 글을 쓰는 이유와도 맞닿아있었다. 그동안 나 자신을 잊고 엄마로만 살아왔던 시간을 돌이켜 본래의 나를 찾아가자는 것 말이다. 내가 나만의 이야기를 써 내려가며 중심을 잃지 않으려 누누이 강조하고, 기억하고자 했던 바로 그 글쓰기의 목적이었다.

어려서부터 나라는 사람이 가진 본성, 특별한 기억들, 나만의 취향, 내가 사랑하는 것들을 다시 떠올리며 나는 나를 찾는 여정을 시작했다. 때로는 가슴 아픈 추억에 잠겨 눈물을 흘리며 노트북 자판을 치는 날도 있었고, 때로는 껄껄- 현실 웃음이 터져 나와 글쓰기를 멈춘 적도 있었다. 내가 사랑하는 남편과 아이, 가족들과의 일화도 부끄럽지만 최대한 솔직담백하게 담아 두고두고 선명하게 기억하고 싶기도 했다. 그리고 내가 좋아했던 것들을 다시 떠올리며 나의 삶이 더 풍성해지고, 확장되는 경험을 하게 됐다. 글쓰기를 통해 나는 과거의 나를 찾아가고, 새로운 나를 알아가고, 지금의 나를 더 사랑하게 됐다.

지금까지 우리는 이미 경험해 왔듯이 나이의 앞자리 숫자가 바뀐다고 해서 나를 둘러싼 세상에 대단한 변화가 일어나지 않는다는 것을 잘 알고 있다. 여느 때처럼 잠들었다가 맞이한 어느 날의 아침이 새해 1월 1일일 수 있고, 이렇게 매일을 살다가 나이의 앞자리 숫자가 바뀌는 아침을 맞이할 뿐이다. 너무 무미건조해 보이는가? 감수성이 풍부한 아들은 이 대목을 읽다가 '역시 엄마는 대문자 T야'라고 할지도 모르겠다.

하지만 누구에게나 나이 듦은 그 삶에 엄청난 변화로 들이닥치지 않는다는 것을 명확히 하고 싶다. 하루하루, 서서히, 우리가 알아채기 어려울 정도의 속도로 나이는 우리 삶에 스며든다. 비록 찌릿찌릿 번개 치듯 신체가 겪는 노화의 증상과 날벼락 같은 시련이 찾아오는 날도 있지만 이런 풍파 덕분에 우리 삶은 지루할 틈이 없지 않은가. 마치 인생의 보너스처럼 과분한 행복에 젖는 순간도 분명히 찾아온다는 사실을 잊지 말고 현재에 감사하자.

나이 듦이 갖는 의미를 깨달은 지금, 나는 마흔이라는 나이를 강조하고 싶지 않다. 나이가 마흔이면 어떻고, 나이가 쉰이면 어떠랴. 우리가 살아가면서 자신을 알아가고, 자신을 사랑하는 일은 나이와 상관없이 누구에게나 소중한 가치다. 내가 그것을 위해 글쓰기를 시작한 것처럼 누구나 다양한 방법으로 자신을 사랑하고, 내면을 가꾸는 일을 시작해 보길 권한다. 나는 이제 마흔이 될 나를 사랑해 보련다.

에필로그

"그리고 행복하게 살았답니다."

여느 동화에 등장하는 꽉 찬 해피엔딩처럼 나의 에세이도 행복한 마무리를 맞았다. 어느덧 6개월간 이어진 나의 글쓰기는 나를 천진난만했던 여섯 살의 나로, 지독히 우울했던 서른 살의 나로 데려가기도 했다. 시간여행을 하는 듯 나를 오늘의 나로 만든 그 날의 기억을 쫓아 뒤죽박죽 써내려간 나의 이야기라, 독자들에게 뜻밖의 인내심을 요구했는지도 모르겠다. 부족한 글이지만 꾸준하게 글쓰기를 이어가리라는 나와의 약속을 지키고자 원고의 일부는 브런치스토리를 통해 연재가 됐다. 매주 목요일 오후, 나의 글이 업로드되면 어김없이 남편은 '라이킷'

을 눌러주었다. 그리고 퇴근해서 나를 마주하자마자 쏟아지는 남편의 감상평. 지겨우리만큼 호평 일색이다. 매사 긍정적인 남편은 내가 개똥 같은 글을 써도 칭찬만 늘어놓을 사람이다. 그래서 남편에게는 미안하지만 확실한 메타인지를 추구하는 나로서는 남편의 감상평을 크게 믿지 않게 됐다.

원고를 들여다볼수록 성에 차지 않고, 지나친 솔직함이 없나 싶어 고민에 빠지기를 수 차례. 그래도 나는 벌거숭이 같은 이 글도 세월이 지나면 나의 새로운 웃음 버튼이 되겠다는 마음을 다스리고, 출판사에 원고를 보냈다. 그리고 나의 원고는 운이 좋게도 '위메이크북'과 출판 계약으로 이어졌다.

'내 원고가 책이 된다고?'

나는 출간이 실감 나지 않았던 나머지 출판 계약 전날도 대표에게 약속을 확인하고, 당일 오전까지 손에서 휴대 전화를 놓지 못했다. 설렘과 떨림의 마음을 가득 안고 출판사가 있는 광화문을 향해 달려가던 중, 갑작스럽게 약속 시간이 지연됐다. 앞선 일정 때문에 미뤄진 것이었지만 내 마음 속 '불안이'는 자꾸만 튀어나왔다. 혹시 이것이 부정적인 시그널이 아닐까 하는….

하지만 이게 웬걸. 드디어 만나게 된 출판사 대표는 나의 걱정과 달리 따뜻함 그 자체였다. 공감으로 가득 찬 시선과 말투, 감상평을 듣고 있자니 마음속에서부터 눈물이 차오름을 느꼈다. 하지만 본인 책을 계약하러 와서 울고 있는 아줌마가 되고 싶지 않다는 생각에 울음을 꾹 참고 무사히 계약을 마쳤다. 세상에 남편 말고 나의 글을 재미있게, 따뜻하게 읽어줄 독자가 존재할 수 있다는 생각으로 마음이 벅차올랐다. 또 방송작가라는 전 직업이 무색하게 전업주부로만 살던 내가 다시 새로운 창작 활동을 하는 작가가 되었다는 현실에 감격스럽고도 참 행복했다.

내가 책을 쓰면서 다짐했던 나의 행복을 향한 여정은 이제부터 시작이다. 다시 나를 사랑하자는 나의 결심은 절대 늦지 않았다. 지금이라서 다행이다. 여전히 나는 완벽하지 않아서 흔들리고 무너지기를 반복한다. 하지만 이제는 안다. 이렇게 미완성이어서 나는 기도한다는 것을. 하나님께서 나의 인생을 어떻게 이끌어가실지 아무것도 알 수가 없지만 그럼에도 하나님과 함께하며 청지기의 삶을 살아내리라. 그리고 내가 좋아하고, 사랑하는 것들을 더 많이 발견하며 나의 삶을 더 풍성하게 채울 것이다.

이 책을 쓰기까지 나에게 용기를 불어넣어주신 하나님께 감사하며, 한결 같은 응원과 아낌없는 칭찬을 보내준 남편 그리고 나에게 가슴 따뜻한 일상을 선물해주는 아들에게 사랑을 전하고 싶다.

제 목	엄마는 직업이 엄마예요?
발 행	2025년 9월 8일
저 자	양희민
발행인	신정범
발행처	(주)위메이크북
디자인	신정범
주 소	서울시 성북구 화랑로 211 성북벤처창업지원센터 209호
전 화	010-3846-0675
이메일	wemakebookno1@gmail.com
ISBN	979-11-94781-23-3
가 격	16,000원

ⓒ 2025
*본 책은 저작자의 지적 재산으로서 무단 전재와 복제를 금합니다